本书由中共河北省委党校（河北行政学院）资助出版

罗尔斯政治哲学
的道德基础

靳娇娇 著

THE MORAL BASIS
OF RAWLS'S
POLITICAL
PHILOSOPHY

中国社会科学出版社

图书在版编目（CIP）数据

罗尔斯政治哲学的道德基础 / 靳娇娇著. -- 北京：
中国社会科学出版社，2025. 5. -- ISBN 978-7-5227
-4927-3

Ⅰ. B712. 59；D0

中国国家版本馆 CIP 数据核字第 2025ML6974 号

出 版 人	赵剑英	
责任编辑	范晨星	
责任校对	韩天炜	
责任印制	李寡寡	

出　　　版	中国社会科学出版社
社　　　址	北京鼓楼西大街甲 158 号
邮　　　编	100720
网　　　址	http：//www. csspw. cn
发 行 部	010 - 84083685
门 市 部	010 - 84029450
经　　　销	新华书店及其他书店

印刷装订	北京市十月印刷有限公司
版　　　次	2025 年 5 月第 1 版
印　　　次	2025 年 5 月第 1 次印刷

开　　　本	710 × 1000　1/16
印　　　张	14. 25
插　　　页	2
字　　　数	233 千字
定　　　价	68. 00 元

凡购买中国社会科学出版社图书，如有质量问题请与本社营销中心联系调换
电话：010 - 84083683

序　言

　　政治与道德的关系是政治哲学领域里的一个基本问题，政治何以与道德相关？政治与道德不可分离吗？对于这个问题，自从马基雅维里以来，有一种倾向，就是将政治与道德分离开，认为政治领域与道德领域并不是相关联的领域。然而，在以亚里士多德为代表的古典政治学那里，则是以德性为中心的政治学和政治哲学。近代以马基雅维里和霍布斯为代表的政治与道德分离的倾向，开启了政治学和政治哲学的另一叙述和解读方式。20 世纪以罗尔斯为代表的政治哲学复兴，其第一部代表性著作《正义论》为现当代政治哲学提供的模式则是一个伦理学与政治哲学复合性的理论模式，被人们称为整全式的政治哲学，即没有区分伦理学与政治哲学，并且伦理学是其政治哲学的重要组成部分。如在《正义论》的第三部分，其主要内容就是伦理学的内容。然而，面对人们对整全式理论的批评，罗尔斯努力将其政治哲学与伦理学相分离，代表作就是其晚期重要的政治哲学著作《政治自由主义》。然而即便如此，人们仍然发现伦理学的研究对象——道德仍然是《政治自由主义》中的重要构成要素。靳娇娇博士的这部著作以罗尔斯政治哲学这一焦点问题为主题，对罗尔斯政治哲学中的道德地位问题进行了深入探讨。应当看到，这一论题本身就具有相当重要的理论意义，而且对于罗尔斯政治哲学的研究是一个值得继续探索的理论基点。

　　古典政治学或政治哲学以德性为中心，在亚里士多德看来，公民的德性是城邦统治的关键性问题，作为统治者的公民需要有统治者的德性，而被统治者需要有被统治者的德性，亚里士多德与柏拉图的观点一样，认为统治者需要的德性是智慧（中文译者译为"明哲"），他说："'明哲'是统治者所应专备的品德，被统治者所应专备的品德则为'信从'。"① 亚里士多德认为，在自由的城邦中，由于一个公民既是统治者又是被统治者，因而兼备两种德性，即既作为统治者的德性，又作为被统治者的德性，或者说既作为主人的正义，又作为从属的正义的持有者。如果一个城邦中的大多数公民都具有这两类良好的品德，那么这个城邦就是一个善治而优良的城邦。

近代文艺复兴时期的马基雅维里的学说则改变了古典政治学和政治哲学的这一政治运作的模式。马基雅维里在《君主论》中明确提出，一个统治者只要政治成功，不必要讲道德和德性。马基雅维里说："如果没有那些恶行，就难以挽救自己的国家的话，那么他也不必要因为对这些恶德的责备而感到不安，因为如果好好地考虑一下每一件事情，就会察觉到某些事情看来好像是好事，可是如果 君主照办了就会自取灭亡，而另一些事情看来是恶行，可是如果照办了却会给他带来安全和福祉。"② 因此，在马基雅维里看来，政治成功或成功的统治并不与德性或道德相关，恰恰相反，如果讲道德，反而可能使得政治失败或自己灭亡。亚里士多德讲了一种城邦正义的政治，而马基雅维里则讲了一种现实的统治政治。这一统治多半是如何维持统治者的权力，或如何获得权力。在通向权力的过程和维持权力的过程中，需要讲道德就讲道德，而不需要的时候就必须不讲道德，有时在表面上看上去讲道德就行。因此，现实政治并非像柏拉图、亚里士多德时期的雅典那样，一切都是在公民大会上决定。现实政治是少数统治者如何统治的政治，是如何获得权力和保持权力的政治。这样一种政治，就是一切以维持权力为目的，而不是亚里士多德式的以城邦公民的最高幸福为目标。客观地看，古希腊也并非只有民主政治，还有僭主政治或寡头政治，但柏拉图和亚里士多德都认为，这样的政治并非体现了城邦政治的理想，而是城邦政治的反动。然而，马基雅维里告诉人们，现实政治就是这样的少数人专权的政治，这样的政治无道德可言，但却是现实的、虽不是理想的政治。霍布斯则认为，政治是人们自保自利行为的联合产物（契约），因而政治与道德两者都是建立在自利基础上的，同时，为了维

① ［古希腊］亚里士多德：《政治学》，吴寿彭译，商务印书馆 1965 年版，第 125 页。
② ［意］尼科洛·马基雅维里：《君主论》，潘汉典译，商务印书馆 1985 年版，第 75 页。

护权力，统治者或专制者可以自己的法令来统治，而霍布斯也从来没有强调统治者应当具有什么德性的问题。因此，霍布斯也将政治与道德分离开来，并且认为现实政治就是建立在人的自利基础上的。换言之，霍布斯为马基雅维里的政治与道德分离的说法提供了一个人性论的基础。马基雅维里和霍布斯以来，现代政治或政治哲学必须面对两个问题：一是政治是否需要讲道德？二是政治或政治哲学是否可以独立于伦理学？或者说政治学、政治哲学是否有着自己与伦理学有别的研究领域？

应当看到，罗尔斯的政治哲学的起点与霍布斯一样，也是社会契约论，但罗尔斯的契约论将洛克、卢梭等人的社会契约论提到了一个更抽象的层次。洛克的社会契约论的人性基础并不是霍布斯的自利论，洛克的自然人是具有道德本性的有着仁爱道德的自然人。在洛克的意义上，社会契约并非不需要道德，卢梭也不认为自然人不需要道德。罗尔斯建构自己的政治哲学，其理论前提实际上也就隐含了他的政治哲学并不会是马基雅维里和霍布斯式的政治哲学。但这带来了人们对他的批评，即人们认为他的政治哲学理论并不是与伦理学相对拉开距离的政治哲学，而是一种整全式的政治哲学，即将伦理学所讨论的问题作为政治哲学的重要组成部分。罗尔斯的《政治自由主义》就是在接受人们的批评前提下进行写作的，在此书中，他承认在《正义论》中的理论是一个整全式的理论，而现在他要做的工作就是将政治自由主义的政治哲学作为相对独立于伦理学的政治哲学来看待。例如，他将道德人的概念转换成公民，将公平的正义原则看作政治的正义观念等。然而，这样一个转换带给我们一个问题，即在罗尔斯的心目中，是否也同样有着一个政治哲学与伦理学相分离的观点？我认为，不论罗尔斯在前后两个时期中有多少伦理学或道德的要素，但后期的这个观点至少表明，罗尔斯后来接受了自马基雅维里以来的一个基本观点，即政治哲学有着自己有别于伦理学的研究领域，因而应当与伦理学相对分离。不过，靳娇娇的这部著作向我们表明，即使是罗尔斯的后期政治哲学，也没有表明道德因素不是他的政治哲学的内在要素。那么，我们怎么理解这个问题？

强调政治领域是一个与道德领域（伦理学领域）、经济领域等领域有别的、相对独立的领域，是当代政治现实主义的基本主张。斯利特（Sleat，Matt）说："政治是一种特殊的和自主性的人类活动，因而它要求的思维模式，不能是其他领域的衍生物，而必须是能够反映出自身的独特性……'政治现实主义把政治确立为一个行为与理解的自主性领域，将它与经济（依据界定为财富的利益来理解）、伦理、美学和宗教相区分'。"① 政治现实主义强调政治领域有其独特性，并强调其自主性，但这样的自主是否是自足的自主？即完全不需要伦理学或道德领域里的任何概念来说明政治活动的特性？换言之，政治现实主义反对将政治哲学隶属于道德哲学或伦理学，但这是否表明政治活动不需要一些基本的伦理学概念？如善恶、正义与不正义等，或者说是否就意味着回到马基雅维里，讲政治就不讲善恶，不讲正义与不正义？回到马基雅维里，只能说那是一种恶棍流氓政治，或人类政治领域中的很坏的政治。道德概念或道德思维所表明的是人类活动的普遍特性，而不是某个领域里的特性。因而善恶的基本标准在政治领域里仍然有效，而并不是因为强调政治领域的独特性就可以完全排除的。我们承认，政治领域有它的独特性，如政治运作的程序，政治的强力特性，但如果政治运作程序失去了正义性，政治强力失去了基本的人权保护要求，如像希特勒对犹太人的屠杀，就已经完全失去了最基本的合法性。正是在这个意义上，我们认同罗尔斯对于政治领域的相对独立性的理解，虽然我们不是要回到亚里士多德（亚里士多德的政治哲学值得进一步探讨），也就是我们承认政治哲学可以也应当与伦理学相对区分，但并不意味着政治哲学可以摆脱人类道德标准。因为事实可能恰恰相反，即使我们承认政治领域的相对独立性，它有着自己的特殊运行模式以及特征，但这些运行模式和特征仍然需要在政治正义与道德正义的双重标准下，才具有合法性和合理性。而这也就是我所认为的靳娇娇的这部著作所揭示的意义所在。

龚　群
2024 年 7 月 2 日

① Matt Sleat, *Liberal realism: a realist theory of liberal politics*, Manchester University Press, 2013, p. 63.

目　　录

绪　　论

约翰·罗尔斯（John Rawls，1921—2002）是20世纪最有影响力的思想家之一，正如威尔·金里卡所言，"罗尔斯的理论支配着当代政治哲学的论争"①。罗尔斯的整个学术生涯充满了道德关切，早在普林斯顿大学就读时期，他就将"道德"作为研究的中心议题。罗尔斯指出《正义论》的目的是要建立一种实质性的、系统有效的道德观念来代替功利主义，从而为民主社会奠定道德基础。在该书中，完备性的道德观念与政治正义观念并没有进行严格区分。而在《政治自由主义》一书中，罗尔斯明确要求将公民的完备性道德与政治正义观念区分开来，表达了一种政治观念独立于完备性道德的观点。如何理解罗尔斯的这一转变？本书聚焦罗尔斯政治哲学中的"道德"问题，考察罗尔斯的政治观念与完备性道德分离的策略能否成功，分析道德在罗尔斯政治哲学中的作用与地位。

一　问题的由来

道德与政治的关系问题一直以来备受学者们的关注。古希腊时期，柏拉图的《理想国》以"正义"作为其追问的中心探讨了理想的国家建构。在柏拉图看来，一个正义的城邦必须由哲学王作为统治者，因为这样的统治者实现了智慧的德性。此外，城邦中的各个阶层也须具备各自的美德，生产者必须具有节制的德性，护卫者必须具备勇敢的德性。所以一个正义的城邦有赖于各个阶层的德性，而各个阶层的德性又离不开城邦的集体教

---

① ［加］威尔·金里卡：《当代政治哲学》（上），刘莘译，上海三联书店2004年版，第19页。

育。所以在柏拉图那里道德与政治是密不可分的，道德教育的目的是实现政治生活中的正义要求，而政治正当的基础在于道德。柏拉图不仅讨论了城邦的正义，而且论述了个人的正义，他对个人正义与城邦正义的理解是同构的。柏拉图指出，"我认为我们以什么为根据承认国家是正义的，我们也将以同样的根据承认个人是正义的"①。他将人的灵魂分为三个部分，即欲望、激情和理性；人的道德也据此分为节制、勇敢与智慧，当一个人的灵魂实现了三者的平衡时便体现了个人的正义。

亚里士多德同样强调政治与道德的内在统一。在他看来，对个人而言，至善就在于过着符合德性的生活，而城邦的目的就是要追求至善。也就是说，城邦的目的内在地包括了对公民德性的塑造。在亚里士多德看来："凡订有良法而有志于实行善政的城邦就得操心全邦人民生活中的一切善德和恶行。"② 城邦的善建基于构成城邦的公民的善，个人的善和城邦的善要实现内在的统一。政治与道德的合一首先体现在道德作为政治权力正当性的体现，只有具备了相应的德性才能掌握政治权力成为统治阶层。这种合一还体现在道德理想与政治理想的重合。在亚里士多德看来，政治的实践实际上是道德实践的深化与拓展，理想的政体要实现个体的美好生活，个人的善要与城邦之善合一。所以在这一时期，政治与道德并没有明确的分离，可以说政治就是道德之治。既要求权力行使者的道德，又要求政治活动目的的道德性。

在古罗马时期，随着疆域的不断拓宽，统治规模的不断加大，个人与国家的距离开始逐渐扩大，个体的政治参与精神逐步淡化，人不再被理解为"天生的政治动物"，对人的道德要求开始出现转变。特别是犬儒主义的流行，从侧面也展现了个人与国家之间关系开始走向分离，不再似古希腊时期一般呈现出高度的整体主义特征。随着基督教成为古罗马的国教，中世纪的宗教神学超越了政治，成为主宰一切的统领。这一时期，道德成为宗教道德，政治则成为宗教的婢女，世俗皇权依附于宗教神权。宗教道德强调人的德性高低关乎信仰者是否能够获得救赎。现世的人必须节制欲望，在"信""望""爱"中获得幸福。阿奎那就强调君主只有施行仁

---

① ［古希腊］柏拉图：《理想国》，郭斌、张竹明译，商务印书馆 2002 年版，第 169 页。

② ［古希腊］亚里士多德：《政治学》，吴寿彭译，商务印书馆 1997 年版，第 138 页。

政，才能获得彼岸最高的幸福。这一时期宗教道德成为宰制一切的核心，任何政治的现世的活动都必须为来世的救赎服务，政治彻底沦为宗教道德的"婢女"。

在中世纪皇权与宗教神权的不断斗争之中，在宗教改革和文艺复兴的浪潮之中，哲学家们不断要求人的解放，追求人的价值，用人性反抗神性。随着主体精神的展现与张扬，道德与政治的关系开始重新被思想家们思考。马基雅维利被视为将政治与道德分离的近代政治哲学的奠基者。他要求将政治看作一门独立的实践学科，将政治从道德与宗教的束缚中解放出来。他认为政治应该有自身独立的判断标准，这一标准既独立于宗教，更应该从道德中解放出来。所以对政治统治者而言，道德的高尚与否不再作为其行动考量的根本因素，而是要将行动的有效性和实用性作为判断基础。为了达到政治目的，君主不必严格依从于道德。道德的内在价值被消解，转而成为只具有工具价值的政治的附属。不仅如此，马基雅维利还从政治的目标上将道德排除在外。他认为古典政治学说的失败就在于他们将政治建基于人类的道德理想上，并致力于建立一个在此基础上的人类社会，但是这在现实中举步维艰。所以马基雅维利强调政治的目标应该回归"现实"，不是追求人类的完善，而是作为一种现实的政治实践去展开。

在此基础上，霍布斯进一步将道德与政治分离。在霍布斯看来，人的自然本性是无涉道德的，自然环境中的有限资源所引起的相互竞争和不断纷争，使"人对人是狼"的状态得以呈现。这种状态下的生活是艰难困苦的，每个人都时刻处于各种危险的战争状态之中。如何走出这一自然状态的困境？霍布斯认为人们可以通过签订一个共同认可的契约，并由外部的强制力量来保证人们对这一契约的遵循，从而走出战争状态。所以对霍布斯而言，政治是为保证人们基本的自然权利而出现的，但政治不是依靠道德的力量实现这一目的，而是依赖强制性得以实现。在霍布斯那里，道德的地位进一步下降，人是否具备道德本性都成为怀疑的对象，政治生活不过是为了保证和平与安全，与发展公民的德性无关。政治本身的目的也不再依附于道德价值而得以体现，政治真正成为权力之治。

洛克则进一步明确了政府的职责在于对公民权利的保护，而不是推进公民德性。洛克强调，在政府出现之前，人也是处于自然状态之下的，但是这种自然状态与霍布斯所强调的自然状态不同，洛克的自然状态是相对自足的和平的状态。为了使这种和平的状态持续下去，使公民的权利能够长久地得到保护，人们才同意国家的成立。他指出，"这只是出于各人为了更好地保护自己、他的自由和财产"①。同时洛克进一步强调政治与道德分属不同的领域，要求"正确规定二者之间的界限"②。对宗教事务或言之属于私人的道德领域，政治权力是不能干涉的，这是个人的权利。洛克由此开辟了自由主义公私领域的区别，政治关涉公共领域，而道德关乎私人领域，两者的界限越发明显。同为古典自由主义奠基人的密尔则着重强调人的思想自由与言论自由，认为这是人得以认识真理、把握真理的前提条件，并且人的个性发展将作为社会繁荣的重要体现，对上述这些人的权利与自由的维护关系人类的福祉与长远的利益。因此，只要个人的行为没有伤害他人，国家便无权干涉。

由洛克、密尔等人奠定的古典自由主义要求政治的"去道德化"，对个人领域与公共领域进行区分，将宗教与道德划入个人领域，政治领域则只关乎公共领域。这意味着国家的政治权力必须保持道德的"中立性"，仅仅在维护个人安全、自由、财产等基本权利中发挥作用，而再也无权干涉个人的宗教信仰与道德自由。将政治的道德性消解，国家丧失了自身的神圣性，成为一种强制性的公共权力，这造成了自马基雅维利以来的现代政治哲学引起的个人与社会、私利与公利、公民与国家的多重分裂，最终将人推向了道德怀疑主义、相对主义乃至虚无主义的深渊。

卢梭被看作现代政治哲学的分水岭。他一方面继承和接受了霍布斯、洛克的契约论的传统，另一方面也认识到按照契约建立起来的国家所造成的个人与社会、个人利益与公共利益之间的二元对立。在卢梭看来，真正自然状态下的人的需求实际上是很少的，并特别强调人的怜悯之情和慈爱之心，正因如此，卢梭认为人在自然状态中实际上是具备道德能力的，他指出，"在一切动物之中，区别人的主要特点的，与其说是人的悟性，不如说是人的自由主动者的资格"③。但是随着科学技术的不断发展、人们

① ［英］洛克：《政府论》（下篇），叶启芳、瞿菊农译，商务印书馆2005年版，第80页。
② ［英］洛克：《论宗教宽容》，吴云贵译，商务印书馆2001年版，第5页。
③ ［法］卢梭：《论人类不平等的起源和基础》，李常山译，商务印书馆1962年版，第83页。

生产能力的不断提升和劳动产品的增加，人们的需求被激发，要求占有更多的物质财富，特别是私有制的产生造成了人类的堕落，是对人类道德与人类文明的严重侵害。所以政治的目的就在于避免这种堕落与罪恶，从而保障人们的道德权利。不仅如此，卢梭特别强调政治权力需要被统治者的服从。在他看来，统治者要将自己的强制权力转化为对权利的保护，同时强调公民要"把服从转化为义务"①。只有得到公民的同意与认可，这种政治权力才是建立在对人的尊重的基础上，才具备了道德价值。而仅仅依靠霍布斯所说的强制力来维持的统治，则缺少了这一道德关切。基于这一认识，卢梭强调新成立的共同体必须注重公意，公意决定了权力行使的限度。卢梭希望在为现代国家重新奠定道德正当性基础的同时，肯定个人的自由。他希望通过公意来消除个人与社会之间的对立，从而将道德重新纳入政治之中。

康德虽然认可卢梭对政治与道德分离的批判，但他也意识到了卢梭思想中的危险因素，所以在康德那里道德与政治的关系是复杂的。一方面，康德明确地认识到在经验领域道德与政治是不同的，认可两者应该分属不同的领域；另一方面，康德也认识到道德与政治在经验领域不可避免地存在着冲突。他在《永久和平论》中指出了政治与道德对人的行为的不同要求，政治要求"聪明如蛇"，而道德则要求"老实如鸽"。在康德看来，道德与政治的冲突不能统一于政治，否则会丧失其道德追求；但是也不能像卢梭一样重新归于道德，如此可能会引起如法国大革命中一般危险的因素。那么两者应该在何处实现统一呢？康德提出，两者将在"纯粹实践理性"中获得统一。通过纯粹理性而为道德与政治立法，实现人的内在自由与外在自由的统一。诚如康德所受到的"形式主义"的批判一样，这种解决道德与政治分离的方式也会落入纯粹的先验的形而上的领域之中，而对现实中的冲突束手无策。

道德与政治的关系究竟应该如何，哲学家们至今也没有形成统一的共识。伯纳德·威廉姆斯②（Bernard Williams）认为，关于道德与政治的关

---

①　[法]卢梭：《社会契约论》，何兆武译，商务印书馆1980年版，第13页。

②　Bernard Williams, "Realism and Moralism Political Theory", in G. Hawthorn eds., *In the Beginning Was the Deed*, Princeton：Princeton University Press, 2005.

系总体而言可以分为两类，其一是"政治道德主义"；其二是"政治现实主义"。前者强调道德在政治中的地位作用，注重道德价值、理想在政治哲学中的实现；而后者则强调政治是对安全、自由等基本权利的保护，并不赋予政治以道德性。本书旨在研究道德在约翰·罗尔斯政治哲学中的地位作用。如前所述，道德与政治的关系问题是哲学研究中的重要问题，这一问题过于宏大，为了更好地把握该问题，笔者将其聚焦于罗尔斯哲学中进行研究。之所以选择罗尔斯来研究这一问题，主要原因有二。其一，约翰·罗尔斯是 20 世纪最有影响力的思想家之一。近 50 多年来，罗尔斯的著作在英美政治哲学的发展中发挥了核心和指导作用。2014 年剑桥大学还专门出版了 *The Cambridge Rawls Lexicon*，以字典的方式对罗尔斯的思想进行梳理介绍，由此可见其思想的丰富性和重要性。他的著作不仅深刻地影响了当代哲学、法律、政治学、经济学和其他社会学科中关于社会、政治和经济正义的讨论，而且成为当代道德哲学与政治哲学的开端。正如金里卡所言，"罗尔斯的理论支配着当代政治哲学的论争，并不是因为人人都接受他的理论，而是因为其他不同的观点通常是在回应罗尔斯理论的过程中产生的"①。可以说研究当代政治哲学，罗尔斯是我们无法回避的高峰。其二，罗尔斯的政治哲学中既充满了道德关切，又似乎呈现了两种对政治与道德关系的看法。

　　罗尔斯在普林斯顿进行研究生学习的时候就将"道德"作为自己研究的中心议题。当时，情绪主义和其他非认知主义对人的道德能力和道德本性的研究的兴起，以及这些理论对政治审议、判断和权威的理性批评，令罗尔斯感到不安。他开始努力用反例来驳斥这些观点。他要证明，有可能将我们的道德判断表述为一种理性程序的结果，我们可以自由地认同它，甚至可以内化它，作为自我理解的调节部分。通过这样做，他将建立一种反基础主义的程序。他的研究生论文题目是《关于伦理知识的基础上的研究：参照性格的道德价值判断的考虑》（"A Study in the Grounds of Ethical Knowledge：Considered with Reference to Judgments on the Moral Worth of Character"）。在这段时间里，罗尔斯的观点在精神上很大程度上

---

① ［加］威尔·金里卡：《当代政治哲学》（上），刘莘译，上海三联书店 2004 年版，第 19 页。

是密尔式的，他认为自己是一种非正统的功利主义者。罗尔斯在1949—1950年读博士，随后在普林斯顿做讲师。1951年他发表了一篇题为《伦理学决定程序大纲》的论文，用以论证他的观点。在学术研究的初始阶段，罗尔斯的研究兴趣一直集中在"道德哲学"领域。

罗尔斯在1952年成为牛津大学基督教堂学院高级会议桌的一员。罗尔斯正是在牛津大学期间，开始相信制度正义理论的必要性，并开始担心自己偏爱的密尔功利主义版本无法满足这一需求。回到美国后，罗尔斯在康奈尔大学担任哲学助理教授。他开始致力于建立一种关于充分的制度、社会或分配正义的理论。罗尔斯发表了一篇有影响力的论文——《规则的两个概念》（"Two Concepts of Rules"）。这篇论文被认为是他将注意力转移到制度正义问题的关键的第一步。1971年，罗尔斯的《正义论》正式出版，引发了学界的热烈讨论。罗尔斯在20世纪70年代花了很多时间来解释和维护《正义论》，他经常感到《正义论》没有被很好地理解，并获得认可和奖励。虽然他曾希望继续从事道德心理学方面的工作，但考虑到对《正义论》中问题的回应，他不得不暂时搁置这一想法。可见对罗尔斯而言，虽然他后期关注制度正义的重要作用，转向政治哲学的研究，但是他从未放弃对道德的关注。

在罗尔斯看来，与其说《正义论》研究的中心是政治哲学，毋宁说它是一部道德哲学的著作。首先，《正义论》中追求的是一种具有实质性规范内容的道德哲学。他强调，"我希望强调研究实质性道德观念的中心地位"[1]。在罗尔斯看来，过去对道德概念的分析和演绎并不能为道德奠定坚实的基础，道德哲学的研究必须依赖于普遍的或者是假定的事实。其次，《正义论》要求建立一种新的道德观念。罗尔斯认为"在现代道德哲学的众多理论中，一直是某种形式的功利主义占据了优势"[2]，虽然过去已经有很多学者指明了功利原则的模糊性，但是"它们并没有建立起一

---

[1]　John Rawls, *A Theory of Justice*, Cambridge, Massachusetts：Harvard University Press, 1971，p. 52.

[2]　John Rawls, *A Theory of Justice*, Cambridge, Massachusetts：Harvard University Press, 1971，p. Ⅶ.

种能与之抗衡的有效的和系统的道德观"①。所以对罗尔斯而言，他写作
《正义论》的目标是要确立一种有关正义的实质性理论，这种理论将作为
一种新的可行的理论来代替那些长期支配我们的哲学传统的理论。最后，
罗尔斯认为，新的道德理论将为民主社会奠定统一的道德基础。在罗尔斯
看来，任何一种合理的完整的伦理学理论都必须包括处理基本社会结构的
正义观，而他提出的这种正义观将最符合我们对正义及构成民主社会的最
恰当道德基础的深思熟虑的判断。正是在这个意义上，罗尔斯的《正义
论》才关涉了政治哲学的问题。所以这一时期在罗尔斯看来，道德与政
治是密不可分的，伦理观念内在地包括了对社会制度和正义的界定，正因
如此，道德观念得以为政治社会奠定道德基础。

　　20 多年后，罗尔斯出版了《政治自由主义》一书。在该书的序言中，
罗尔斯明确谈道："在《正义论》中契约论的传统是作为道德哲学的一部
分，并且没有区分道德哲学与政治哲学。在《正义论》中整体上正义的
道德信念并没有与作为严格政治观念的正义概念进行区分。"② 而在《政
治自由主义》中，罗尔斯认为这些区分是至关重要的。随后发表的论文
中，罗尔斯明确指出了自己在《正义论》与《政治自由主义》两书中对
道德与政治关系的两种看法："作为公平的正义在那里是作为一种完备性
（comprehensive）的自由主义学说而被提出的，虽然那本书中并没有使用
完备性学说这一概念"，而"《政治自由主义》中则考察一个不同的问题，
即那些认同某种完备性学说的人，如何能够支持一种合乎理性的政治正义
观念？"③ 也就是说，在《政治自由主义》中罗尔斯将公民的完备性学说
与其政治正义观念区分开来，不同的完备性道德学说并不影响公民对政治
正义观念的认可，表达了一种政治观念独立于完备性学说的思想。所以罗
尔斯说写作该书的主要目的在于解决如下问题，即"诸种合理的但是却
互不相容的完备性学说如何能够共存并且全部认可立宪式政体的政治观

---

① John Rawls, *A Theory of Justice*, Cambridge, Massachusetts: Harvard University Press, 1971, p. Ⅷ.

② John Rawls, *Political Liberalism*, New York: Columbia University Press, 1996, p. ⅩⅤ.

③ John Rawls, 1997, "The Idea of Public Reason Revisited", in Samuel Freeman, eds., *Collected Papers*, Cambridge, Massachusetts: Harvard University Press, p. 614.

念？能够获得这样一种重叠共识观念支持的政治观念的结构和内容是什么？"① 政治自由主义是要给各种合理的完备性学说制定一种政治的正义观念。但是这种政治的正义观念并不是要"取代那些完备性观点，也不是给它们提供一种真实的基础"②。实际上，在《政治自由主义》中，罗尔斯所面向的就是道德多元的社会现实，他要在尊重各种合理的多元道德学说的基础上寻找维系民主自由政体的稳定与繁荣的可能性，所以对多元道德学说的肯定与尊重实际上是罗尔斯后期的道德关切。

对罗尔斯而言，在《正义论》时期，道德观念与政治观念是一个不可分割的整体，而在《政治自由主义》中，罗尔斯认为公民可以同时具备一种完备性的道德观念，并且支持一种独立的政治正义观念。政治正义观念从完备性道德观念中独立出来，并成为不依赖任何完备性道德的观念。罗尔斯同时也强调，政治不应该仅仅理解为"简单的对权力和影响的争夺"，他认为政治学绝不是仅仅研究"谁得到什么并如何得到"。在政治团体中的领导对道德原则的运用也绝不仅仅是出于工具性的使用，而是真诚地认可理想的原则。并且罗尔斯很明确地指出，政治观念本身就是一种道德观念。可见，罗尔斯虽然将政治与完备性道德相区分，但是仍然强调道德与政治的内在关联。在《万民法》的最后，罗尔斯写道："如果合理正义的人民社会——其成员将自己的力量从属于社会的合理目标——不可能实现，而人类多半不符合道德，如果犬儒主义和自我中心以至于不可救药，我们可能会和康德一同追问，人类在这地球上生存下去，是否还有什么价值？"③ 这再次凸显了罗尔斯对公民的道德以及正义社会的向往。

究竟道德在罗尔斯理论中占据什么地位，发挥了哪些作用，特别是罗尔斯为什么要将政治独立于完备性道德？如何理解罗尔斯的这种转变？针对这些问题，笔者将以罗尔斯整个政治哲学为研究对象，以罗尔斯的四本专著 [*A Theory of Justice* （1971）、*Political Liberalism* （1996）、*The Law of Peoples* （1999）、*Justice as Fairness: A Restatement* （2001）] 和

---

① John Rawls, *Political Liberalism*, New York: Columbia University Press, 1996, p. XVIII.

② John Rawls, *Political Liberalism*, New York: Columbia University Press, 1996, p. XVIII.

③ John Rawls, *The Law of Peoples*, Cambridge, Massachusetts: The Belknap Press of Harvard University Press, 2001, p. 128.

三本论文集［*Lectures on the History of Moral Philosophy*（2000）、*Collected Papers*（2001）、*Lectures on the History of Political Philosophy*（2007）］作为主要参考文献，探索"道德"在罗尔斯整个政治哲学中的地位和作用。

　　我们首先要明确罗尔斯理论中"道德"的确切含义。罗尔斯所理解的"道德"与日常语境中的"道德"是存在一定差别的。在罗尔斯看来，"一种道德观念包含着一种关于人的观念以及人与人之间关系的观念"①。在他的语境中，"道德"可以分为狭义和广义两种含义。所谓狭义的道德即仅仅关涉政治领域，而不关涉私人领域。这也就是罗尔斯在后期哲学中所强调的作为一种政治观念的自由主义。所谓广义的道德，即罗尔斯在后期所说的"完备性的道德"。这种广义的道德观念包括了人生价值、个人品格理想以及友谊、家庭和联合体关系的理想，乃至指导我们一生的所有理想。在这个意义上，这种道德观念是"完备的"。罗尔斯说："政治的正义观念与其他道德观念之间的区别实际上是范围的问题，也就是说观念适用主题的范围和内容。"② 政治观念本身是作为一种道德观念而存在的，但是不同于适用诸多方面的道德观念，这种道德观念仅仅规约着社会基本结构和与之相关的成员态度和品质。罗尔斯所述的正义的政治观念不来自任何完备性学说。"我们撇开了现存的、已经存在的或可能存在的各种完备性学说。"③ 这种正义的政治观念是一种独立观点，此种观点"从民主社会的基本理念开始，不以任何特殊的更广泛的学说为先决前提"。

　　明确了罗尔斯道德观念的两种含义，我们必须进一步回答，本书所考察的究竟是什么意义上的道德？按照罗尔斯的回应，我们也将从狭义和广义的两个维度来考察。第一，从狭义的角度看，罗尔斯的政治哲学实际上就是在找寻道德（政治）共识作为民主社会的价值基础，那么他是如何找寻的，这种道德（政治）共识又是什么？我们将在狭义上进行解读。第二，从广义的角度看，罗尔斯说自己的政治哲学并不依赖任何完备性道

① John Rawls, "The Independence of Moral Theory", in Samuel Freeman, eds., *Collected Papers*, Cambridge, Massachusetts, Harvard University Press, 1975, p. 293.

② John Rawls, *Political Liberalism*, New York: Columbia University Press, 1996, p. 13.

③ John Rawls, *Political Liberalism*, New York: Columbia University Press, 1996, p. 40.

德观念，我们将考察是否如罗尔斯所言——他的政治哲学没有任何完备性道德观念作为基础支撑。所以本书是从道德的两种意义出发来论述道德在罗尔斯的政治哲学中的地位与作用的。

二　选题意义

回顾罗尔斯的整个学术生涯，我们可以发现他对道德的研究兴趣始于大学时期并伴随终身。虽然罗尔斯在后期似乎力图实现从"道德"向"政治"的跨越，而这种跨越背后本身又是源于对"道德"研究本身的推进。因而本书选择研究道德在罗尔斯政治哲学中的地位和作用，是与罗尔斯的学术兴趣发展密切相关的，不仅具有重要的学术价值，而且富含深刻的现实意义。

学界对罗尔斯政治哲学的研究可谓汗牛充栋，不胜枚举。既有对罗尔斯整体学术生涯和学术思想的综合性研究，如托马斯·博格（Thomas Pogge）的 John Rawls: His Life and Theory of Justice[①]、凯瑟琳·奥达尔（Catherine Audard）所著的 John Rawls[②]、萨缪尔·弗雷曼（Samuel Free-man）写作的 Rawls[③]、石元康的《罗尔斯》[④] 等。他们详细介绍了罗尔斯的生平并整体上梳理了罗尔斯的正义理论，考察了他对当代政治思想的贡献。也有对罗尔斯不同著述的专门研究，如安德里乌斯·加利西亚（An-drius Galisanka）的 John Rawls: The Path to A Theory of Justice[⑤]，作为一本最新的研究罗尔斯《正义论》如何形成的书籍，他增加了许多此前未公开的档案资料以及罗尔斯的演讲草稿等内容，深入揭示了罗尔斯《正义论》写作时的思想背景，并阐明了他的政治和哲学思想。还有的学者针对罗尔斯所提出理论的不同维度进行探讨，比如针对两个正义原则的，探讨原初状态的，挖掘罗尔斯证明方法的，研究罗尔斯稳定性理论的，对罗

---

① Thomas Pogge, *John Rawls: His Life and Theory of Justice*, Oxford: Oxford University Press, 2007.

② Catherine Audard, *John Rawls*, Montreal: McGill-Queen's University Press, 2007.

③ Samuel Freeman, *Rawls*, London: Routledge, 2007.

④ 石元康：《罗尔斯》，广西师范大学出版社 2004 年版。

⑤ Andrius Galisanka, *John Rawls: The Path to A Theory of Justice*, Cambridge, Massachusetts: Harvard University Press, 2019.

尔斯公共理性、重叠共识、基本善等特殊概念进行研究的……这些研究更多地收录在了罗尔斯相关的论文集中。如弗雷曼主编的 *The Cambridge Companion to Rawls*（2003）一书共收集了世界领先的政治和道德理论家关于罗尔斯理论的论文 14 篇。其内容既关乎罗尔斯与自由主义内部的关系问题讨论，如罗尔斯对经济正义、自由和民主等概念的贡献；也涉及罗尔斯与社群主义、功利主义、女性主义等之间有关论争的评估。这是学界公认的对罗尔斯理论较为全面和完整地呈现罗尔斯理论有关研究争议的编著。约翰·曼德尔（John Mandle）和莎拉·罗伯茨－卡迪（Sarah Roberts-Cady）主编的 *John Rawls: Debating the Major Questions*[①] 一书是最新的以罗尔斯为切入点探讨当代政治哲学主要问题的著作。它分为十个部分，每个部分都涵盖了受罗尔斯作品启发的哲学辩论的重要领域。对于每个部分，都有一篇介绍性的文章，提供了罗尔斯作品中的相关论点的概述以及随后辩论的一些梗概。

学界对道德在罗尔斯政治哲学中的地位和作用的专门研究并不多见，更多的是与其他理论融合在一起进行研究，且多集中在对《正义论》的研究之中。绝大多数学者认为罗尔斯在《政治自由主义》中，抛去了康德主义的道德基础，转向了一种"政治的"公民概念。因而在《政治自由主义》中所谈的道德地位问题相对较少，但是也有部分学者格外关注后期罗尔斯政治哲学中的道德作用。

迈克尔·桑德尔在《自由主义与正义的局限》[②]、《公共哲学：政治中的道德问题》[③] 等著作中对罗尔斯的正义理论及其道德人格基础展开了深入的分析和批判。桑德尔认为对罗尔斯而言，设立原初状态的首要目的是建立一种正义理论。但是这种正义理论的标准，或言之基础，按照罗尔斯的理解就只能是建立在对"道德主体的本性"的理解之上。这样一来，对原初状态的理解就成为对人类道德环境的精确反思，而这种道德反思与

---

① Jon Mandle and Sarah Roberts-Cady, eds. , *John Rawls: Debating the Major Questions*, Oxford: Oxford University Press, 2020.

② ［美］迈克尔·J. 桑德尔：《自由主义与正义的局限》，万俊人等译，译林出版社 2001 年版。

③ ［美］迈克尔·桑德尔：《公共哲学：政治中的道德问题》，朱东华等译，中国人民大学出版社 2013 年版。

对"自我"的理解密切关联。随后，桑德尔对罗尔斯的自我观进行了深入的考察，桑德尔将罗尔斯自我与目的的关系总结为"占有关系"。自我既区别于目的，同时又与目的相联系。用桑德尔之言就是"如果没有前者（自我），我们就只剩下一个彻底情景化的主体；如果没有后者（目的），则只剩下一个纯粹幽灵般的主体"①。罗尔斯的理论中的"自我"是一个封闭的、绝对的自我，并不存在任何改变与羁绊。因此，罗尔斯的正义理论的道德基础仍然是康德意义上的形而上学的道德人。而对于《政治自由主义》中的问题，桑德尔则指出罗尔斯悬置了重大的道德问题。政治自由主义坚持要为了道德的目的而悬置我们的完备性道德和宗教理想，并坚持将我们的公共身份与私人身份划分开来。其原因在于：在现代民主社会中，人们通常对什么是好生活持不同的意见。事实上罗尔斯有一个很重要的前提预设，即实现社会合作的重要性。基于这一最重要的价值目的，罗尔斯要求人们悬置道德和宗教领域的争端。但是这里的问题就在于为什么是"社会合作"成为最重要的价值。桑德尔对罗尔斯理论道德基础的分析具有深刻的意义和广泛的影响，以至于他的这一观点成为国内外学界理解罗尔斯理论道德基础的主流观点。

姚大志在《罗尔斯正义理论的道德基础》② 一文中侧重于从论证方法上去考察罗尔斯正义理论的道德基础。姚大志指出罗尔斯的正义理论是通过契约论的方法证成的，并认为契约论为正义原则提供了道德上的证明，于是他着重考察了契约论的道德基础。他认同桑德尔的观点，认为契约论的道德基础在于自律性和互惠性。但是桑德尔认为契约论的这两个道德基础存在着内在的矛盾，而且这种内在矛盾必然会破坏罗尔斯的正义理论，这则显得武断了。

顾肃在《罗尔斯正义理论的道德根基》③ 一文中认为，正义原则的理论证成是其理论的基础问题，并指出罗尔斯无论在《正义论》还是《政治自由主义》之中的证明方式都没有脱离道德基础。顾肃指出罗尔斯正

---

① ［美］迈克尔·J. 桑德尔：《自由主义与正义的局限》，万俊人等译，译林出版社 2001 年版，第 65 页。

② 姚大志：《罗尔斯正义理论的道德基础》，《江海学刊（南京）》2002 年第 2 期。

③ 顾肃：《罗尔斯正义理论的道德根基》，《道德与文明》2017 年第 4 期。

义理论的道德根基分别如下：其一是自由而平等的人的理念是其正义原则的前提；其二是正当优先于善的核心价值观；其三是尊重人、将人当作目的的根本道德原则。顾肃从三个方面分析了罗尔斯正义理论中道德的因素以及其在罗尔斯理论中的地位和作用。

查尔斯·拉莫尔（Charles Larmore）在"The Moral Basis of Political Liberalism"① 一文中探讨了罗尔斯与哈贝马斯之争，并指出罗尔斯与哈贝马斯的共同之处在于认为现代民主社会不需要一个独立的道德基础。在分析罗尔斯的理论时，拉莫尔谈道，虽然罗尔斯从来没有明确地提出尊重的道德观念，但是这一观念以基础性的地位在罗尔斯的政治自由主义中扮演了重要的角色，根据拉莫尔的分析，这一观点与罗尔斯的观点是有切合之处的。拉莫尔坚持认为，对现代民主社会的构建必然地需要一个道德基础，这个道德基础就是尊重。哈贝马斯没有认识到现代民主的这种规范性基础，罗尔斯却只是部分地认识到了这种基础的存在，但是没有对这种规范基础进行明确的阐释。

罗伯特·泰勒（Robert Taylor）在 Reconstructing Rawls: The Kantian Foundations of Justice as Fairness② 一书中认为，罗尔斯对其正义观念及正义原则的论述需要更为全面、更为深刻的康德道德哲学的基础。泰勒划分了康德自主的三个层次，即道德自主、个人自主和自我实现，并强调这三种自主的顺序安排。泰勒从道德自主中得出对政治自由的保护，从个人自主中得出对公民自由的保护。泰勒将政治自由主义描述为通过在"正义的政治概念"上使用"重叠共识"来进行辩护的方法，并批评罗尔斯的政治转向造成了道德上的"贫困"（poor）。他指出，罗尔斯错误地认为，作为公平的正义可以成为重叠共识的核心，而实际上，关于整个正义概念及其人的概念的共识是无法达成的，因为许多合理的完备学说不能支持康德的人的概念和由此产生的原则。此外，政治自由主义对民主文化中隐含的思想进行辩护，使政治自由主义成为相对主义的，而不是普遍主义的。泰

① Charles Larmore, "The Moral Basis of Political Liberalism", *The Journal of Philosophy*, Vol. 96, No. 12, pp. 599 – 625.

② Robert Taylor, *Reconstructing Rawls: The Kantian Foundations of Justice as Fairness*, Pennsylvania: Penn State University Press, 2011.

勒最后在罗尔斯的基础上发展出一种基于全面的康德主义的自由主义立场。

　　周濂与查尔斯·拉莫尔的观点相近，同样认为自尊是罗尔斯正义理论的伦理学承诺。在《自尊与自重——罗尔斯正义理论的伦理学承诺》① 一文中，周濂区分了罗尔斯理论中自尊与自重的两个概念，指出对罗尔斯的正义理论而言，自尊构成了其伦理学承诺而非自重。他还进一步回答了罗尔斯对自尊及自尊的社会基础的区分的重要意义，认为这一区分将在很大程度上解决《正义论》中自尊概念所受到的批评。在该文中，周濂还强调了罗尔斯对道德心理学的论述和概括对他的政治哲学建构具有重要的作用。他认为，政治哲学作为对政治现象的关注，其所思考的始终是抽象社会制度上的原则性问题，要想对个人的心理和生活产生影响，离不开伦理学的承诺。

　　与本书论题关系最为切近的是董礼在《道德与政治：罗尔斯政治自由主义批判》② 一书中所进行的研究。他在该书中将罗尔斯的研究区分为两个时期，认为《正义论》是其前期思想，而《政治自由主义》和《万民法》则代表了其后期思想。他以罗尔斯后期哲学中道德与政治的关系为切入点，试图分析罗尔斯政治自由主义转向的真实原因；以罗尔斯的《政治自由主义》为研究对象，分析罗尔斯的思想如何在政治与道德之间做出选择。他指出前期《正义论》著作是一本道德哲学的著述，以康德的道德形而上学为基础；后期在《政治自由主义》中，罗尔斯将道德与政治区分开来，但其理论仍然带有浓重的道德色彩。虽然罗尔斯后期的政治哲学无须再与形而上学挂钩，但是仍然需要一种道德基础的支持作用。这种道德基础的支持作用集中体现在重叠共识和公共理性的证明之中。他区分了"道德正义"与"政治正义"两个概念，认为道德正义是政治正义的基础、道德正义涵盖政治正义。在政治与道德的关系之中，他认为罗尔斯实际上是强调政治优先的。

　　总体而言，对道德在罗尔斯理论中的地位和作用的研究可以归纳到两个维度之中。其一是理论维度。即关注道德在罗尔斯整个理论内核中所起

　　① 周濂：《自尊与自重——罗尔斯正义理论的伦理学承诺》，《伦理学研究》2021 年第1 期。

　　② 董礼：《道德与政治：罗尔斯政治自由主义批判》，中国社会科学出版社 2016 年版。

的作用。其中以桑德尔为代表且成为当前学界主流的观点认为，罗尔斯《正义论》中的道德基础是康德的形而上的抽象的"人"的概念。此外也有不少学者认为相互尊重的道德前提是罗尔斯政治哲学的基础。其二是方法维度。即从罗尔斯的论证方法中考察道德具有的地位和作用。如强调罗尔斯在《正义论》中的方法主要依赖于契约论和康德道德建构主义的方法，建构主义则隐含了对人的尊重的道德要求。这些成果为笔者进行研究提供了有益的借鉴，奠定了良好的基础。但同时，就道德在罗尔斯政治哲学中的地位和作用这一问题而言，目前的研究还存在如下三个方面的问题。

其一，对道德在罗尔斯政治哲学中发挥何种作用没有形成共识。有的学者认为罗尔斯在理论前期提出了一种完备性道德，后期转向政治领域而放弃了完备性道德观念；还有部分学者认为罗尔斯后期政治哲学中也隐含了道德承诺。有的学者指出罗尔斯的政治哲学的伦理基础是"自尊"或者说相互尊重，然而这可能与罗尔斯的文本并不相符，他在《正义论》中明确表达："我相信尽管正义原则仅在人们拥有正义感和尊重他人价值的时候才能有效，但是尊重的概念、人的内在价值的观念都不适合作为达成正义原则的恰当基础。"① 所以对这一问题的研究有必要进一步展开。

其二，对道德在罗尔斯政治哲学中作用的探讨还有待进一步深入。如前所述，当前学界在理论和方法两个维度论述了道德在罗尔斯政治哲学中的地位和作用。但是对一些问题学界还存在争议，比如在《正义论》中罗尔斯所强调的"人"究竟是不是形而上意义上的？一旦这个问题得到进一步的研究和澄清，康德的道德形而上的基础很可能被推翻。再比如，罗尔斯的方法论上道德建构主义和政治建构主义究竟有何关系？罗尔斯的伦理基础能不能简单地理解成义务论的？如很多学者一般将道德理解为罗尔斯理论的基础，这种基础是基础主义的吗？罗尔斯的反思平衡的方法与基础主义是相对的吗？……笔者认为对如上问题的回答直接关系到道德在罗尔斯政治哲学中的地位和作用，因此有必要进一步深入研究。

其三，对道德在罗尔斯政治哲学中的地位阐释不够系统。道德究竟在罗尔斯政治哲学中扮演了什么样的角色？罗尔斯如何理解政治与道德两者

---

① John Rawls, *A Theory of Justice*, Cambridge, MA: Harvard University Press, 1971, p. 586.

的关系，谁才具有优先性？既往研究对这些问题的回答或者侧重于从方法领域论述，或者侧重于从理论自身展开，且对这一问题的研究更多的是作为罗尔斯政治哲学整体研究中的一小部分而呈现的，因此还有待于进一步系统化地论证与说明。因此，研究道德在罗尔斯政治哲学中的地位和作用是对当前罗尔斯哲学研究的补充与发展。如前所述，这一问题是当前学界研究的薄弱环节，还没有形成共识，论证的整体性与系统性还有待进一步发展。

　　本书试图指出罗尔斯政治哲学中的道德因素，按照罗尔斯政治建构主义的论证方法分析道德在其理论中的地位和作用。一方面呈现罗尔斯政治哲学与道德哲学的内在关联，另一方面挖掘罗尔斯政治哲学的理论基础与论证模式。这是在既往研究基础上的深入，也是对当前研究深度的拓展，具有重要的理论与现实意义。

　　首先，厘清道德在罗尔斯政治哲学中的地位和作用才能更为清晰地把握罗尔斯的整体思想。如前所述，罗尔斯的哲学一直在寻找现代民主社会的道德基础，这可以说是罗尔斯政治哲学的中心议题。道德究竟是在什么意义上成为民主社会的基础的？罗尔斯所说的道德究竟是什么意义上的道德？离开了完备性的道德学说，罗尔斯的政治哲学还能不能发挥作用？这些问题既是罗尔斯视域中的关键问题，也是我们理解罗尔斯的重中之重。一直以来，关于罗尔斯是否有一个前期与后期的明显区分也是学界争议的焦点，本书试图将罗尔斯前后期的理论融贯起来，并将"道德"作为其理论融贯的契合点。目前来看，虽然这种尝试在学界不能说是完全崭新的，却是鲜有人涉猎。罗尔斯整个学术生涯已经为我们展现了从这种研究角度切入的可能性和现实性，这既符合罗尔斯理论建构的内在理路，同时也将帮助我们准确而全面地理解罗尔斯的政治哲学。

　　其次，把握道德在罗尔斯政治哲学中的地位和作用有助于深化对当代政治哲学中关于自由、平等、民主等基本政治价值论争的理解。罗尔斯曾言，自己的政治哲学其实要回答民主社会中"古代人的自由"与"现代人的自由"两者之间的关系；要协调平等与自由两个重大价值之间的关系。可以说，这是罗尔斯政治哲学的凤愿所在。同时罗尔斯对这些问题的回答也引发了学界内外激烈的讨论。当代自由主义与社群主义、多元主义、功利主义等展开了旷日持久的论争。特别是其中关于政治中立性的论争，关于公共领域与私人领域划分之间的论争，关于个人完整性和公民身份建构的讨论，等等，都成为当代西方学者研究的重要问题。而如何理解罗尔斯对这些问题的回答，不仅在理论上关系到我们对罗尔斯思想的理解和运用，更关系到整个当代西方政治哲学的关键论争。这些价值究竟是作为狭义的政治价值还是作为广义的道德价值，"道德"在价值证成背后起到多大的作用？这是我们研究的重点。

最后，阐明道德在罗尔斯政治哲学中的地位和作用既是伦理学又是政治哲学研究的题中应有之义。在整个人类思想史上，道德与政治的关系就是哲学家们思考的关键。学界对这一问题的研究从古代到现在从未中断，一方面展现了这一问题的重要性，另一方面说明了这一问题的复杂性与争议性。围绕政治与道德的界限边界、相互作用等问题，学者们一直论争不休，时至今日也没有达成共识。道德与政治的关系——特别是二者的内在联系在罗尔斯政治哲学中体现得淋漓尽致。本书以罗尔斯政治哲学为研究对象，试图探索其哲学中道德与政治的关系，笔者希望通过本书对道德在罗尔斯政治哲学中的地位和作用的研究，将这一问题的研究向纵深领域进一步推进。

三　思路与方法

本书旨在考察道德在罗尔斯政治哲学中的地位和作用。罗尔斯一生著述颇丰，学界对罗尔斯的理解大体上可以分为两派，一派认为罗尔斯有明确的前期和后期之分，并且认为这种区分是明显的、互不相容的；另一派则试图将罗尔斯前期和后期的哲学融贯起来，作为一个整体进行理解。笔者更赞成后一种说法，在本书中，笔者也将试图以一种前后融贯的体系来理解罗尔斯的政治哲学。

本书以罗尔斯的政治哲学作为研究对象，拟以罗尔斯对政治哲学的理解作为文章建构的内在逻辑。总体而言，罗尔斯在《政治哲学史讲义》一书的导论以及《政治哲学的四种作用》这篇文章中较为清晰和完整地表达了自己对政治以及政治哲学的理解。具体来说，罗尔斯对政治哲学的理解建基于其对政治的理解之上。罗尔斯强调，政治绝不仅仅是关于谁得到什么以及如何得到，政治不仅仅被理解为权力的分配问题，更关乎政治正义与公共善问题。且罗尔斯强调政治正义与公共善并不仅仅是作为自利的手段而出现的，而是其本身就具有内在的价值。所以"政治观点是关于政治正义和公共善以及哪种制度和政策能更好地促进政治正义和公共善的观点"①。这样来看，政治本身就包括了道德价值。这为道德在罗尔斯政治哲学建构中发挥作用提供了可能。

基于上述对政治的理解，罗尔斯论述了自己对政治哲学的理解，我们将其对政治哲学的理解分为四个层面②。

首先，政治哲学的内容。罗尔斯对政治哲学的理解基于其对政治观点的理解。他认为政治哲学至少要涉及两个方面的内容：其一，政治哲学要探讨制度设计与政策安排；其二，政治哲学要揭示政治价值与政治理想。政治正义与公共善就是在此意义上被予以讨论的。

其次，政治哲学诉诸人类合理性（reason）③的作用。在罗尔斯看来，任何一种政治哲学要获得其权威性既不能依靠官僚机构的强制影响力，也不能依靠专家的权威，而必须诉诸人类合理性。在罗尔斯看来，所谓人类合理性就是"合理的（reasoned）思考、判断、推理所共享的力量"④。

再次，政治哲学的目的。罗尔斯指出："政治哲学，当出现在一个民主社会的公共文化中时，它的目的就是：澄清与阐明那些被认为是潜在于常识中的共享的观念与原则；或者，如果常识是犹犹豫豫和疑惑不决的（情况经常会是这样），或者人们不知怎样去思考，那政治哲学的目的就是向人们提出与其最核心的信念及历史传统相符合的特定观念与原则。"⑤所以对罗尔斯而言，政治哲学要揭示出社会中的核心观念与具体原则。

最后，政治哲学的作用。罗尔斯探讨了政治哲学是如何在人类社会中

---

① John Rawls, *Lectures on the History of Political Philosophy*, Samuel Freeman, eds., Cambridge, MA：Harvard University Press, 2007, p. 5.

② 参见 *Justice as Fairness* 及 *Lectures on the History of Political Philosophy* 等。

③ 在罗尔斯的文本中有 ration 和 reason 两个词语来表达理性。一般而言 ration、rational、rationality 更多关涉的是个人的理性，是一种个体理性思维，笔者在本书中将其翻译为"理性"；而 reason、reasonable、reasonableness 更多意指与他人相关的理性，是一种道德理性，这种理性要求主体不仅要考虑自我，更要考虑他人，笔者将其译为"合理性"。

④ John Rawls, *Lectures on the History of Political Philosophy*, Samuel Freeman, eds., Cambridge, MA：Harvard University Press, 2007, p. 2.

⑤ John Rawls, 1980, "Kantian Constructivism in Moral Theory", in Samuel Freeman, eds., *Collected Papers*, Cambridge, MA：Harvard University Press, 1999, p. 306.

发挥作用的，他认为，政治哲学是作为公共政治文化而在人类社会中发挥如下四种作用的。

第一，政治哲学具有"实践作用"。这种实践作用是罗尔斯首要阐明的，也是罗尔斯认为政治哲学中最为重要的。这种作用就是要立足政治社会中那些存在分歧和高度论争的问题，我们能否透过纷乱现象的背后，总结提炼出其道德一致或者哲学一致的内在基础。

第二，政治哲学具有"定向作用"。罗尔斯所谓的定向作用，就是要帮助个人理解政治制度以及社会的目标；帮助个人理解其作为特定社会地位的公民所可能拥有的目标。

第三，政治哲学还具有"调和作用"。即政治哲学能够帮助公民积极地理解社会和公民的现实处境，并且接受它。

第四，政治哲学探讨实践政治的可能界限。即在接受政治社会现状的基础上，去追问"理性的、正义的、可行的民主政体"应该是什么样的，从而为现实社会提供指引。

显然，政治哲学不可避免地要回答国家与国家之间的政治关系处理问题，罗尔斯对这一问题的理解是作为国内正义的拓展来展开的。同时罗尔斯对政治领域和政治哲学的探讨更多的是基于国内政治关系来理解的。所以本书对罗尔斯政治哲学的论述，也主要集中在其国内政治部分。

罗尔斯称其政治哲学的论证方法是"政治建构主义"的，并强调道德人与社会的观念及实践理性理念是其建构主义的基础，而原初状态则是其建构的程序，在此基础上建构出了政治的正义观念。基于罗尔斯对政治哲学的上述理解，本书拟从如下四个方面展开论述。

其一，在第一章中，笔者首先将考察罗尔斯的"社会与个人"的两种观念，这是罗尔斯政治建构主义中的基本观念。一方面，这两种观念的澄清是罗尔斯政治哲学研究的目的所在；另一方面，对社会与个人观念的界定关系到政治哲学中的调和作用的发挥。我们以此出发，考察道德在罗尔斯所述的个人与社会观念中的地位和作用。在第一节中，笔者将尽可能完整、真实地澄清罗尔斯前后期对社会与个人观念的论述。在第二节中，我们考察分析了目前学界对个人与社会观念的两种代表性观点。一是以桑德尔为代表的主流观点，认为形而上的自我观在罗尔斯政治哲学中占据了重要地位；二是威斯曼对这一主流观点的反叛，认为罗尔斯的个人观念实际上并不是一种形而上的观念，而是一种伦理观念。在试图呈现两位学者观点的同时，笔者也对其进行了简要的反思与批判。在第三节中，笔者明确指出在《正义论》中个人与社会观念是道德观念，并提供进一步的论证。而后，笔者将阐明这两种道德观念在罗尔斯整个政治哲学中的地位和作用。

其二，在第二章中，笔者将考察罗尔斯政治哲学研究中的方法。诚如罗尔斯所言，任何合理的学说都应该诉诸人类的合理性的观念、判断与推理，政治哲学也不例外。罗尔斯无论是在《正义论》还是在《政治自由主义》之中，都格外强调对政治正义观念或言之正义原则的证明。前期这种公共证明是通过契约论的方式得以实现的，后期罗尔斯进一步明确自己的论证方法是政治建构主义的。一方面，这种方法在罗尔斯那里成为解决民主社会诸多争议的方式之一；另一方面，也正是通过罗尔斯的建构主义得以将民主社会的特定观念与正义原则结合起来。因此在第二章中，笔者论述了合理性优先是罗尔斯政治建构主义的道德要求。罗尔斯希望自己的建构主义方法能够超越合理的直觉主义以及康德的道德建构主义，从而成为一种解决政治争端的方式。笔者在第一节中将考察罗尔斯对自己的方法的澄清与说明，明确罗尔斯的政治建构主义的真实内涵。在第二节中，笔者重点关注作为其建构程序的"原初状态"，原初状态的设定无论是在前期还是后期都得以保留下来，笔者在该节中论述原初状态中的道德因素。虽然罗尔斯对原初状态的地位和作用有过不同的论述，但是在本书中，我们将原初状态作为政治建构主义的程序来考察，这一程序既体现了自由平等的道德人的观念，同时也体现了罗尔斯"合理性"的道德要求。笔者分别从上述两点出发，考察其中的道德因素。在第三节中，笔者进一步聚焦罗尔斯政治建构主义中的"合理性"，作为区别于道德实在论与道德相对主义的第三条路径，罗尔斯的方法本身可能兼具了道德实在论与道德相对主义所面临的批判，而不可避免地陷入两难之中。

其三，在第三章中，笔者对罗尔斯政治哲学中的正当观念与善观念进行考察，并指明正当优先于善是罗尔斯政治哲学的道德承诺。罗尔斯的正义原则或者政治正义观念作为民主社会诸多分歧得以统一的基础，既是罗尔斯强调的政治哲学的目的，同时也发挥着罗尔斯所述的政治哲学的实践作用，而罗尔斯对善观念的论述则发挥着导向作用，因而对正当与善观念的论述是罗尔斯整个理论的核心诉求。在第一节中，笔者首先对《正义论》中罗尔斯的正当理论是如何作为完整的正当理论展开的进行考察。一方面论述罗尔斯作为政治正义规范的正义原则；另一方面阐明《正义论》中适用于个人的道德原则。在第二节中，笔者对后期政治哲学正当理论中的道德因素进行考察。在后期的政治哲学中，罗尔斯虽然也论及了两个正义原则，但是更多的是侧重于对过往批判的回应。在整个回应过程中，笔者认为罗尔斯正义原则中自由范围的界定、对自由优先性的论证以及差别原则中对公民地位的判定都是基于公民道德能力进行的。更为重要的是，正当的优先性承诺是先在于罗尔斯对正义原则的论证的，自由优先性是罗尔斯先在的道德判断。在第三节中，笔者从两个方面论述正当的优先性，一方面正当的优先性体现在罗尔斯的正义观与功利主义的比较中；另一方面体现在罗尔斯善理论的建构中。

其四，在第四章中，笔者对正义原则的制度建构及其稳定性进行考察。这既关系到罗尔斯所述的政治哲学中的重要内容，同时也关系到政治哲学现实的乌托邦能否实现的问题。诚如罗尔斯所言，他之所以进行所谓的"政治转向"，最重要的原因是，事实上，在《正义论》中对稳定性问题的论述是在一种一元的社会中进行的，但是罗尔斯对公民自由的承诺所导向的应该是多元社会，因此必须解决的是多元社会中的稳定性问题。笔者分别考察了罗尔斯前期和后期对稳定性问题的解决路径，在第一节中，笔者考察了罗尔斯对政治社会的制度安排与建构，这是依据其正义观念进行的，同时也是罗尔斯理解的政治哲学中的重要内容。在第二节中，笔者对罗尔斯组织良好社会中的稳定性事实上依赖于社会成员特殊道德心理进行分析，特别是对亚里士多德主义原则以及社会联合价值的认同。在第三节中，笔者论述了多元社会中政治正义观念的稳定性实现仍离不开公民的特定道德心理。所以，罗尔斯对正义观念的稳定性考察实际上是与个人层面的道德心理息息相关的，而这又关系到罗尔斯对个人观念的设定。在最后，笔者对罗尔斯政治哲学中的道德因素进行总结，全面阐明道德在罗尔斯政治哲学中的地位和作用。既在狭义上总结作为道德领域之一的政治道德在罗尔斯理论中的内涵与地位，又在广义上明确罗尔斯的"政治转向"何以难于脱离完备性道德。

在上述各章的安排中，并没有按照理论与方法的两个维度予以区分，一方面理论与方法之间有很多相互渗透之处；另一方面笔者希望各章的展开顺序能够与罗尔斯的政治建构主义的方法相适应，同时也和罗尔斯对政治哲学——特别是其对政治哲学作用的理解相切近。笔者期望本书能以"道德"作为切入罗尔斯政治哲学的线索，一方面能够相对完整、真实地呈现罗尔斯政治哲学的原貌，对罗尔斯的政治哲学进行一种比较融贯式的解读；另一方面，笔者也将回应罗尔斯的政治哲学在何种程度上如其所述是独立于完备性道德的，作为公平的正义能否成为一种独立的政治正义观念。本书将充分挖掘道德在罗尔斯政治哲学中的地位，从而指明罗尔斯的政治哲学能否离开完备性道德而仅仅关涉政治道德。

　　特别需要明确的是，罗尔斯并不认为政治哲学的四个作用是相互独立的，相反，他认为这四个作用是相互联系的统一体。同样，对罗尔斯政治哲学的分部分论述也不意味着罗尔斯政治哲学是割裂的，而是要将其作为一个整体来看待。只是为了使论证过程更清晰，我们进行了必要的区分，但是正如罗尔斯所言，"将这些观念作为开端并不认为作为公平的正义的论证中仅仅将此作为基础，所有的事情都依赖于这种说明作为一个整体如何展示出来"①。所以本书所呈现的四个方面的道德因素，也应该将其理解为如图1所示的一个整体。

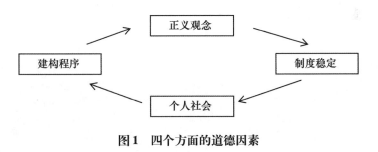

图1　四个方面的道德因素

　　罗尔斯政治哲学的论证大体如图1所示，是一种整体性的论证，即个人与社会的观念是由公共政治文化而来，观念与建构主义程序相连共同建构出政治正义观念，而后再考察这种观念指导下的制度设计及其稳定性。

---

① John Rawls, *Justice as Fairness A Restatement*, Cambridge, MA: The Belknap Press of Harvard University Press, 2001, p. 5.

在这样一种整体性的论证中，罗尔斯要求没有任何根本性、基础性的观念。笔者将试图指出罗尔斯在上述四个部分中展现出的道德关切与道德因素，分析罗尔斯政治哲学中潜在的道德理念，并能够比较系统完整地论证道德在罗尔斯政治哲学中的地位和作用。总体而言，本书的研究将主要采取如下三种方法。

第一，文本分析法。本书的研究主要立足罗尔斯的著述，以国内外学者对罗尔斯研究的经典文献作为辅助文本，基于这些文本材料对道德在罗尔斯政治哲学中的地位和作用进行阐释、分析。

第二，语境分析法。在对罗尔斯政治哲学的研究中，我们除了关注罗尔斯文献内容的逻辑内涵，更将关注罗尔斯所处的时代背景，特别是社会政治文化背景。这一点不仅关乎罗尔斯自身理论的建构，而且是罗尔斯多次强调的政治哲学本身就构成了政治文化的一部分。通过这种分析方式，我们试图将罗尔斯文本背后的真实意图呈现出来。

第三，比较分析法。一方面，笔者将对罗尔斯本人的观点与其他学者的观点进行比较，以期发现各种政治理论背后与道德有无关联，如果有，这种关联究竟是什么；另一方面，笔者还将立足罗尔斯本人前期与后期的论述对比，从而回答道德在罗尔斯政治哲学中的地位和作用有无改变。

第 一 章

社会与道德人:政治哲学的观念起点

虽然罗尔斯一再表达一种反基础主义的立场,试图将我们深思熟虑的道德判断融贯起来,以一种融贯论的立场来论述自己的观点。但是作为对其哲学的整体的展示,我们难以避免地需要一个起点、一个开端。那么选择什么作为我们论述的起点呢? 罗尔斯指出,"作为公平的正义的两个基本观念,是一个组织良好社会的观念和一种道德人观念"①。实际上,"社会"与"个人"是两个紧密关联的概念,个人不能离开社会而成为个人,社会必然也是由个人而组成的社会。所以我们将以这两个观念作为论述罗尔斯政治哲学的开端。在本章的第一节,我们将完整展示罗尔斯对这两个观念的具体论述,这里的论述既包括以《正义论》为基础的论述,同时也包括《政治自由主义》等后期著述的观念转变。在第二节中,我们将以桑德尔和威斯曼两位学者对罗尔斯两个观念的批判检视为切入点,以此分析这两个观念究竟是什么观念,具体地说,这两个观念是不是一种形而上的观念。之所以选择桑德尔与威斯曼的观念,主要原因在于桑德尔的观点是学界对罗尔斯个人观念理解的主流意见,而威斯曼则展现了与主流意见相左的观点。在第三节中,笔者将论证罗尔斯的两种观念应该理解为一种道德观念,并阐释这一道德观念究竟在罗尔斯政治哲学中发挥了什么作用。

第一节 社会与个人

在《正义论》中,罗尔斯是从社会与个人两种观念展开论述的,而

---

① John Rawls, 1980, "Kantian Constructivism in Moral Theory", in Samuel Freeman, eds., *Collected Papers*, Cambridge, MA: Harvard University Press, 1999, p. 308.

在《政治自由主义》中，罗尔斯将个人观念转变为"公民"观念。无论是个人观念还是公民观念都是从与社会对应的个体维度去展开论述的。因此从广义上讲，"公民"观念也是一种个人观念，只是其更加突出这一观念的所属领域。在本节中，笔者将对上述两个层面的三种观念展开论述。

一　社会观念

罗尔斯的政治哲学并不是从"个人"切入的，而是从"社会"开始的。罗尔斯说，"'作为公平的正义'是从把社会设想成一种公平的合作体系的理念出发的"①，我们只有理解了这一点才能更好地把握罗尔斯的理论。罗尔斯对"社会"理念的理解，有两点需要注意：其一是罗尔斯强调社会是作为合作体系而存在的；其二是社会合作体系的公平性。对于社会合作，罗尔斯指出了如下三个特征。

第一，合作受到了公开的规则指引，合作者接受并认可这些规则。

第二，合作包含了公平的合作条款，所谓公平就意味着所有合作者之间是相互的、互惠的。

第三，社会合作要求合作者有一种理性的善观念。

罗尔斯认为社会合作体系是一种"合作的冒险形式"。之所以称之为冒险形式，是因为对成员所构成的社会而言，既存在利益的一致性，也存在利益的冲突。利益的一致性体现在对社会成员而言，只有参与社会合作才能获得一种比独立生活更好的生活。利益的冲突就在于，每个社会合作者都有自己的善观念，即都有自己特定的生活计划与追求，在社会合作利益的分配中往往会产生利益的冲突。因此，为了更好地维护参与社会合作各方的利益，就需要各种各样的规则来指导我们如何进行利益分配、如何解决利益冲突，并依据这些规则在各种社会安排之间进行选择，以期达到一种可以规定恰当分配份额的契约。对这些规则，罗尔斯特别强调了"公平"。但是公平是什么意义上的公平呢？这是一个很重要的问题，我们将在第三节中展开论述。

在此基础之上，罗尔斯界定了组织良好的社会的观念，认为"组织

---

① John Rawls, 1985, "Justice as Fairness: Political not Metaphysical", in Samuel Freeman, eds., *Collected Papers*, Cambridge, MA: Harvard University Press, 1999, p. 397.

良好的社会是一个被设计来发展它的成员们的善,并由一个公开的 (public) 正义观念有效地调节着的社会"①。

实际上,组织良好的社会强调两点:其一,社会的目的在于推进社会中成员的利益;其二,整个社会受到了一种正义观念的管理,这种观念必须是公开的。

第一点,事实上,罗尔斯规定了社会的目的或言之社会的理想,即发展社会成员的善。但是这里存在一个很关键的问题,那就是如之前罗尔斯所言,社会成员的善观念是多样的,社会究竟应该发展哪一种善?特别的,罗尔斯还强调"又由于人们谁也不会对怎样分配他们合作产生的较大利益无动于衷(因为为追求他们的目的,每个人都想要较大而非较小的份额),这样就又存在利益的冲突"②。那么在产生利益冲突的时候究竟应该以何为重?或言之各种利益应该如何排序?罗尔斯给出了一种基于"公共善"的"公共利益"的评价方式。罗尔斯对这一原则的解释是,"根据这一原则,社会制度应该由它如何有效地保证对每个人长远目的的平等有利的条件,或者如何有效地推进那些将有益于每个人共同目的来评价"③。举例而言,维护公众的健康和安全就是公共利益。当新冠疫情全球大流行时,各国社会制度在维护公众健康和安全方面所采取的不同防疫政策就是衡量政策的标准。所以对罗尔斯组织良好的社会而言,是存在着"公共利益"或言之"公共善"的,而这也符合罗尔斯对政治以及政治哲学的理解。

第二点,罗尔斯重点谈到了对"公开的(public)"的理解。在《正义论》中"公开的"意味着:一方面,每个人都接受,同时也知道别人也接受同样的正义原则;另一方面,"基本的社会制度普遍地满足这些原则,同时人们也都知道社会制度安排满足了这些原则"④。

换言之,受到一种公开的正义观念的管理包括两个维度:其一,就社会中的人而言,他们认可正义原则,并由此生发出共同的正义感,这是受公开

---

① John Rawls, *A Theory of Justice*, Cambridge, MA: Harvard University Press, 1971, p.453.
② John Rawls, *A Theory of Justice*, Cambridge, MA: Harvard University Press, 1971, p.126.
③ John Rawls, *A Theory of Justice*, Cambridge, MA: Harvard University Press, 1971, p.97.
④ John Rawls, *A Theory of Justice*, Cambridge, MA: Harvard University Press, 1971, p.5.

正义观念管理的主观层面；其二，就社会安排而言，基本制度必须符合正义原则。这不以个人的意志为转移，也就成了公开正义观念管理的客观层面。所以对"公开性"的条件，罗尔斯的要求是在主观和客观两个层面展开。

在《一个康德式的平等观》一文中，罗尔斯在前面两种意义的基础上，又增加了一条公开性的理解。即"公共性还意味着公共观念是建立在通过普遍接受的方法所确立起来的合理性的信念之上的，这些原则落实在基本的社会制度安排中也是如此"①。实际上，在这里罗尔斯强调的是，社会成员对公开的正义观念及其客观的社会制度安排，不仅是知其然，而且要知其所以然，且这种"所以然"的理解为公众所普遍认可。

罗尔斯在《道德理论中的康德建构主义》一文中着重阐释了公开性（publicity）条件的三个层次。

第一个层次与其在《正义论》中的论述一致。即强调社会成员对这些正义原则的接受以及每个人都知晓别人也会遵守、服从这些原则，也即我们所说的主观层面。

第二个层次是秩序良好的社会中的公民拥有普遍的信念。所谓普遍信念，罗尔斯说"也就是关于人类本性的理论和社会制度的理论，人们正是根据这种信念来判断正义首要原则本身是否可以被接受。组织有序社会里的公民大体上都会同意这些信念"②。这里所谓的普遍信念何以是普遍的？罗尔斯所说的普遍信念究竟包括哪些内容？从上述论述中看，似乎是包括了人类本性的理论和社会制度的理论。但恰恰是在这两个问题上，尤其人的本性的问题上，几千年来人类都没有达成共识，制度的分歧也一直持续至今。那何以能成为普遍的呢？罗尔斯说普遍信念的普遍性来自其论证方式的科学性。"因为它们可以得到那些被认为适合在此问题上采用的、为人们共享的探究方法和推理方式的支持。我假定这些方法是人们常识所熟悉的，它们包含着被广泛接受和无争议的科学的各种程序与结论。"③ 但

---

① John Rawls, 1975, "A Kantian Conception of Equality", in Samuel Freeman, eds., *Collected Papers*, Cambridge, MA: Harvard University Press, 1999, p. 255.

② John Rawls, 1980, "Kantian Constructivism in Moral Theory", in Samuel Freeman, eds., *Collected Papers*, Cambridge, MA: Harvard University Press, 1999, p. 324.

③ John Rawls, 1980, "Kantian Constructivism in Moral Theory", in Samuel Freeman, eds., *Collected Papers*, Cambridge, MA: Harvard University Press, 1999, p. 324.

仍很难理解，这种普遍事实究竟存在与否，我们似乎仍旧很难界定这种无可争议的观念究竟是什么观念。

第三个层次要求对公共正义观念的完整辩护的公共理解。罗尔斯认为所谓公共辩护包括两个观念的联合：道德学说的模型观念与包涵特殊的人观念的社会合作观念的联结。实际上，罗尔斯这里的道德学说模型指的是康德的建构主义道德学说。

我们很容易发现，罗尔斯对"公开性"的要求越来越高，越来越严格。最初的公开性仅仅关涉结果的客观层面与主观层面。也即社会制度受到公开正义观念的调节，即社会成员知晓并知道他人也知晓这一事实。到后来强调对正义观念的得出要建立在公认的观念基础、方法之上；直至最后强调不仅论证的前提理念是公认的，整个论证的过程也应该得到公认。换言之，实际上，这一公共性就是要求社会成员了解一个正义观念得出的前提、论证的方式以及接受最后的论证结果，并且要求这一结果体现在社会安排之中。所以罗尔斯说，实际上，这三个条件共同构成了公共正义观念的"完整辩护"。不难发现，对这三个层次的要求是很高的，罗尔斯也称之为"充分的条件"。为什么要采取这样一个非常高的条件呢？罗尔斯给出了两个理由。

其一，他认为秩序良好的社会理念实际上是要将各种形式的道德理念整合进一个以某种方式设想的人们之间的社会合作理想之中。对于社会中的成员而言，他们具有不同的善观念、不同的道德理念。那么，怎样保证这些目的各异的社会成员能够组成并维系社会合作体系呢？在此，罗尔斯给出了秩序良好的社会观念。这种秩序良好的观念体现了社会成员作为自由平等道德人的合作，这种合作也展现了社会成员的平等与自由、理性与合理性。这关系到罗尔斯的个人及其公民观念。我们将在下文展开论述。

其二，罗尔斯认为公开性条件作为对正义观念的要求是适应的。一方面，只有社会成员真正地理解了正义观念的前提论证和内容，才能够真正地认可它并遵守它。这种社会合作才能被称为"秩序良好"的，才能得以稳定持久地进行。另一方面，社会基本结构满足这一公开性的正义观念条件，也将长远地影响和塑造着社会成员选择成为什么样的人，从而实现社会的秩序良好。

此外，组织良好的社会是一个"被构想为一个持续运作的社会，一个自足的人类联合体，像一个民族国家一样控制着连片的领土。一般来说，它的成员将他们共同的政治体现为在时间上向前追溯和向后拓展而世世代代长期持续的，并且他们努力繁衍自身以及他们的文化和社会生活直至永远"①。除此之外，罗尔斯还强调了两点：第一，对于该社会的成员而言，合作的理念被看作永恒的，抛弃这个观念对成员而言意味着"世界末日"；第二，社会是一个封闭的体系，"它和其他的社会没有什么重要的联系，没人是从社会之外加入的，因为社会中的所有人生于此长于此并度过自己的一生"②。

"组织良好的社会是异质和多元的，但无论如何它的公民在制定和引导他们基本制度的原则上达成了一个公共的理解。"③ 在这里，罗尔斯已经明确了组织良好的社会是一个多元的社会，而不是同质的，那么在什么意义上是组织良好的呢？就是在适用于基本制度的原则上有一个公共的理解。那么真正的问题就是，这种异质社会的公共理解何以达成呢？在《正义论》中，罗尔斯对这个问题的回答并没有切中要害，因此罗尔斯对前期的回答也不满意。在《政治自由主义》中，罗尔斯深入探讨了这一问题。所以，实际上，在《正义论》中虽然没有罗尔斯后期思想那样明显，但是在多元中寻求共同性的想法其实已经体现在了罗尔斯的理论中。因而，笔者认为罗尔斯的探寻，前期与后期解决的核心问题不同，但其基本理念是一以贯之的。

二　个人观念

在《正义论》中，罗尔斯使用的是"个人"观念，而在《政治自由主义》中，罗尔斯将其转变为"公民"观念。对于这样一种转变，他强调"一种关于人的政治性观念，例如将公民视作自由和平等的人的观念，我相信并不需要涉及哲学性的心理学问题或关于自我本性的一种

---

① John Rawls, 1980, "Kantian Constructivism in Moral Theory", in Samuel Freeman, eds., *Collected Papers*, Cambridge, MA: Harvard University Press, 1999, p. 323.

② John Rawls, 1980, "Kantian Constructivism in Moral Theory", in Samuel Freeman, eds., *Collected Papers*, Cambridge, MA: Harvard University Press, 1999, p. 323.

③ John Rawls, 1980, "Kantian Constructivism in Moral Theory", in Samuel Freeman, eds., *Collected Papers*, Cambridge, MA: Harvard University Press, 1999, p. 327.

形而上学说"①。学界对如何理解罗尔斯的个人观念及其向公民观念的转变一直存在不同的观点。为了明确这个问题，我们首先应该回到罗尔斯的文本之中，还原其对个人观念及公民观念的论述。

个人的观念是依据社会的观念而得以确立的，社会被看作"合作冒险组织"，且罗尔斯认为，"自希腊时期以来，人的概念在哲学和法学中，一致被理解为某个能参加社会生活、能够在社会生活中发挥作用，并因此能够运用和尊重他的各种权利与责任的人的概念"②。那么个人就被看作了"能够参与社会合作"的个人。

在《正义论》中，罗尔斯对个人观念的论述是松散的，概括起来包括了如下内涵。第一，承认某些规则的约束力并能够遵守规则。"这个社会是由人组成的相对自足的联合体，这些人在他们的相互关系中都承认某些行为规则具有约束力，并且使自己的大部分行为都遵守它们。"③ 同时罗尔斯进一步明确这些规则其实就是分配社会利益和社会负担的正义。第二，每个人对社会合作产生的利益如何分配是不冷漠的，并且他们都喜欢更多而不是更少的分配。有时候罗尔斯也称之为"对自己利益爱好"。第三，个人是自由且理性的（rational）。所谓理性的，罗尔斯的含义是指每个人都有属于自己的特定的生活计划，这一生活计划一方面是根据各自的生活现状和条件制定的；另一方面，这一计划的特殊的目的就在于促进和满足个人的利益，同时使自己的欲望得到满足。并且罗尔斯认为每个人的计划是多样的，在众多的计划中存在一个理性的计划。该计划是一个不可能再有改善机会的计划，而构成社会的成员是理性的人，他们有能力根据自己的状况去调整自己的善观念。最后罗尔斯明确地指出，"一个有道德价值的人的概念从他们之中产生的（善与正当）"④。

在这里，虽然罗尔斯的表述还不是很明确，但是已经基本上具备了个人观念的雏形。特别是罗尔斯强调个人是具有"道德价值的"，这种道德

---

① John Rawls, 1985, "Justice as Fairness: Political not Metaphysical", in Samuel Freeman, eds., *Collected Papers*, Cambridge, MA: Harvard University Press, 1999, p. 395.

② John Rawls, 1985, "Justice as Fairness: Political not Metaphysical", in Samuel Freeman, eds., *Collected Papers*, Cambridge, MA: Harvard University Press, 1999, p. 398.

③ John Rawls, *A Theory of Justice*, Cambridge, MA: Harvard University Press, 1971, p. 4.

④ John Rawls, *A Theory of Justice*, Cambridge, MA: Harvard University Press, 1971, p. 24.

价值从个人的自由与理性以及遵守规则的能力中产生。事实上，这与后期的表述是内在一致的。罗尔斯在杜威讲座中进一步明确，个人的观念是"自由平等的道德人观念"。自由即意味着个人可以自由地修改自己所追求的目的，平等则意味着每个人在决定正义原则的过程中占据着平等的地位。之所以强调人的道德性，他指出这种道德性体现在"一旦他们达到理性的年龄，他们每一个都具有并且认为其他人也具有一种有效的正义感以及对他们的善观念的一种理解"[①]。

在此，罗尔斯指出，"康德式的建构主义希望提出一个潜在于那种文化中而被人们认可的人的观念，或者一旦得到恰当的展现和解释，就能被证明是可以为公民所接受的人的观念"[②]。在这里，罗尔斯似乎要表明这种人的观念是一种可以被公众认可的观念。换言之，即前文所说的这种人的观念是罗尔斯所要求的一种"普遍信念"，并且这种普遍信念的普遍性建基于特定的文化之中。这本身似乎存在着一定的矛盾。这一观念究竟是不是一个普遍信念？或言之这个观念何以成为普遍的？合理的解释就是它是一个规范性判断，作为一个规范性判断，这种判断的依据究竟何在？我们在此先搁置这一问题，稍后再详细讨论。

三 公民观念

在后期，罗尔斯将个人观念转换为了公民观念。对公民观念的论述与个人观念相近，但是更为明确。

（一）公民是"自由与平等"的

那么在什么意义上公民是平等的呢？"公民被看作拥有最低限度的道德能力，能够从事终身的社会合作，并作为平等的公民参与社会生活。我们把拥有这种程度的道德能力当作公民作为人而相互平等的基础。"[③] 也就是说，公民平等的根源在于公民具备了相应的道德能力，这是公民身份

---

① John Rawls, 1980, "Kantian Constructivism in Moral Theory", in Samuel Freeman, eds. , *Collected Papers*, Cambridge, MA: Harvard University Press, 1999, p. 309.

② John Rawls, 1980, "Kantian Constructivism in Moral Theory", in Samuel Freeman, eds. , *Collected Papers*, Cambridge, MA: Harvard University Press, 1999, p. 306.

③ John Rawls, *Justice as Fairness A Restatement*, Cambridge, MA: The Belknap Press of Harvard University Press, 2001, p. 20.

得以确认的前提，也是公民得以参与社会合作的前提。在后期的论述中，罗尔斯反复提到了"道德能力"，道德能力与之前个人观念中所讲的正义感能力和善观念能力相呼应。是否具备这两种道德能力成为衡量公民能否被称为公民的基石。

公民在什么意义上是自由的呢？罗尔斯认为作为政治观念的公民自由体现在如下三个方面。

第一，公民在拥有何种善观念上是自由的。这就意味着作为公民，他们被看作能够按照理性和合理的根据来修正改变善观念。他们的善观念的选择不会受到外部的限制。需要注意的是，公民的善观念要受到"合理性"的限制，这意味着公民善观念的选择需要考虑到与他人的相关性。所以，罗尔斯在《政治自由主义》中所面向的一直是各种"合理的"多元善观念，任何一种善观念，因其具备了"合理性"，而得到了罗尔斯的尊重与理解，值得我们认真对待。

第二，公民自由还体现在"他们认为自己有资格向他们的制度提出各种要求，以发展他们的善观念"[1]。用罗尔斯的话来说就是公民是自己的"自证之源"。这些要求的根据或者来源只在于公民自己，而不在于任何社会义务或职责的推论。换言之，即公民本身就是值得被尊重的，公民自己的善观念也是值得被鼓励的，只要这种善观念与正义观念相符。

第三，"公民能够对自己的各种目的负责"。所谓负责就是按照理性来合理调节自己的善观念，把追求的目的限制在正义原则所允许的范围之内。

（二）公民同样是理性与合理性并存的

实际上，理性概念与罗尔斯在《正义论》中对人的要求是一致的。理性概念"是单独的个体或者作为联合体的行为主体所适用的，强调这一主体在追求目的时所具有的判断能力和谨慎思考的能力"[2]。而公民的合理性（reasonable）则表现在两个方面："他们愿意接受与其他平等公民的社会合作条款的规定以及他们认可并且愿意接受判断负担的结果。"[3]

---

① John Rawls, *Political Liberalism*, New York: Columbia University Press, 1996, p. 32.

② John Rawls, *Political Liberalism*, New York: Columbia University Press, 1996, p. 50.

③ John Rawls, *Political Liberalism*, New York: Columbia University Press, 1996, p. 94.

虽然罗尔斯在后期才明确地将合理性与理性并列起来作为公民观念的内在规定，但实际上"合理性"概念的内涵在个人观念中已有所阐释。即对公平合作条款的理解，强调一种相互性。那什么是罗尔斯所谓的判断负担呢？罗尔斯认为作为公民我们需要进行三种判断①。

其一，理性的判断：权衡我们的各种目的，并评估它们在我们生活方式中的适当位置。

其二，合理性的判断：评估所有人的要求，我们共同的实践要求，等等。

其三，理性与合理性的综合判断：关乎理性与合理性共同使用的判断。

在这三类判断中我们会遇到困难，对于第一种，受制于个人的理性可能会影响合理性的选择；第二种是合理性判断本身的困难；第三种是合理性的要求运用到理性中的困难。具体来说，罗尔斯列举了判断困难的六种根源。

第一，具体情境中将会出现的各种证据——无论是经验的还是科学的——往往是复杂且相互冲突的，以至于我们很难去评估和判断。

第二，即便我们上述的考虑达到了完全的一致，但是我们对每一个证据所占据的分量与比例难以形成一致，以至于使我们达到不同的判断。

第三，我们所使用的概念（不仅仅是道德和政治概念），往往是模糊不清和难以把握的。这种不确定性意味着我们合理性的人在某种程度上可能会产生不同的判断和理解。

第四，在某种程度上，我们对证据或各种价值的评估受到我们生活经验的影响，而不同人的生活经验必定是不同的。所以，在现代社会有大量不同的职位分工，生活经验多样，产生的分歧也多样。

第五，通常情况下，双方都站在不同的规范立场，受到不同的力量影响来考察问题，很难得到完整的判断与评估。

第六，任何社会制度都对价值有所限定，我们都是在被限定的道德和政治价值中进行选择。

需要明确的是，罗尔斯所论述的六种根源都是合理性判断的根源，也

---

① John Rawls, *Political Liberalism*, New York：Columbia University Press, 1996, pp. 56 – 57.

就是说，因为上述六个原因造成的分歧是合理性的，还有一些分歧可能是不合理性的，比如仅仅考虑自我的判断。因为存在上述判断的负担，所以合理性的公民会认可不同的合理性的完备性学说，且合理性公民认为使用权力让其他人信奉同样的合理性学说是不合理的。在这里，罗尔斯进一步拓展了对"合理性"概念的理解，如果说在《正义论》中的个人合理性体现在个人将会选择那些他人也可接受的社会合作条款，这种合理性体现为一种相互性的考虑，那么在后期公民的合理性就被赋予了一种"宽容"的理解，即公民对不同的观点和判断采取一种宽容的态度。因此容许各种判断负担的存在，并且认为不能通过强制性的权力消除这些合理性的分歧。

最后，罗尔斯强调理性概念与合理性之间不能相互推导，两个概念作用的领域各不相同，并且它们各自与不同的道德能力相联系。合理性概念与正义感相联系，理性概念与善观念相联系，并且"合理性是公共的，而理性却不是公共的"①。通过公民的合理性概念，公民得以进入公共世界，能够作为平等的人与他人进行合作。

但问题的关键在于为什么合理性概念不能由理性概念提出，事实上，在《正义论》的论述框架中，理性概念是可以推导出合理性概念的。因为每个人都是自我关心且相互冷淡的，换言之，罗尔斯所谓的理性的人，之所以寻求社会合作，目的是实现自己最大可能的善。所以合理性概念不仅仅能够由理性概念推导出来，而且必须由理性概念推导出来。否则我们不能理解作为公民为什么要参与到社会合作中去，为什么要符合社会合作的环境与条件。唯一可能的心理动机就是公民只有参与到社会合作中才能获取更多的基本善，实现自己的目的。那么合理性的观念是使这种社会合作得以可能的观念。

笔者认为罗尔斯之所以进行这样的区分，主要有两个目的。其一，他仍然希望在自己的理论中，每一个公民因其自身而平等，每一个人是目的，而不是手段。也就是说，要把他人和自我放在平等的地位上，一旦他人和自我的地位平等，那么很自然的我们就不能说这种相互性的合理性要求是由将他人看作手段的理性思维所推导出来的，我们只能认为他人与我们同等重要，所以考虑公共性的依据不在于自我，而在于他人本身。但是

---

① John Rawls, *Political Liberalism*, New York: Columbia University Press, 1996, p. 53.

我们很难理解这样一种方式在公民的道德心理中何以可能。而这一问题也关系到罗尔斯所说的社会稳定性的问题，我们将在本书第四章中展开讨论。其二是与要求个人领域与公共领域相区分，特别是与要求政治的独立性密切相关。因为理性只适用于个人领域，合理性只适用于公共领域，理性与合理性之间没有相互推导的可能，那么两个分管的领域也就相互独立。如此一来，罗尔斯的政治自由主义也就可以独立于完备性道德。

第二节　两重观念的批判考察

罗尔斯的社会观念、个人观念（公民观念）究竟是什么观念？诸观念之间的逐步转变究竟意味着什么？这些观念与其整个理论具有怎样的内在联结？学界对这些问题有诸多研究，在此，笔者将以桑德尔和威斯曼的观点作为我们研究这两重观念的切入点。

一　桑德尔的批判

在《自由主义与正义的局限》一书中，桑德尔首先明确了此书的写作目的在于回答"道义论的人格理论究竟错在何处"①。也就是说，桑德尔此书的主要目的是剖析罗尔斯的人格理论，并指明其人格理论与其正义理论之间的内在联系。

（一）社会观念内含了道德价值

桑德尔对罗尔斯自我观念的批判和他对罗尔斯社会观念的批判是紧密联系在一起的。在桑德尔看来，罗尔斯的自我观和社会观存在内在的不一致。在《正义论》的开篇罗尔斯便断言"正义是社会制度的首要德性"，由此掀开了他的理论序幕。事实上，这样一个判断包含了很多含义。首先就是要明确何为"首要"；其次还要明确罗尔斯所讲的德性是什么意义上的德性。

桑德尔对这两个问题的理解是，所谓"首要德性"就是所有价值的价值，是终极德性，是在价值相互冲突的时候起到决定性判定的价值。实

---

① ［美］迈克尔·J. 桑德尔：《自由主义与正义的局限》，万俊人等译，译林出版社2001年版，第13页。

际上，桑德尔将罗尔斯的首要德性理解为了首要价值。笔者认为这一误解造成了桑德尔后续的误读，在此笔者暂时搁置这一问题，先来论述桑德尔对罗尔斯的理解。在桑德尔看来，罗尔斯赋予了正义一种首要的优先性，为什么正义具有这种首要优先性呢？正义是否具有这样的优先性首先要考虑的是社会的观念问题。

罗尔斯指出正义美德的产生依赖于某种经验的社会条件，缺乏这种条件，正义就不能成为社会的首要美德。特别是在一些有共同追求及认同的社会中，正义能否成为首要美德并具有绝对的优先性就很成为问题。于是桑德尔说："正义是社会制度的首要美德，并非像真理之于理论那样绝对，而是有条件的，正如身体的勇敢之于战场。"① 更为关键之处在于，这样一来，罗尔斯就将正义作为了补救性美德，而正义成为一种补救性美德就意味着另一系列至少是具有同样重要性的美德。在桑德尔看来，我们之所以呼吁正义的美德，恰恰是因为缺少仁爱的环境，如果社会成员之间真正处于一种博爱的状态之中，那么正义这种德性就不需要出现。相反，恰恰是因为社会成员缺少这种内在的情感支持，才需要正义作为社会的德性来调整社会成员的权利与义务。

笔者认为，需要正义美德并不意味着就是承认与爱相关的环境的先在性，换言之，桑德尔认为在罗尔斯的叙述中所要达到的首要价值是维护好社会合作的实现，而这就需要正义在各种利益中进行平衡。按照罗尔斯的叙述可能会出现如桑德尔批判的问题。因为在这种叙述框架之下，追求社会合作的可能和实现成了首要目的，能够促进社会合作实现的美德就成了首要美德，而正义充其量只能算作一种保障性的美德，正义也正是基于此才具有了价值。但是问题在于如果正义并非通过实现社会合作而具有价值，相反，正义是为了保护人之为人的尊严与权利，换言之，正义就意味着每个人的权利的对等，而不正义则是对个人权利的侵犯。那么就不需要将正义理解为一种补偿性美德。这也就是罗尔斯所强调的在这个意义上正义的优先性。

桑德尔对罗尔斯的这一批判核心在于罗尔斯究竟将什么作为社会组织

① ［美］迈克尔·J. 桑德尔：《自由主义与正义的局限》，万俊人等译，译林出版社 2001 年版，第 39 页。

的最终目的。桑德尔认为，从罗尔斯的描述来看，社会合作是其社会组织的首要目的。那么基于这样的目的，正义就不能作为首要之美德。甚至正义可能都不是一种美德，如果将社会合作作为人类形成社会的最终目的，那么正义的出现就意味着维持这种合作的基础遭到了瓦解，正义的出现也就意味着社会成员道德品质方面的整体堕落，甚至在这个意义上正义都不再成为一种美德。如果将社会合作得以实现作为目的，那么正如桑德尔所言，仁爱的环境将成为首要的美德，而非正义。但是如果以保障每个人的权利作为社会的最终目的，那么就如罗尔斯所言，正义就是首要美德。所以对罗尔斯的理论而言，对社会观念的理解，直接决定着罗尔斯正义原则、正义观念的地位和作用。只有正确理解罗尔斯的社会和个人的观念，才能对罗尔斯的正义原则的真实地位有所理解。

（二）形而上的个人观念构成了正义原则的基础

正义是否具有优先性不仅关乎我们对社会观念的理解，按照桑德尔的构想，更关乎个人的自我观念。桑德尔指出罗尔斯描述的个人是错误的，因为我不仅仅是经验所抛出的一连串目标、属性和追求的一个被动容器，更是一个不可还原的、积极的、有意志的行为者，能从我的环境中分别出来，且具有选择能力。如桑德尔所述，在自由主义那里，人类就其本性更是一种"选择其目的的存在者，而不是古人所谓的发现其目的的存在者"①。只有按照这样的自我观来理解，才能赋予正义价值优先性。在这里，桑德尔将自我与权利（rights）都看作先在的。即先于目的的自我存在，所以权利自然先于自我选择的各种善观念。因而正义就成为维持我之为我的关键，也就成了社会制度的第一美德。

那么这种自我的优先性何以建立起来？桑德尔指出，"对于康德来说，正当的优先性，或者说道德律的至上性，以及自我的统一性，或者说知觉的综合统一，只能通过先验演绎和设置一个本体的或执行的王国才能建立起来，以作为我们的自由与自我认知能力的必要预设"②。罗尔斯试

---

① ［美］迈克尔·J. 桑德尔：《自由主义与正义的局限》，万俊人等译，译林出版社 2001年版，第 28 页。

② ［美］迈克尔·J. 桑德尔：《自由主义与正义的局限》，万俊人等译，译林出版社 2001年版，第 30 页。

图突破这种形而上学的做法，可以"在经验理论的范围内"保留康德的道德力量。这是什么意思呢？换言之，罗尔斯对自我观念的理解究竟是在什么经验范围内保留了康德的力量？又是保留了什么力量呢？

为了回答这些问题，桑德尔考察了罗尔斯的自我观念，指出自我"既不是彻底情景化的自我，也不是彻底超脱身体的自我，既不是'任由现存的需求和利益所摆布'的自我，也不是依赖于先验考量的自我"①。罗尔斯的自我不同于康德的先验自我，但是这种自我也绝非如罗尔斯所言在"经验理论范围内"的。且桑德尔认为罗尔斯正义理论的标准，或言之基础只能是建立在对"道德主体的本性"的理解之上。这样一来，对原初状态的理解就成为对人类道德环境的精确反思，而这种道德反思与对"自我"的理解密切关联。

桑德尔试图采用一种哲学人类学的立场重建罗尔斯关于道德主体本性的推理。所谓哲学人类学即指"它是通过反思而非经验的普遍化所达到的，就其作为人类学的解释而论，它又关系到人类主体在多种可能形式的认同中的本性"。桑德尔总结罗尔斯对人性的看法包括两点。

第一，特殊性。个人的特殊性就体现在尽管人们有共同坚持的利益，有相似的处境，但是归根结底每个人的处境都是不尽相同的，这也就意味着每个人的选择目的都不相同。桑德尔认为，这种特殊性意味着罗尔斯对道德主体的看法是"每一个体的人都是一个道德主体，而且每一道德主体都是一个个体的人"②。

第二，统一性。这种统一性是指我们有共同的利益追求。罗尔斯称之为共同善的事务。按照这一理解很自然地就会引起如下追问，罗尔斯对人性的看法对其正义理论而言有何意义，是否必须？

桑德尔认为，按照罗尔斯的观点，特殊性与统一性虽然都是罗尔斯对人性的看法，但是其来源和地位完全不同。对罗尔斯来说，个体的特殊性是具有先验意义的，是先于经验而给定的；但是统一性不然，统一性是根

---

① ［美］迈克尔·J. 桑德尔：《自由主义与正义的局限》，万俊人等译，译林出版社 2001 年版，第 33 页。

② ［美］迈克尔·J. 桑德尔：《自由主义与正义的局限》，万俊人等译，译林出版社 2001 年版，第 65 页。

据经验而来的。所以对罗尔斯而言，多样性相对于统一性具有优先性。主体存在的个体化特殊性对正义的建构而言是首要的。那么桑德尔认为有必要考察一下个体的特殊性问题，与之密切相关的则是自我与目的的关系。

桑德尔将罗尔斯自我与目的的关系总结为"占有关系"。如何理解自我与目的的这种关系呢？桑德尔指出自我首先不同于目的，但自我不是与目的无关的。桑德尔强调，如果脱离了一个自我的观念，那么我们就成了一个处在不同的情境中的主体；如果缺少了目的，那么每个主体就成了无所适从的幽灵。随后，桑德尔着重解释了"占有关系"的含义。首先，占有关系意味着主体与被占有之物之间的某种距离。因此占有是一个间距性概念。因为是一种占有关系，这种间距性概念也会产生两种后果，其一是距离过远，目的与自我之间的联系彻底割裂从而形成无关之物；其二是距离过近，目的与自我之间的区别彻底失去，目的成为自我的一部分。

自我与目的之间的这种占有关系可以分为两种，其一通过选择，桑德尔称之为意志主义的；其二是通过发现，桑德尔称之为认知主义的。这种选择关系其实就意味着与目的之间的分离性，意味着自我是独立于目的之外的，优先于目的而存在的。而发现则意味着自我与目的的紧密关联，意味着"我"如何才能够从很多可能的目的之中将"我之所是"与"我之所有"区分开来。从罗尔斯的自我占有关系来看，这种占有并不是一种发现，而是一种选择，是一种意志主义。

罗尔斯这种对自我的理解就是一种个人主义的，"将自我置于超越经验极限的地位，使之变得无懈可击，一次性地也是永久性地将其身份固定下来。没有任何承诺能如此深刻地抓住我，以至于没有它我就不能理解我自己。没有任何生活追求和计划的变化能如此烦人而搅乱我的身份界限……我作为道德个人的公共身份在我的善观念中'并不随着时间的变化而受到影响'"①。换言之，罗尔斯的理论中的自我是一个封闭的、绝对的自我，并不存在任何改变与羁绊。

但是问题在于桑德尔的阐述并不太清晰。我们能够理解他所描绘的独立的个体优先于目的在罗尔斯理论中的基础性意义。但是独立自我优先于

---

① ［美］迈克尔·J. 桑德尔：《自由主义与正义的局限》，万俊人等译，译林出版社 2001 年版，第 77 页。

目的如何与社会正义的美德优先于其他美德相类比得出,桑德尔没有很好地论述这种过渡。他的观点是社会由多元的主体组成,因此需要正义。面对多元的个体首先需要的是正义,而"共同体的意义描述的是现在个体化的自我的可能目标,而不是他们的认同本身的构成成分。这保证了共同体的从属地位"①。也就是说,共同体的共同目标或共同利益是在正义原则建构完成后所进行的选择。最后,桑德尔总结说"共同体的意义只是一个有序社会的属性而非组成要素",言外之意是对于有序社会最为重要的是正义原则,是正义原则构成了社会之有序。因为社会要维系的是多样化主体之间的利益关系,若想有序合作则正义是最为重要的。

(三)　自我观念与差异原则之间相互冲突

桑德尔认为,按照罗尔斯对差异原则的要求,即将由天赋等差异产生的财产作为社会的共同财产,只有两种社会预想与之相符合。其一是功利主义形式的,即为了某种善而这样进行。但这是罗尔斯所明确反对的;其二就是预想社会能够作为共同财产的占有主体,这样才能对财产进行分配。因之,桑德尔考察了罗尔斯的共同体观念。

在桑德尔看来,个人主义的共同体观念实际上是可以分为两种的。第一种是"手段型共同体",也就是说共同体是作为手段而存在的,是服务个人目的而产生的一种共同体,这种共同体是完全外在于个人的;第二种他称之为"情感型共同体",这种共同体是罗尔斯所设想的。对于构成这种共同体的个人而言,"他们的利益不总是对抗性的,有时也是互补的和重叠的"②,之所以桑德尔也将这种共同体划归为个人主义的,是因为在罗尔斯理论中个人的主体性是先在的,形成合作部分是源于情感纽带,但同时也包括自私的目的。对于情感型的共同体而言,共同体在一定程度上是内在于主体的。

桑德尔认为,这两种个人主义的共同体理念都不能用来对差别原则进行论证,为了确保社会可以对诸种财产提出合法要求,需要一种内在联结

①　[美] 迈克尔·J. 桑德尔:《自由主义与正义的局限》,万俊人等译,译林出版社 2001 年版,第 79 页。

②　[美] 迈克尔·J. 桑德尔:《自由主义与正义的局限》,万俊人等译,译林出版社 2001 年版,第 180 页。

更"强"的共同体。这种共同体不能像罗尔斯的共同体只对成员之间的情感联结进行界定，而必须为共同体成员提供一种自我理解的方式，也就是说，共同体价值与目的构成了自我内在的一部分。桑德尔追求的共同体之所以比罗尔斯规定的共同体更强，其原因就在于此，即共同体的成员自身被身处其中的共同体规定。在这种强共同体中，自我是一种发现性的，是在共同体中发现自我的价值与意义，而不是自我去选择一种目的而占有。所以桑德尔认为，这种更强的共同体实际上是一种构成性的观念，强调个人与共同体之间的内在联结。随后桑德尔指出，罗尔斯这种"无约束"的自我与其所推导出的正义原则中的差异原则存在冲突。无约束的自我将自我看作独立的，那么最终我所拥有的任何"资产"都是一种偶然的。既然如此，所有的社会资产都是一种偶然的，既然不能作为某个个体的所有，那也不应作为整个社会的所有。因而差异原则对这些资产的重新分配就失去了依据。差异原则要求对"资产"进行再次分配，分配给那些最少受惠者。但是，这种分配的权力从何而来是与"无约束的自我"相矛盾的。

桑德尔指出，这种构成性的共同体观念并不是个人主义的，"因为个人主义把主体的界限看成是先行既定的，是最终确定的"。但是这种构成性的共同体的成员身份则是受到共同体的界定的。对于构成性主体而言，反思的作用就尤为重要。主体需要通过反思，明确自我的界限与边界。但是在罗尔斯那里最根本的问题不在于回答"我是谁"，而在于说"我选择什么目的"。"因为'我是谁'的问题的答案是自明的，而'我选择什么目的'的问题是指向意志的。"① 桑德尔认为有必要对罗尔斯理论中的主体进行深入考察，明确罗尔斯的自我是如何通过选择目的而获得这些目的的，在选择的过程中究竟发生了什么，反思自我在其中有没有起到作用。

桑德尔总结罗尔斯的选择过程，认为选择过程中有两个因素是既定的。其一是自我的界限，因为自我是优先的，所以选择过程中的自我是明确的；其二是正义原则，选择善观念始终受到正义原则的指引，无论这种指引是使人们一开始就不会确立违背正义原则的善观念，还是这种

---

① ［美］迈克尔·J. 桑德尔：《自由主义与正义的局限》，万俊人等译，译林出版社2001年版，第185页。

指引使人们一旦产生了违背正义原则的善观念就会自动抛弃或压制它们，正义原则始终限制着人们善观念的选择。桑德尔指出，在罗尔斯理论中，主体选择各自的善观念的时候，事实上并不涉及反思。在选择善观念的时候，主体需要考虑两个维度的事实：其一是几种不同的待选计划及实现行为主体欲望可能的结果；其二是主体的需要和欲望本身及其相对强度。对于第一个维度的考虑更像是一种工具理性的计算；对于第二个维度的考虑似乎涉及反思，但是这种反思的程度是浅的、弱的，是仅仅涉及对个人的欲望和情感倾向的反思，而不涉及自我本质的反思。桑德尔指出，罗尔斯的这种反思维度其实是与其对共同体的描绘密不可分的。"因为按照情感型共同体的观念，共同体的善局限于共同体成员的目的和先行个体化主体的情感，而按照构成型共同体的观念，共同体的善更深刻地渗透到个人身上，以至于我们需要描述的不仅是他的情感，还有他的自我理解的形式，这种自我理解部分地构成了他的认同，并部分地规定了他是谁。"①

罗尔斯的问题不仅仅体现在他对自我认识的失败上，桑德尔认为其在道德观上同样是失败的。这种失败体现在他分享了功利主义的道德观。罗尔斯对功利主义的批判并不在于功利主义把善设想为任意给定的与价值没有区别的欲望的满足，而在于为作为整体的社会采取了个人理性选择的原则。换言之，罗尔斯认可功利主义的价值观，认为善就是欲望的满足，其对功利主义的批判只在于其原则的运用上。罗尔斯试图通过强调个人差别的公平的正义来弥补这一缺陷。但对于为什么"欲望系统"可以作为善这一根本的道德哲学问题，罗尔斯与功利主义犯了同样的错误。

最后桑德尔总结道："惟有在一个不受目的性秩序支配的世界里，人类才能开放地建构其正义原则，个人才能开放地选择善观念。"② 按照罗尔斯的这种自我的设想，我们无法成为既把正义当作首要原则又把差异原则当作正义原则的个人。不仅如此，按照罗尔斯这种独立自我的设

---

① ［美］迈克尔·J. 桑德尔：《自由主义与正义的局限》，万俊人等译，译林出版社 2001 年版，第 195 页。

② ［美］迈克尔·J. 桑德尔：《自由主义与正义的局限》，万俊人等译，译林出版社 2001 年版，第 212 页。

想，我们无法拥有品格、自我反思和友谊。因为拥有品格就是了解我生活在历史之中，就是可以按照某种持久的品质而行动，这样我对目的的选择就不是任意的，而是出于我的品格的考量。并且我在选择时，还会进一步反思"我是谁"的问题，会深入认识自我。无论是品格、自我反思还是友谊，它们都依赖于对自我构成性的理解，而罗尔斯所设想的自我是无法拥有这些的。

笔者并不能同意桑德尔此处的观点。原初状态中的各方无法拥有品格、自我反思和友谊，但是无知之幕揭开以后，每个人都有独特的善观念，每个人都将认识到自身与众不同之处，所以在设想中的人不必拥有这些，但现实中的人一定是有品格、存在自我反思和友谊的。因为没有自我反思将不会有具体的选择。桑德尔也认识到了这一点，他继续补充说，道义论自由主义最后可能会作出让步并给予进一步区分，即允许公民在个人事务中保留爱和情感依附，但在公共事务中依然不是根本。"在私人领域，我们可以成为具有深厚构成的自我，那么，在公共领域里，我们则必须是完全无约定约束的自我，也正是在这一领域，正义的首要性主张才得以盛行。"① 但是桑德尔指出，这种区分其实是有问题的，即"我们根本不能担保只有'私人的'事务才能想象为是决定性的，而'公共的'事务却永远不能想象为是决定性的"②。也就是说，如果私人生活领域中的境遇和关系深刻地构建着自我，那么为什么公共领域的际遇就不如是？这是我们所不能理解的。

二 威斯曼的质疑

以桑德尔对罗尔斯的批判为代表，学界很多学者形成了所谓主流的看法，即认为罗尔斯的正义理论被视为这种康德式正义方法的当代展现，认为罗尔斯的正义理论是建立在康德的形而上学的人的概念上的。这种形而上学的人的概念如桑德尔所批判的那样，一方面是先验的、无内容的、独

---

① ［美］迈克尔·J. 桑德尔：《自由主义与正义的局限》，万俊人等译，译林出版社 2001年版，第 220 页。

② ［美］迈克尔·J. 桑德尔：《自由主义与正义的局限》，万俊人等译，译林出版社 2001年版，第 221 页。

立的自我观;另一方面在整个正义原则的论证过程中,又格外强调康德的个人自主和相互尊重的道德理念。威斯曼将这种主流的观点概括为一种"公共的基本观点"(the public basis view),虽然威斯曼的论证集中在探讨罗尔斯政治自由主义转向的原因上,但是在此,我们引述威斯曼的观点是因为他所概括的"公共的基本观点"中对人的概念的理解以及关键论证的概括恰恰也是我们当前很多学者对罗尔斯理论中人的概念的地位及作用和前后转换的理解。

(一)关键论证

威斯曼认为,当前学界对罗尔斯个人观念及其地位存在一种公共的基本观点,并进一步总结了该观点的论证思路,并将其称为"关键论证"(the pivotal argument)。我们将其论证内容概括如下。

(1.1)我们天生是自由、平等的理性行动者,能够反思我们所追求的目标,并能够根据我们的利益和目标来评估社会安排。

罗尔斯认为,无论人们的目标是什么,他们都需要获得基本善。这些善是由社会的基本结构生产和分配的。由于获得这些善是必要的,而且由于这些善是由影响广泛的制度(institutions)分配的,我们的生活前景、我们的愿望以及我们对正义和不正义的看法都深受基本善分配的影响。这让我们对基本善如何分配产生了浓厚的兴趣。

(1.2)社会的基本结构如何分配基本善,这关系到我们的根本利益。

我们对基本善的生产和分配具有根本利益,这使基本善的生产和分配成为一件有关公正的事情。因此,基本结构生产和分配基本善所遵循的原则必须符合正义的要求。确定正义对基本结构要求的任务,当然是罗尔斯在《正义论》中设定的任务。他试图在契约传统中直接回答这个问题。像其他契约论一样,罗尔斯似乎对基本的社会安排是如何确定的做出了一个至关重要的假设。简言之,强迫人们生活在他们无法接受的安排下,与尊重他们的存在是不一致的(1.1)。更准确地说应该是:

(1.3)如果基本社会安排事关我们的根本利益,如果我们能够根据自身的利益理性地评估这些安排,那么尊重我们作为具有这种利益和能力的自由和平等的人,需要这样的人能够接受支配这些安排的原则。

(1.3)是条件句。结果是基于在基本社会安排中事关人们根本利益的主张。他们将拥有的一种利益是(1.2)中断言的利益,即基本结构如何生产和分配基本善的利益。所以（1.3）似乎暗示：

（1.4）如果（1.2）是正确的，同时我们能够理性地评估基本结构，并能够根据我们的利益分配基本善，那么尊重我们作为具有这种利益和能力的自由和平等的人，要求支配基本结构的原则对我们这样的人来说是可以接受的。

（1.1）意味着我们能够合理评估基本结构生产和分配基本善的方式。因此（1.1）（1.2）和（1.4）共同意味着：

（1.5）我们的社会尊重我们，因为我们是（1.1）中所说的那样的人，只有当我们作为那样的人，我们的社会的基本结构分配基本善的方式的原则才是可以接受的。

如果罗尔斯也假设人们必须作为（1.1）所述的那样的人而被他们的社会尊重，那么（1.1）说我们是自由平等的人，那么我们必须被尊重的假设与（1.5）共同意味着：

（1.6）我们作为自由平等的人，必须接受支配基本结构分配基本善的原则。

原则对我们来说是可接受的还是不可接受的，是什么意思呢？说它们（原则）是或不是被作为自由平等的我们可以接受的，这是什么意思呢？说原则对我们来说是可以接受的，是说如果有选择的话，我们会接受它们。说原则是我们作为自由平等的人所能接受的，它限定或阐明了我们必须接受这些原则的条件。关键论证的一个关键步骤是，如果支配人与人之间分配的原则是由他们的处境特征决定的，而这些特征从道德观点来看是无关紧要的，那么这些人就不会真正地受到平等对待，因为平等对待需要把这些考虑放在一边。这一假设要求那些选择或接受原则的人必须在不受这些偶然性影响的情况下确定原则。所以：

（1.7）支配基本结构分配基本善的原则必须是在不受自然和社会偶发事件影响的选择情况下被接受的。一旦这些偶然性被排除在外，决定我们接受哪些原则的决定性因素是我们作为人的本性，此外没有别的东西可以决定这个选择。所以（1.7）表明：

（1.8）决定基本结构分配基本善的方式的原则必须是在我们作为自由和平等的人的性质是选择的决定性因素的状况下被接受的。

关键论证的第一个前提（1.1）是关于"我们"本质的主张：作为自

由平等的理性主体，能够根据自身的利益来反思目的和评估社会安排。即"我们"在罗尔斯的原初状态中选择情境的表现方式。事实上，似乎原初状态的构造正是为了让（1.1）中所描述的我们的本性以外的任何东西都不影响在原初状态中所采用的原则。所以罗尔斯似乎认为：

（1.9）原初状态是一种选择情况，在这种情况下，我们的本性是决定性因素。

从（1.8）和（1.9）可以得出：

（1.10）基本结构分配基本善的原则必须在原初状态中被接受。

原初状态中的可接受性是由一系列成对的比较决定的。罗尔斯认为他的两个原则会优先于原初状态中的其他原则。他的结论是：

C1：基本结构对基本善的分配必须遵循这两个原则。

我们进一步简化这个论证过程：人的本性—原初状态—正义原则，即人的本性对原初状态进行了塑造、约束并且进一步地决定了正义原则。在这一点上，威斯曼与桑德尔的观点一致，他指出，"桑德尔是正确的，在《正义论》中有一个人的概念，根据这个概念，组织良好的社会成员如（1.1）所描述的那样。桑德尔也正确地声称，这个概念所做的工作包括塑造原初状态"①。一旦以这种方式理解关键论证，我们就可以理解这一论证对原初状态只是一种引导（derivative force）。因为原初状态是一种选择情况，在这种情况下（1.1）中描述的我们的本性决定了我们的选择，正如（1.9）所述，原初状态使我们能够确定我们给自己选择的原则。在（1.10）所表达的原初状态中选择原则的要求只是表明如何满足这样的要求：在分配问题上，我们作为目的受到尊重，我们为自己制定生活所依据的法律。原初状态中通过选择被赋予的任何正当性力量都来自它执行了这些要求的事实。

但是，如果组织良好的社会中的一些成员反对（1.1）中对人的康德式表达，他们也可能反对关键论证对康德尊重和自主概念的依赖。如果对正义原则的公共辩护取决于关键论证，如果（1.1）表示一个形而上学的声称，如果康德的道德观念和需求是呼吁在以后的步骤中得以应用，那么

① Paul Weithman, *Why Political Liberalism? On John Rawls's Political Turn*, New York：Oxford University Press, 2010, p. 21.

从这些组织良好的社会成员的观点来看，罗尔斯缺乏一个健全的对正义原则的公共辩护。因此，这些原则及其辩护不会成为组织良好的社会成员协商一致的目标。

所以公共的基本观点认为（1.1）确实表达了对人的形而上学概念，从（1.5）到（1.8）及以上的推论确实依赖于关于尊重和自主的有争议的主张，而罗尔斯的一些批评者使他意识到关键论证将是多么有争议的结果。虽然有些批评家不再强调人的形而上的概念，但是他们的工作使罗尔斯意识到，他对原则的辩护可以被认为是依赖于这些有争议的概念和主张。为了纠正他对有争议的前提的依赖，或者为了明确他并不依赖这些前提，罗尔斯将（1.1）重新定义为：

（1.1'）我们是自由、平等的公民，能够反思我们所追求的目标，并能够根据我们自己的利益和目标来评估社会安排。

罗尔斯用"公民"代替了"人"，后续论证呈现为如下过程。

（1.5'）我们的社会尊重我们，因为我们是（1.1'）所说的这样的公民，只有当我们作为这样的公民，我们社会的基本结构分配基本善的方式的原则才是可以接受的。

（1.6'）我们作为自由平等的公民，必须接受支配基本结构分配基本善的原则。

（1.8'）决定基本结构分配基本善的方式的原则必须是在我们作为自由和平等的公民的性质是选择的决定性因素的状况下被接受的。

以及（1.9'）原初状态是一种选择情况，在这种情况下，我们作为公民的本性是决定性的因素。

结果是引向 C1 的一个新的论证，因此也是正义原则的一个新的论证，一个比关键论证更弱的依赖前提的论证。罗尔斯从民主社会的公共政治文化中得出这些前提。这就是为什么该观点可以被呈现为"独立的"，独立于关于人的本质的形而上学的主张。一旦（1.1）和（1.5）被削弱，论证到第六步的关键过渡也可能被削弱。在该论证的原始版本中，从（1.5）到（1.8）的变化似乎是由个人自主权的价值驱动的。在修改后的主张中，将（1.5'）改为（1.8'），可以诉诸对政治生活自主性的呼吁。罗尔斯因此能够论证，在民主社会中，即使对善有不同的看法，理性的人也可以接受弱化的前提和推论。因此，经修订的关键论证可以作为在组织良好社会中对正义原则的共同公开辩护。

（二）关键论证的缺陷

威斯曼也认可桑德尔对罗尔斯在人的概念上的分析，认为罗尔斯实际上是区分了两种人的概念，一种是作为普遍基础的人的概念，另一种则是在原初状态中的人的概念。这种区分的意义何在？原初状态中对人的设定是为正义原则的得出和论证作好铺垫和提供前提，而普遍基础意义上的人的概念则是我们论证原初状态中人的概念的基础。实际上，这里还有一个更深层的问题，究竟是普遍的人的概念塑造了原初状态中的人的概念，还是原初状态中人的概念奠基了普遍的人的概念？换言之，在罗尔斯的论述中，原初状态的设置究竟起到了什么作用？

罗纳德·德沃金（Ronald Myles Dworkin）指出原初状态的设计是为了体现抽象的平等的关心和尊重的权利，而这种平等的权利应该理解为罗尔斯深层理论的基本概念[1]。在德沃金看来，对人的平等本性的理解才是罗尔斯理论的深层基础，而原初状态的设计则是为了展现这种对人的普遍性的理解。如果按照这样来理解这两种人的观念之间的关系的话，那么关键论证中的理解也将会出现问题，即这个论证中是否还需要原初状态的加入。

威斯曼并不同意这种观点，他认为原初状态的设置是有意义的。他说"我不相信罗尔斯的《正义论》认为原初状态只是我们的本性决定我们的选择。相反，当他称原初状态是'哲学上最受欢迎'的选择情境时，我相信他的部分想法——在《正义论》中——是只有在某种程度上包含原初状态条件的选择情境中，我们的本性才会决定我们的选择"[2]。在这里，威斯曼指出了原初状态的意义，换言之，如果只有人的本性或者说只有普遍的人的观念，人们是不足以选择两个正义原则的。正是原初状态施加了选择的限制，因此普遍的人的观念才成为原初状态下的人，普遍的人的观念是原初状态下的人的基础，原初状态在此基础上又对人进行了条件性的限制。

---

[1] Ronald Dworkin, "The Original Position", in Norman Daniels, ed., *Reading Rawls: Critical Studies on Rawls' A Theory of Justice*, Stanford: Stanford University Press, 1989.

[2] Paul Weithman, *Why Political Liberalism? On John Rawls's Political Turn*, New York: Oxford University Press, 2010, p. 26.

实际上，笔者认为对原初状态地位的理解关乎我们如何界定罗尔斯所说的两种人的观念，普遍的人的观念与原初状态中人的观念究竟有没有区别？笔者认为罗尔斯对人的观念的理解是一致的，原初状态中的人的观念符合普遍的人的观念，换言之，原初状态下的人实际上就是普遍意义上的人。那么原初状态的作用是什么呢？原初状态的种种限制并不能还原为人的本性，而只能将原初状态的种种设置理解成为外在的条件。德沃金的错误就在于他试图将这样一种外在条件进行内在还原。而这种特定的外在条件并不是可有可无的，仅仅凭借人的观念是不足以选择两个正义原则的，而必须借助原初状态的条件才能实现这种选择。因而原初状态的论证是必要的。但是这自然地就产生了另一个问题，如果我们不将原初状态的设置还原为对人的本性的设置，那么原初状态的条件设置就具有相对性，或者说为什么选择这种条件而不是其他条件？一旦我们开始思考这个问题的时候，我们就能更加真切地体会到罗尔斯政治哲学的道德基础究竟为何。这种条件首先体现了公平性、平等性和公开性。罗尔斯说公开性条件的部分要点是让原初状态中的各方评估正义概念"作为社会生活中公开承认的、完全有效的道德构成"①，所以这些规范性的道德要求才是构建正义原则背后的根据。而我们有理由相信罗尔斯的原初状态是对这些规范要求的体现。关于这一点我们将在本书第三章中予以充分论证。

那么，究竟罗尔斯表达的自我是不是一种形而上的主张呢？这取决于威斯曼所说的关键论证的第一步，即（1.1）我们天生是自由、平等的理性行动者，能够反思我们所追求的目标，并能够根据我们的利益和目标来评估社会安排。如果（1.1）表达了一种关于人的本质的形而上学的主张——具体地说，是一种康德的关于人的概念，被认为与亚里士多德、托马斯主义、笛卡儿、莱布尼茨或后现代概念相竞争——那么，似乎关键论证将是对正义原则的一种有争议的辩护。因为似乎组织良好的社会中的一些成员，就像我们自己社会的一些成员一样，会对任何关于人性或本质的讨论持怀疑态度。另一些人则会攻击这一观点，即人类的本性先于他们选择的目标。还有一些人会声称，人类自然地是政治的、公共利益的参与

---

① John Rawls, *A Theory of Justice*, Cambridge, MA: Harvard University Press, 1971, pp. 133, 115.

者，而契约主义者对个人的谈论是一种非法的抽象概念。所有这些组织良好社会中的成员都会反对（1.1）。

此外，如果关键论证确实以康德的人的概念为开始，那么我们将期望它证明罗尔斯的原则是符合康德的考虑的，比如尊重人的要求是目的本身以及自主的价值。关键论证似乎就是这么做的，因为正如我们看到的，它通过尊重的要求从（1.5）推论到（1.6）。它从（1.6）通过（1.7）推论到（1.8）。

（1.8）决定基本结构分配基本善的方式的原则必须是在我们作为自由和平等的人的性质是选择的决定性因素的状况下被接受的。

（1.8）似乎在暗示，我们生活在其中的基本结构必须由我们选择的原则来支配。因此，从（1.5）到（1.8）的推论似乎表明，在（1.5）中所提到的、联结（1.5）和（1.6）之间所规定的方面，要求我们生活在其中所遵循的分配原则是自我选择的。真正证明 C1 以及罗尔斯的原则的是，这些原则满足自主的要求。如果基本分配原则的真正原因必须是自我选择的，是什么推动了从（1.5）到（1.8）的运动，那就是我们自己是同时也必须被视为目的，那么我们被尊重的要求似乎就是康德的要求，而且康德认为只有我们是自主的，我们才能被视为目的。

在威斯曼看来，罗尔斯的论点依赖于他从哈特（Hart，H. L. A）那里借来的一个基本区别，即一个概念与其不同概念之间的区别。正如我们有一个正义的概念，它可以被指定为各种不同的概念，罗尔斯认为我们也有一个人的概念，它可以被指定为各种不同的概念。人的概念是通过说明人所具有的权利、利益和财产，或评价人和行动的标准而被规定为概念。明确一个形而上学的人的概念，就是通过从形而上学的论题和原则，或根据形而上学问题的答案来说明人的概念。明确一个人的政治概念，就是通过对政治价值观和罗尔斯所谓的"政治领域"的描述来明确这个概念。明确一个人的伦理概念，就是通过对道德哲学中价值和论题的解释来明确这个概念。

在这种理解下，似乎很难说形而上学的人的概念是什么，因为很难确切地说，一个关于人的形而上学命题是什么，以及它如何与政治或道德命题区分开来。罗尔斯认为，形而上学的学科关注一系列关于人的问题——例如，关于人在可能的世界中的同一性或他们在时间中的连续性——这些问题可以与哲学中其他子学科所涉及的问题区分开来。在否认他依赖于一个形而上学的人的概念时，罗尔斯并不是要否认他依赖（1.1）或（1.1）表达了一个恰当的所谓人的概念。他的意思是，（1.1）并不表达一种形而上学的学科式的人的概念。所以在威斯曼看来，从罗尔斯的论述来看，罗尔斯的个人观念并不是一种形而上的观念，这依系于罗尔斯对学科概念的理解。为什么要依靠学科边界来将形而上学与哲学的其他领域区分开来？笔者认为，答案在于罗尔斯试图通过否认他依赖形而上学的人的概念来表达的真正观点。这一点涉及道德和政治哲学与那些可以被认为是形而上学和心灵哲学的领域中独立出来的观点。罗尔斯认为，道德哲学或政治哲学的进步不需要受制于关于个人同一性的辩论的结果，因为政治哲学可以指定一个关于人的概念，例如（1.1），而无须假设这些辩论的一方或另一方所辩护的答案。罗尔斯在他后来的文章①中表达了这一点，他模糊地否认他是依赖于形而上学的人的概念。可见在威斯曼看来，罗尔斯的人的观念实际上是伦理的，而不是形而上的，他的依据主要源于罗尔斯对学科的界定。

第三节　两重观念的道德内涵

我们分别考察了学界对理解罗尔斯个人与社会两个观念的两种不同立场。在笔者看来，罗尔斯的社会观念首先是作为一种道德理想出现在他的理论中的。他对社会的理解内在地包含了道德的要求，这一点笔者同意桑德尔的观点。不同于桑德尔与威斯曼对罗尔斯个人观念的理解，笔者认为，罗尔斯前期的个人观念并不是一种形而上的观念，而后期的公民观念也不仅如罗尔斯所言是一种政治的观念。

一　道德的而非形而上的

威斯曼对形而上的人的观念的反驳基于罗尔斯的学科概念，笔者认为，这种反驳的力度还不够，我们必须进一步区分作为政治的与作为形而

①　参见 John Rawls，1975，"The Independence of Moral Theory"，in Samuel Freeman，eds.，*Collected Papers*，Cambridge，MA：Harvard University Press，1999.

上的两者之间究竟有何差别。

其一，观念的内容来源。对哲学的或者形而上的这种观念来源可以是超验的，换言之是一种哲学上的假定。比如我们可以假定人是自由的，同样也可以假定人是受限的。我们可以假定人是平等的，同样可以假定人是有差别的。对于"政治的"人的观念，罗尔斯多次强调政治的公民的观念来源于公共的民主政治文化。换言之，这种观念的来源是经验的，是对经验世界的总结，是有现实情况作为其背后依据的。这是差别之一。

其二，观念的适用范围。对哲学的或形而上的人的概念的适用范围，如果我们用罗尔斯的话来说必然是一种完备式的适用范围。因为这种概念不仅仅作为政治领域的基础，还作为各个领域的基础。政治的公民的观念其适用范围要小得多。显然，罗尔斯的意图是将其设定在政治领域即公共领域内。只在公共领域公民被设想为是自由和平等的，或者说事实上在公共领域公民就是自由和平等的。

其三，观念的实际作用。对于一种形而上学的观念，这种观念发挥的作用是充分的，不仅仅确立了能够成为正义原则的基础，而且将发挥一种完备性的导向作用。或者说这种形而上的观念将提供一种理想人格，这种理想的道德人格既作为理论的前提也成为理论的追求，这样一来就成了对一种特定善观念的呼吁。而政治的观念则不然，政治的观念同样也倡导政治价值，但是这种价值仅仅停留在公共领域，而不进入私人领域。这样倡导的善观念可以为重叠共识所支持。

除上述威斯曼提出的理由之外，仍有两个明确的理由让我们将两种观念视为道德观念而非形而上观念。其一，两种观念本身展示着相应的道德规范。上文的分析中，我们已经指明社会观念本身就包括对"公平"规范的诉求，对"合作"价值的推崇。罗尔斯的社会观念离开了道德意蕴将产生本质的改变。就个人观念而言，在罗尔斯的论述中，"道德能力"成为个人得以进入社会合作的前提，道德能力也是衡量个人能否作为平等自由的人的根本核心；其二，两种观念体现了道德理想。无论是社会观念还是个人观念都承载着罗尔斯的道德理想。对秩序良好社会的追寻与塑造，其本身就包含着价值追求。个人观念乃至后期强调的公民观念都对道德价值进行了明确的规定，期待我们成为充分发展"道德能力"的理想个人或理想公民。所以无论是从罗尔斯正义原则的论证过程还是从罗尔斯观念本身的内涵要求来看，这两种观念都应该被我们看作一种道德观念。即便是在罗尔斯前期，表达的也仍然是一种道德观念，这种观念通过借鉴康德的一些道德理论来向我们倡导相互尊重和自主的伦理价值，在后期政治哲学中，罗尔斯将道德观念进一步界定为政治观念，强调的不仅仅是康德的自主，而且是政治上的自主，关于这一点我们将在接下来的部分中充分展开，并以此来说明罗尔斯是如何在经验范围内对康德进行继承与超越的。

二 罗尔斯对康德的继承与超越

罗尔斯在论述其与康德关系的时候，确实谈到了自己对康德人的本质的表达的继承。在康德看来，一个人对自己是作为自由和平等的理性存在者最好的表达，实际上就是他可以根据自己所制定和选择的原则去行动。在这一点上，作为公平的正义通过排除了自然和社会的特殊性，借用于无知之幕的设定得以实现。并且很好地表达了人们的这一本质，对原初状态所选择原则的服从就展现了人作为自由平等的理性存在物的本质。

罗尔斯认为康德学说的力量和魅力并不在于其对道德原则普遍性和一般性的要求，而在于其他地方。罗尔斯指出康德式观点"最重要方面就是它对某些首要的正当原则和正义原则的强调"，且这种观点"涉及的人的观念是一种自主的人（autonomous perpson）观念……表达一种关于人的理想是：这样的人对横跨他们一生的那些根本利益负责，并且认为实现这些利益的方式应得到其他人的认同"[1]。罗尔斯说康德以这样的观点作为开始，即道德原则是理性选择的目标。这种选择的目的和结果是伦理王国的道德律。由此罗尔斯推论，这种道德原则的选择应该具有如下特征，首先是被所有人接受的，其次是公开的，最后是人们作为自由和平等的理性存在者所一致同意的。所以，罗尔斯其实是在契约论意义上去理解康德的思想的。"以下的论述最好被看作将作为公平的正义与康德和卢梭那里的契约论的最高峰相联系在一起的。"[2]

借鉴于康德自主观念，罗尔斯特别强调自主其实是"因为在它所代

① John Rawls, 1975, "The Independence of Moral Theory", in Samuel Freeman, eds., *Collected Papers*, Cambridge, MA: Harvard University Press, 1999, p. 299.

② John Rawls, *A Theory of Justice*, Cambridge, MA: Harvard University Press, 1971, p. 252.

表的秩序中，正义与公共理性的政治价值（由他们的各种原则表达出来）
不仅仅表现为外在强加的某些道德要求"，更为关键的是"公民能够理解
这些价值是建立在自由而平等的公民观念和作为公平合作系统的社会观念
相联系的实践理性基础之上"①。

罗尔斯区分了两种自主（autonomy），分别是理性自主（rational au-
tonomy）和完全自主（full autonomy）。公民的理性自主体现在两个方面：
其一，在正义原则的限制下自由地追求自己的善观念；其二，确保更高层
次的、与自己道德能力相联系着的那些利益的安全。作为公民代表的各方
在原初状态中展现了理性的自主。这种自主对应地体现在：第一，原初状
态下，各方选择最有利于自己代表人的利益的原则；第二，在评估各种利
益时，各方考虑的是较高层次的利益②。实际上，关于理性自主的第二方
面其实在《正义论》中罗尔斯用了亚里士多德主义原则进行表述。正是
在此意义上，"公民能够成为完满的个体，即是说，成为充分发展和实践
他们的道德能力并追求他们逐步出现的决定性善观念的个体"③。但是这
里存在一个问题，即如果罗尔斯的理论不是目的论的，不包含任何先在的
目的，那么个体为什么要成为一个完满的个体？一旦我们将关注的目光从
公共领域转入个体领域，那我们理论的根据不就又变成了一种完备性的观
念吗？所以正是在这个意义上，笔者认为，实际上后期作为政治观念的公
民观念也很难脱离完备性道德观念。

不同于理性自主，完全自主的主体只是公民，而不包括原初状态中的
各方。所谓完全的自主意味着"不仅公民的行为符合正义原则，而且他
们也是按照这些正义原则来行动的"④。罗尔斯特别强调这种自主体现在
公民现实的行动中，公民不仅仅在动机上符合正义原则，更为关键的是，
在行为结果上要符合正义原则。要想实现公民的完全自主，那么正义的政
治观念必须满足充分的公共性条件，正义的观念要包含在公共政治文化之
中。实际上，公民所遵守的社会合作规则是自己作为自由平等的公民自主

---

① John Rawls, *Political Liberalism*, New York：Columbia University Press, 1996, p. 98.
② John Rawls, *Political Liberalism*, New York：Columbia University Press, 1996, pp. 74 – 75.
③ John Rawls, *Political Liberalism*, New York：Columbia University Press, 1996, p. 77.
④ John Rawls, *Political Liberalism*, New York：Columbia University Press, 1996, p. 77.

选择的结果，是自己为自己立法。这也是罗尔斯政治哲学所追寻的"自主"伦理内核。需要明确的是，这种完全自主仅仅是政治上的，而不是全部的。"它是一种政治价值，而不是伦理价值。"除了对康德"自主"伦理内核的注重，罗尔斯还强调"相互尊重"的伦理价值。并指出他在三个方面与康德理论的相似之处。

首先，对人的本质的表达的继承。康德认为当一个人可以根据自己所选择的行为原则自主地行动，这是对自己作为自由和平等的理性存在物最好的表达。在这一点上，作为公平的正义通过排除了自然和社会的特殊性，借用于无知之幕的设定得以实现，并且很好地表达了人们的这一本质，对原初状态所选择原则的服从就展现了人作为自由平等的理性存在物的本质。

其次，对绝对命令观点的继承。罗尔斯说绝对命令不同于假言命令，假言命令是有目的设定的。而绝对命令则不以任何目的为前提。罗尔斯说原初状态就不设定任何特殊的目的，而只假设作为理性人所共同需要的基本善。因而在这个意义上，两个正义原则实际上也就是一种绝对命令。两者都不能以任何偶然因素作为前提。在这里，罗尔斯事实上解释了绝对命令的两个特征：第一，不具备目的性；第二，不具备偶然性。笔者认为事实上这是两个概念。在此，罗尔斯看起来似乎将两者混为一谈了。原初状态下的各方是具有目的性的，而且是具有鲜明的目的的，那就是想要更多的基本善而不是更少的。原初状态的设定是排除了偶然性因素的，这一点我们是可以认可的。所以在这个意义上，原初状态设定所得出的正义原则更是对人的本质的展现，而不是对绝对命令观点的继承。

最后，罗尔斯说相互冷淡的假设实际上也继承了康德的自主观。康德的自主要求是自我的合理选择，而这种选择并不受任何先验的约束。相互冷淡则意味着对善观念的无所约束，不论自我选择是怎样的，都是可以被接受的。

罗尔斯还考虑了一种西季威克式的反对意见，即如果自主是最能展现自我本质的，那么对于一个人而言，选择一种恶棍的生活也是一种自我选择并自我服从的过程，实际上这一过程也展现了这个人作为理性存在者的本质。但是对于理性存在者而言，这种生活何以会被选择呢？罗尔斯说原初状态可以很好地回应这个批评，即原初状态中的人的选择是大家一致同

意的，是基于我们是什么和我们要成为什么的选择。所以对原初状态中的
人而言，他们的选择与"现象的我"的要求截然不同，他们的选择体现
了他们的本质，并且也只有他们的本质才构成了他们的选择。

　　罗尔斯对康德的种种阐述最重要的基于两点：第一，这是一种契约论
的最高峰的理论；第二，基于"康德的主要目的是要加深对卢梭观点的
证明：自由就是按照我们给予自己的法律而行动。这并不导致一种严厉命
令的道德，而是导向一种互相尊重和自我尊重的伦理学"①。所以罗尔斯
说他采取的是一种康德式的立场。"《正义论》试图依次把康德关于目的
王国、自主和绝对命令的观点呈现为一个自然程序，以这种方式，康德学
说的潜在结构从形而上学的氛围中被分离出来，从而使这个结构可以较明
白地被理解，并相对地免受反对意见的诘难。"② 所以很明确，即便是在
《正义论》中，罗尔斯对康德的人的本质的观点的继承也不是形而上的，
那么罗尔斯的人的本质的观点与康德的差异何在呢？

　　罗尔斯指出自己在两个层面离开了康德的观点：第一，康德强调的是
一种作为原子的个人的选择，而罗尔斯则突出一种集体的选择；第二，罗
尔斯始终强调选择的各方应明确自己要服从于人类社会生活的条件限制。
关于第一点是非常重要的，因为前面我们已经谈到，罗尔斯说"社会作
为合作组织"的这一观念才是其理论的出发点，而人始终是被构想为社
会中的人。所以罗尔斯说真正的选择不是个人的选择，而是集体的选择。
这与康德道德哲学的立足点是截然不同的，也区别于功利主义的立足点。
作为集体选择就要面临个人与个人之间的问题，就不再是孤立的、单独的
自我。对于第二点，个人要服从于人类生活的诸种条件，这就赋予了人以
经验性，而不再是先验的。所以罗尔斯也说"对于作为公平的正义的康
德式解释，就不像我现在倾向于认为的那样接近于康德的原意"③。

三　道德观念的地位和作用

　　对罗尔斯而言，社会与个人两个观念的澄清不仅仅是罗尔斯政治哲

---

　　① John Rawls, *A Theory of Justice*, Cambridge, MA: Harvard University Press, 1971, p. 256.

　　② John Rawls, *A Theory of Justice*, Cambridge, MA: Harvard University Press, 1971, p. 264.

　　③ John Rawls, *A Theory of Justice*, Cambridge, MA: Harvard University Press, 1971, p. 257.

学的目的，更重要的是，个人的观念和社会的观念将分别回答两个问题：其一，作为个人为什么要遵守分配社会利益与负担的正义原则；其二，作为社会为什么需要分配社会利益与负担的正义原则。罗尔斯的政治哲学旨在找寻民主社会的道德哲学基础，旨在确定一种公共的大家都能认可的正义观。前期罗尔斯强调这是明确的两个正义原则，认为这是原初状态下各方的一致选择。罗尔斯后期则将这种确定性进行了下降，认为这种政治正义观念只是众多可能的一种，但是仍然没有脱离这一主题。

（一）个人为什么要遵守正义观念？

事实上，我们看到罗尔斯对这个问题的回答有一些循环论证的嫌疑。他的论证结构我们可以拆分如下。

前提1，个人承认某些规则的约束力并能够遵守规则。

前提2，个人渴望更多地得到社会分配的利益。

根据前提1与前提2，可以推出：

前提3，个人是自由平等的人。

前提4，正义原则是自由平等的人的共同选择。

前提5，遵守正义原则符合体现了自由平等人的道德理性。

结论1，个人会遵守正义原则。

事实上，在前提1的表达中，罗尔斯就已经指明了个人会遵守社会的规则体系，且大多数时候会遵守。而且将这种论述停留在秩序良好的社会中，这样一来，其实罗尔斯在前提中就赋予了个人遵守规则的特性。这里存在一个更为根本的问题，即个人是因其具有正义感的能力而遵守了正义原则，还是正义原则是自由平等的个人的共同选择而遵守了正义原则。如果说个人遵守正义原则源于其内在的正义感，那么这种论证就是一种循环论证。同样的，罗尔斯对自由优先性的论述也存在这样的问题，即个人究竟因其是自由平等的个人而赋予自由优先性，还是因为自由优先性是自由平等公民代表的共同选择而得以优先。如果一旦我们按照前者来理解，那么罗尔斯的政治哲学必然地依赖道德基础，也恰恰是因为这种自由平等的道德人格的存在，成为罗尔斯结论得出的根本前提。

（二）社会为什么需要正义原则？

即社会中的个人因为被设想为追求自己的善观念，且赋予了正义产生的资源背景环境。这样一来，社会合作要想得以维系就必然地需要正义原则。但是这里存在的问题是，"公民有两种观点，一种是完备性的，另一种是政治的；而他们的总体观点又可以分为两个部分，并恰当地相互联系着"①。既然这两部分是相互联系的，那么作为一种政治价值何以能只在政治领域发挥作用而不进入私人领域呢？所以这就如桑德尔所说的"为什么我们的政治身份不应当表达我们在私人生活中所认定的那些道德、宗教和社会信念呢？为什么坚持我们作为公民的身份和我们作为道德的人的身份之间的分离，能获得更广泛的认可？为什么在慎议正义的时候，我们应当悬置那些影响我们余生的道德判断？"②

桑德尔顺着这个预想提出了新的问题，罗尔斯的回答是，这是"源于民主政治文化的特殊本质"。在传统社会中，人们试图根据自己所持有的完备性道德和宗教理想的图景来塑造政治生活。然而在我们这样一个以道德和宗教观点多元化为特征的现代民主社会当中，通常我们需要区分自己的公共角色和私人角色。换言之，罗尔斯认为这种个人身份的二元论是基于社会事实的判断与总结，是对自由主义政治文化的历史—社会学的描述性判断。但同时罗尔斯也强调德性的重要性。比如自由主义一直以来重视的宽容以及理性，还有罗尔斯特别强调的正义感的德性。当这些德性在一个社会得到普及并保持着它的政治正义观念的时候，那么它们就构成了一个非常高的公共善。对这些德性的肯定，基于其对立宪制度的支持作用，也就是说，对德性的支持与拥护基于德性的工具性价值，而没有对德性的其他价值给出进一步的界定。

政治自由主义要求我们搁置完备性道德与宗教理性，并认为这是出于道德的目的，坚持要将我们的公共身份与私人身份区分开来。其原因在于：现代民主社会中，人们通常对什么是好生活持不同的意见。无论是在《政治自由主义》还是《正义论》中，罗尔斯的整个政治哲学都是对社会合作的价值的强调。基于这一最重要的价值目的，罗尔斯要求人们悬置道德和宗教领域的争端。但是这里的问题就在于为什么是"社会合作"成

---

①　John Rawls, *Political Liberalism*, New York: Columbia University Press, 1996, p. 140.

②　［美］迈克尔·桑德尔：《公共哲学：政治中的道德问题》，朱东华等译，中国人民大学出版社 2013 年版，第 203 页。

为最为重要的价值，以至于这种合作可以超过任何与之不同的，可能来自一种完备性道德或宗教观念的利益。

对于这个问题，可能有两种回应方式。其一，怀疑论的解决策略。即怀疑除了社会合作之外其他价值的真实性和有效性。显然，罗尔斯并没有采用这种策略。罗尔斯对其他价值并非持怀疑论的态度。其二，区分应用范围的策略。即区分政治价值与宗教道德价值，并认为只有政治价值是适用于社会基本结构和宪法的，而宗教道德价值则仅仅适用于个人生活中的和资源组织中的行为。但是罗尔斯也没有明确采用这种区分，相反，罗尔斯肯定了政治价值与其他价值在政治领域中的冲突。也就是说，不同的价值不仅分别在不同的领域相互冲突，更为关键的是，不同的价值还在同一领域中相互冲突。

进一步的，桑德尔举例来说明保持"政治中立"的策略不可能是完全的，特别是关乎那种有明确的最基本的正确与错误的问题上，政治是不能中立的，比如农奴制。因为在道德上奴隶制是错误的。面对这种道德恶，政治无法再保持中立。政治必须承认这种道德是恶的，并且予以反对。这里存在的问题是对最为基本的、最为重要的道德判断是否已经形成共识，或者说桑德尔所谓的重大道德问题是不是罗尔斯所谓的基本善。桑德尔认为，罗尔斯肯定也反对农奴制。在《正义论》中，罗尔斯可以诉诸康德式的道德人格概念来反对这种制度，并将独立纳入基本善的范畴之内。但是在《政治自由主义》的论述中，罗尔斯缺少这样的理由。

事实上，罗尔斯可以采取的解决策略是，"由于那些内含于我们政治文化之中的原则和自我理解，只有在平等地对待人们、把他们当作自由平等的公民这一点上达成一致，才能为社会合作提供一个合理的基础"①。这种内含于我们政治文化当中的公民身份观念的呼吁，似乎能够解释政治自由主义在当今会怎样反对奴隶制度。也正是在这个意义上，这种自我的理解才成为一种伦理的基础。

（三）两种观念的作用

阐明了两种观念背后的道德基础，我们回到罗尔斯政治哲学之中，

---

① ［美］迈克尔·桑德尔：《公共哲学：政治中的道德问题》，朱东华等译，中国人民大学出版社 2013 年版，第 211 页。

再来考察这两种观念的地位和作用。需要明确的是，个人与社会两种观念是互动互成的。罗尔斯所设想的个人观念从来不是独立于社会的，是生而在社会之中且直至死亡的。同样，社会观念是作为个人合作的体系而得以理解的。这两种观念既相互影响又相互界定。我们将罗尔斯的社会观念与个人观念作为论述罗尔斯政治哲学的开端，是因为这两种观念在罗尔斯政治哲学中具有至关重要的地位。也正因为两种观念与罗尔斯整个正义理论具有紧密的内在关联性，从而也成为我们理解并阐述罗尔斯政治哲学的开端。

首先，两种观念是社会公共政治文化的体现。罗尔斯对个人及公民的首要设定是自由平等。显然，这里存在一个问题，那就是公民的自由平等的依据何在。罗尔斯似乎表达了两种依据：一方面，公民具备道德能力和理性能力而成为社会合作中的一员，因而成为自由平等的；另一方面，公民的自由平等源于"公共政治文化的直觉性理念"。在《正义论》中，罗尔斯对人的平等自由的描绘更少，而对社会合作理念和个人作为社会合作成员的两种道德能力的描绘更多。在《作为公平的正义：政治性的而非形而上学的》一文中的表达是两者兼而有之的。一方面，罗尔斯讲"我们是从民主思想的传统内部出发的，因此我们也把公民视为自由而平等的人"[1]；另一方面，罗尔斯又说"人凭借我们称为他们的两种道德能力和理性能力而成为自由的"。似乎这里对人何以是自由平等的存在两种解释。那么如何平衡这两种看起来相冲突的理由呢？罗尔斯的化解方式是"拥有两种道德能力，并因此成为自由和平等人的观念，同样被认为是隐含在民主社会公共政治文化中的一个根本性的直觉性理念"[2]。罗尔斯索性将这种理念也纳入了公共政治文化之中，从而在后期将人的概念转述为"公民"概念。所以对罗尔斯而言，两种观念是从社会公共政治文化中直觉把握而得出的。

其次，两种观念是描绘原初状态的依据。罗尔斯是依据个人及社会的

---

[1]　John Rawls, 1985, "Justice as Fairness: Political not Metaphysical", in Samuel Freeman, eds., *Collected Papers*, Cambridge, MA: Harvard University Press, 1999, p. 397.

[2]　John Rawls, 1985, "Justice as Fairness: Political not Metaphysical", in Samuel Freeman, eds., *Collected Papers*, Cambridge, MA: Harvard University Press, 1999, p. 399.

两种观念对原初状态展开设计的。罗尔斯说，"我们必须找到某种观点……以便从这样一种观点出发，自由而平等的个人之间可达成一个公平的协议"①。而这种观点就是罗尔斯所说的原初状态。因而原初状态的设计与描绘就是依照社会作为公平合作体系以及个人作为自由而平等的个人展开的。原初状态诸多特征的描绘也是体现这两种观念的。关于原初状态的具体阐释我们将在本书第二章进行。

再次，两种观念是理解和建构正义原则的基础。罗尔斯不止一次地谈到，为一种正义原则辩护以及接受、理解、践行一种正义原则实际上与个人观念息息相关。罗尔斯说"某些原则以及对它们的辩护事实上正是阐明了这样一种个人观念"②，"接受代表了一个正义观念的原则也就是接受了一个关于人的理想；我们在按照这些原则行事的同时也就实现了这一理想"③。那么这种关系是如何联系起来的？两种观念如何与正义原则产生联系呢？正如桑德尔所分析的，个人的自我观念，构成了正义原则得到的基础，正是因为我们是这样自由平等的个人或言之公民，我们才必须选择每个人都能接受的原则，而一旦我们进行了这样的选择，其结果也就势必为我们所遵守。因此，恰恰是因为个人具备了相应的道德能力，正义原则才得以被选择，而正义原则选定后又规约着我们成为符合这一原则的个人，从而表达了一种个人的道德理想，这一点我们将在本书第三章着重论述。

最后，两种观念还是罗尔斯理解稳定性的基石。如果说前面我们对社会与个人的观念论述集中体现在个人作为自由平等的成员而参与社会合作之中，并依此论述了观念与方法和原则之间的内在关系。那么对于个人观念的理性与合理性规定，对秩序良好社会的内在要求，则成了罗尔斯在前期回答正义观念如何获得内在稳定性的基石。作为合理性的人，在参与社会合作的过程中，不仅要考虑自身，同时还要考虑相互性和互惠性。相互

---

① John Rawls, 1985, "Justice as Fairness: Political not Metaphysical", in Samuel Freeman, eds., *Collected Papers*, Cambridge, MA: Harvard University Press, 1999, p. 400.

② John Rawls, 1975, "The Independence of Moral Theory", in Samuel Freeman, eds., *Collected Papers*, Cambridge, MA: Harvard University Press, 1999, p. 294.

③ John Rawls, 1975, "A Kantian Conception of Equality", in Samuel Freeman, eds., *Collected Papers*, Cambridge, MA: Harvard University Press, 1999, p. 254.

性决定了合作规则是否能为各方所接受，而互惠性则决定了合作各方是否有接受合作的意愿。正是出于合理性的考量，个人能够遵循社会合作条款，使正义原则具有内在稳定性，这一点我们将在本书第四章进一步展开论述。

第 二 章

合理性优先:政治建构主义的道德要求

在本章中，笔者将考察罗尔斯政治建构主义的道德要求。在第一章，我们分析了罗尔斯政治哲学中基本理念的道德性，本章重点考察的是罗尔斯将理念与原则联系起来的中间程序。在《正义论》中，罗尔斯强调自己的理论方法是契约论的，在杜威讲座中，罗尔斯以"康德式建构主义"来理解作为公平的正义，在《政治自由主义》中，罗尔斯称自己的论证方法是"政治建构主义"，并试图将这种方法区别于合理的直觉主义和康德的道德建构主义。在本章中，笔者试图对罗尔斯的论证方法进行一种融贯式的解读，在第一节中，笔者将较为完整地呈现罗尔斯对几种研究方法的认识与论述，以期对相应概念有一个相对整体全面的认知。在第二节中，我们将聚焦罗尔斯的原初状态理论设想中，原初状态作为建构程序的重要一环体现了两个方面的要求：其一是"公民作为自由平等的道德人"的观念要求；其二是合理性的要求。笔者分别从这两个方面来考察其中的道德因素，并指出这一程序的设定隐含了罗尔斯的道德先见。在第三节中，笔者将考察罗尔斯建构主义中的"合理性"要求。作为在道德相对主义与道德实在论之间的第三条路径，罗尔斯既希望通过"合理性"赋予道德价值以一定的客观性，又希望避免道德直觉主义难以为合理多元学说提供基础的不足。然而这种折中的尝试很可能既面临道德直觉主义的指责，又面临道德相对主义的批判。

第一节　建构主义辨析

在《正义论》中，罗尔斯说"作为公平的正义"是康德建构主义道德观念的一种变体。那么这种变体在罗尔斯那里究竟"变"了什么?其与康德建构主义之间的区别与联系究竟为何?"建构主义"无论是"道德的"还是"政治的"究竟在什么意义上才是建构的?正如罗尔斯所指出的,"以'作为公平的正义'为例来解释清楚康德式建构主义的特征,只是讲明白它究竟是什么而不去考虑为它辩护,这也将是大有裨益的"①。所以,我们首先要回答在罗尔斯语境中"康德建构主义"究竟所指为何。

一 康德的道德建构主义

罗尔斯在与合理直觉主义的对比中不仅明确了康德道德建构主义的特征,而且论证了道德建构主义的要素。

(一) 道德建构主义的特征

罗尔斯指出,合理的直觉主义具备了如下四个特征②。

一是道德价值的排序是独立的。这意味着道德价值的排序不依赖于任何个人或社会的观念,也不依赖于个人的心理活动、理性活动等,而仅仅与道德的第一原理有关。

二是道德的第一原理是通过人的理论理性把握的。这意味着人们发现道德的第一原理是在纯粹的理论理性之中,是通过思辨的方式去把握和发现的。这种方法与笛卡儿发现哲学的第一原理类似。

三是个人在发现第一原理的过程中仅仅作为发现者、认知者而存在。这与罗尔斯论述的合理直觉主义的第二个特征息息相关。因为第一原理是通过理论理性把握的,人在这一过程中所能起到的作用就是在理性的思考中去发现尚未明确的第一原理。

四是追求价值判断的正确性。这意味着对价值判断的正确与否是有一套确定的标准体系的,只有这个道德判断符合第一原理并且符合由第一原理确定的价值秩序,这种判断才是正确的。换言之,道德判断与数学几何

① John Rawls, 1985, "Justice as Fairness: Political not Metaphysical", in Samuel Freeman, eds., *Collected Papers*, Cambridge, MA: Harvard University Press, 1999, p. 303.

② 参见《道德理论中的康德式建构主义》(1980)、《康德道德哲学诸主题》(1989) 以及 *Political Liberalism*, New York: Columbia University Press, 1996, pp. 90–98.

学一般，是存在标准答案的。

所以罗尔斯强调"在合理直觉主义那里，基本的道德观念在概念上是独立于自然概念的；并且由理性直觉来把握的首要原则被认为是一种先天综合的，因此是独立于任何特殊的自然秩序的"①。换言之，这种道德原则或者依此建立起来的道德价值秩序是外在于人的。与此不同的是康德的建构主义，罗尔斯说"康德的道德契约的本质特征是：关于正当与正义的首要原则可以看作由建构程序（定言命令程序）制定的"②。所以康德的道德建构主义也对应地呈现出如下特征。

第一，道德价值的排序并非独立的，而是依赖于理性而又合理性的人的观念，且这种观念是隐含在我们日常道德之中的。

第二，道德的第一原理或首要原则是通过特定的程序建构出来的。对康德而言是通过定言命令的程序建构的。

第三，个人在发现首要原则的过程中不仅仅是一个认知者、发现者，也是一个内在于道德首要原则的建构者。罗尔斯说，对理性的直觉主义同样也需要一个"人的观念"，但这个人的观念是"单薄的"，人的观念在理性直觉主义那里只是认知的、发现的人，人的作用就是去找寻自明的第一原理。一旦找到这个原理，所有的判断与价值排序都将依赖于这一原理进行。但对于康德道德建构主义而言，"人的观念"是复杂的、关键的。人不仅将发挥认知性的作用，人的理性与合理性的特征将在第一原则的建立过程中发挥关键作用。换言之，对康德建构主义而言，第一原理不是外在于人的，而是与人的观念息息相关的。道德的首要原则是在人的合理性与理性共同作用中由特定的程序建构出来的。这也就是康德所言"自己为自己立法"，人在这个意义上成为"自主"的。

第四，建构主义并不要求道德判断的正确性，而是追求对这种判断的一致同意。这意味着建构道德观念"是为了满足社会生活的实践要求，并去产生一个公共基础，根据此基础，公民们可就他们共同的制度向彼此

---

①　John Rawls, 1989, "Themes in Kant's Moral Philosophy", in Samuel Freeman, eds., *Collected Papers*, Cambridge, MA: Harvard University Press, 1999, p. 512.

②　John Rawls, 1989, "Themes in Kant's Moral Philosophy", in Samuel Freeman, eds., *Collected Papers*, Cambridge, MA: Harvard University Press, 1999, p. 512.

作辩护"①。所以建构主义要求建构的道德观念或道德判断是能够被大家一致接受的。

（二）道德建构主义的要素

罗尔斯从三个维度去理解康德的道德建构主义：其一是建构的基础；其二是建构的程序；其三是建构的结果。就建构的基础而言，作为理性与合理性的人的观念构成了康德道德建构主义的基础；就建构的程序而言，定言命令的程序即建构的程序。但这一程序本身并不是建构出来的，而是与建构的基础密切相关的，换言之，建构的程序实际上展现了人的观念；最后建构的结果就是所有的特殊的定言命令，比如"不许撒谎"等。罗尔斯将康德的道德理论理解为一种建构主义，其中尤其需要说明的是定言命令程序，也就是发展一个定言命令的过程。罗尔斯将这一过程分为四个步骤②，我们简要陈述如下。

第一步是整个定言命令程序的出发点，这个出发点是作为理性的特殊的行动者在特殊情况下，执行特殊行动的观点。罗尔斯将第一步举例如下：为了实现 Y，我将在环境 C 下做 X。这里具有三种特殊性，其一行动者是特定的，即被设想为某一个确定的行动者的"我"；其二，行动的条件是特殊的，被设想为特定情境与特定需求，即"环境 C"和需求"Y"；其三，行动是特殊的，行动者将采取特定的行动，即"行动 X"。

第二步：每一个人在环境 C 为了实现 Y，将去做 X。所以第二步的实质就是将特定行动者普遍化，即从特定的"我"变为"每一个人"。

第三步：每一个人在环境 C 为了实现 Y，总是去做 X。第三步的实质就是将特定行动普遍化，即单次的行动 X，变成了"总是"如此行动的 X。

第四步：罗尔斯虽然没有明确地给出第四步应该阐述为何，但是我们可以概括如下："在环境 C 下，为了实现 Y，我将思考，如果每一个人在环境 C 为了实现 Y，总是去做 X，这样的社会秩序是不是能够为我所接

---

① John Rawls, 1980, "Kantian Constructivism in Moral Theory", in Samuel Freeman, eds., *Collected Papers*, Cambridge, MA: Harvard University Press, 1999, p. 347.

② John Rawls, 1989, "Themes in Kant's Moral Philosophy", in Samuel Freeman, eds., *Collected Papers*, Cambridge, MA: Harvard University Press, 1999, pp. 499–500.

受，如可以，我将采取行动 X。"第四步其实是分为两个部分来进行的：其一，设想我个人的行为，其二设想整个社会的秩序。对个人行为的设想符合罗尔斯所言的"理性"，对整个社会秩序的设想则是"合理性"的。在第四步的过程中，只有我能接受如第三步所得到的法则所支配的社会秩序时，我在环境 C 为了实现 Y 去做 X 这件事才是"理性而真诚（合理）"的。

所以定言命令程序本身包括了两点要求：第一，作为理性而合理性的行动者，我们自身"必须有能力打算基于此准则而行动"；第二，我们必须"有能力接受受到此程序影响的世界，并且愿意接受它"①。对于"我自身"的考量，可以归结为理性的，而对"我与社会关系"的考量则要求合理性的。但是也正因为康德的定言命令要求人既是理性的，又是合理性的，难以避免地会出现理性与合理性的冲突。罗尔斯举例而言，对于有理性的人来说，帮助他人必须符合自己的利益与目的，这样才是有理性的。但是从合理性的角度讲，如果将这样一条法则按照定言命令程序普遍化，那么就要思考所有人都奉行这样的准则我们能否接受？显然，谁也不愿意生活在一个相互冷漠的社会中，很多时候我们需要别人的帮助。从合理性上来说，我们又不认可这样一条法则。除了这个例子之外，似乎有很多例子关乎到合理性与理性两种要求之间的冲突。因为我们都知道理性是从自我角度去考虑的，而合理性则是从我与他人的关系角度出发的，因此两个主体之间的利益差异必然带来最终行为结果的不同。而道德准则更多的是从我与他人的关系出发去制定的，换言之，道德是从合理性角度出发的，那么我们想既要合理性又要理性，似乎就是不现实的。康德的定言命令程序似乎也就成了不现实的要求。

罗尔斯说"摆脱此困难的一种方式（当然我没说这是唯一方式）是尝试去发展一种恰当的我们可以称为'真正的人类需要'的观念"②。因此罗尔斯强调，在定言命令程序的第四步中，实际上还存在两个限制。其

---

① John Rawls, 1989, "Themes in Kant's Moral Philosophy", in Samuel Freeman, eds., *Collected Papers*, Cambridge, MA: Harvard University Press, 1999, p. 500.

② John Rawls, 1989, "Themes in Kant's Moral Philosophy", in Samuel Freeman, eds., *Collected Papers*, Cambridge, MA: Harvard University Press, 1999, p. 501.

一,从理性的角度来看,我们要忽视作为个人的特殊性,也即忽视我们个人的目标、欲望;其二,从合理性的角度看,在考察我与社会的关系时要忽视我们在社会中的特殊地位。这两点都要求我们从一种普遍理性和普遍合理性的角度去考虑。

此外,罗尔斯还阐释了他对纯粹的和经验的实践理性的理解。"使用合理性的与理性的作为两个灵活的概念去标志康德对两种实践理性(纯粹的和经验的)的区分是有益的。"① 所谓纯粹的实践理性与合乎理性相切近,就是要求我们抛开自我和自我与社会关系的特殊性,来推演定言命令。而经验的实践理性则与理性相关,就是从自我现实的地位处境来制定假言命令。且罗尔斯强调对康德来说纯粹的实践理性优先于经验的实践理性。我们论述罗尔斯对康德道德建构主义的理解是为我们理解罗尔斯的政治哲学方法作铺垫。接下来,我们将在此基础上阐明罗尔斯所谓的政治建构主义。

二　政治建构主义

罗尔斯说自己的政治哲学与康德的道德建构主义类似,但并不是道德建构主义,而是一种政治建构主义。罗尔斯说道:"政治建构主义是一种关于政治观念之结构和内容的观点。它认为,一旦达到反思的平衡,政治正义的原则就可以被描述为某种建构程序(结构)的结果。"②

(一)政治建构主义的特征

其作为一种建构主义的观点,同样地具备了康德建构主义与道德直觉主义相对的四种特征。

第一,政治价值的排序并非独立的,而是依赖于理性而又合理性的人的观念,且这种观念隐含在我们公共政治文化之中。

第二,政治的首要原则是建构出来的,是通过特定的程序建构出来的。

第三,个人在发现首要原则的过程中不仅仅是一个认知者、发现者,

---

① John Rawls, 1989, "Themes in Kant's Moral Philosophy", in Samuel Freeman, eds., *Collected Papers*, Cambridge, MA: Harvard University Press, 1999, p. 504.

② John Rawls, *Political Liberalism*, New York: Columbia University Press, 1996, pp. 89 – 90.

更是一个内在于政治首要原则的建构者。

第四，建构主义并不要求政治判断的正确性，而是追求这种判断的一致同意。

那么在何种意义上，罗尔斯与康德的建构主义产生了差别呢？罗尔斯认为自己与康德的观点存在如下四种差异①。

第一，康德的学说是一种完备性观点，而罗尔斯的理论则是一种政治的观点，所谓政治的正义观念具有如下三个特征。

其一，政治的正义观念的主题是关于社会基本制度的。罗尔斯说，"是基本制度的框架和应用于该框架的各种原则、标准和戒律，以及这些规范是如何表现在实现其理想的社会成员之品格和态度中的"②。从这一特征来看，政治的正义观念也是一种道德观念。这种道德不同于我们日常语境下的道德，而是有严格范围界定的道德。对政治观念而言，它是一种规范，因此我们可以理解为一种类型的道德。但它是有特殊主题的道德，即仅仅适用于"社会基本结构"的道德。

其二，政治的正义观念的表现形式是作为一种独立的观点而呈现的。罗尔斯强调"一种政治的正义观念是作为一种独立的观点表现出来的"③。正是在该特征的阐述中，罗尔斯区分了广义的道德观念、完备性学说与政治观念三者之间的区别。

其三，政治的正义观念是通过公共政治文化来表达的。这一观念"是通过隐含在民主社会中的某些公共政治文化的基本理念来表达的"④。那么公共政治文化究竟意指为何？公共政治文化存不存在？如果存在，它又包括什么呢？罗尔斯还明确"政治的正义观念的基础包括个人和社会的理念、实践理性原则以及合理性理念"⑤。可见，罗尔斯所理解的个人与社会的理念就是公共政治文化的基本理念。

第二，康德的道德建构主义可以接受政治建构主义的结果，而政治建构主义的结果却并不支持康德的道德建构主义结果。换言之，康德的道德

①　John Rawls, *Political Liberalism*, New York：Columbia University Press, 1996, pp. 99 – 101.
②　John Rawls, *Political Liberalism*, New York：Columbia University Press, 1996, pp. 11 – 12.
③　John Rawls, *Political Liberalism*, New York：Columbia University Press, 1996, p. 12.
④　John Rawls, *Political Liberalism*, New York：Columbia University Press, 1996, p. 13.
⑤　John Rawls, *Political Liberalism*, New York：Columbia University Press, 1996, p. 94.

建构主义的结果更为全面、深刻,而政治建构主义的结果则是一种共同认可的政治价值。

第三,康德道德建构主义中个人与社会观念的基础是一种超验的理想主义,在康德看来这种个人与社会的观念是真实的、永恒的。但是政治建构主义则不然,政治建构主义中个人与社会的观念仅仅是组织性理念,是从公共政治文化中发现的。

第四,康德道德建构主义的目的比罗尔斯的政治建构主义要复杂得多。罗尔斯的建构主义的目的在于获得人们对政治正义问题证明的公共基础,而康德的理论则是要解决存在于各个领域中的二元对立的问题,要获得理论理性与实践理性的统一。

罗尔斯还谈到自己与康德建构主义的一个很重要的差异就在于,"康德从日常生活中特殊的,甚至是个人化的例子开始",进而试图推广到符合社会的原则,而罗尔斯则不同。作为公平的正义,"它的建构是从一个一致的集体协议开始的,这个协议规制着社会的基本结构,在这个基本结构里,所有人和所有团体的决定都以符合这个先在的约定方式做出"①。在这里,我们要追问罗尔斯的建构是从何开始的? 这个一致的集体协议难道不是建构的终点吗? 罗尔斯自认为与康德的这种差别究竟成不成立? 或者说我们在什么意义上去理解罗尔斯建构主义的起点与终点呢? 又在什么层面上去把握康德建构主义的起点和终点呢? 如果说康德从个人化的例子开始,那罗尔斯为什么不是呢? 对这些问题的回答就必须回到我们在本书第一章所论述的,罗尔斯的建构开始于"社会中的个人",而不是不受社会束缚的个人,所以从一开始罗尔斯的建构就是集体理性的建构,而康德的建构则是个体理性的表达。

(二) 政治建构主义的具体含义

在描述完政治建构主义与其他两种道德理论的差别之后,罗尔斯着重论述了公平的正义作为一种建构主义的具体含义。他从如下四个层面对政治建构主义进行了剖析。

第一,政治建构主义所建构的是什么? 罗尔斯对这个问题的回答有两

---

① John Rawls, 1980, "Kantian Constructivism in Moral Theory", in Samuel Freeman, eds., *Collected Papers*, Cambridge, MA: Harvard University Press, 1999, p. 339.

处明显的论述。其一是建构的内容只有一个，即"一种政治正义观念的内容"，作为一种政治正义观念，它既包括了正义的首要原则，同时也包括了一定的善理论。其二是"只有具体规定着政治正当和政治正义内容的那些实质性原则才是被建构的"①。我们看到这两处的论述存在一些细微的差别，前者强调政治正义观念，而后者则指实质性原则。我们可以理解的是正义原则属于实质性原则的一种，但是我们应该注意实质性原则不仅仅只包括正义原则，因为罗尔斯在此所说的实质性原则既包含了政治正义也包含了政治正当。就政治正义而言，这是正义原则所规定的内容，但是两个正义原则并没有规定政治正当的标准何在。那我们会很自然地追问，政治建构主义建构的结果是不是只有正义原则？我们有两种理解方式，一种是仅有正义原则，那么罗尔斯在后面论述中所谓的政治正当其实就是对正义原则的遵守。一种是不仅有正义原则，同时也包含了政治正当原则。在罗尔斯的行文论述中，我们可以清楚地发现罗尔斯所谓的政治正当性其实建基于合理性、公共理性等概念之中。而这也就是罗尔斯理论前期与后期完成的不同任务，前期致力于对实质性正义原则的论述，而后期则侧重于从建构主义的角度回答政治正当性问题。

第二，作为建构程序的原初状态是如何来的呢？罗尔斯首先明确原初状态并不是被建构出来的，相反，原初状态是被制定（laid out）出来的②。原初状态是根据自由平等的公民理念和作为公平合作系统的秩序良好社会理念来制定的，原初状态的一切设置都是为了满足这两个理念的条件。罗尔斯说"公民观念和秩序良好的社会观念是隐含在建构程序之中的，或者是由建构程序所展现的"，这意味着什么？罗尔斯指出，"这意味着程序的形式或更为独特的特征是由作为基础的这些观念中抽象出来的"③。所以原初状态并不是被建构出来的。这里的问题在于，原初状态下各方达到的正义原则其实是与原初状态的设置密切相关的。原初状态的种种设置决定了正义原则的达成。如果没有这些设置或者改变这些设置，那么正义原则就很可能改变。罗尔斯说原初状态的一切设置都是为了呈现

---

① John Rawls, *Political Liberalism*, New York：Columbia University Press, 1996, p. 104.

② John Rawls, *Political Liberalism*, New York：Columbia University Press, 1996, p. 103.

③ John Rawls, *Political Liberalism*, New York：Columbia University Press, 1996, p. 103.

公民和社会两种理念，那么也就是这两种理念决定了最后的正义原则的内容。但原初状态是否真的如罗尔斯所言仅仅展现了公民与社会的两种理念呢？我们将在下一节中展开论述。

第三，政治建构主义与事实之间的关系。罗尔斯明确政治建构主义从来都不是对事实的建构，那事实究竟如何与建构主义相关联呢？罗尔斯区分了两类事实：其一是制度是否正义的相关事实；其二是与正义的内容以及美德的本质和政治观念自身相关的事实。第一类事实和建构主义相联系的方式体现罗尔斯要建立起这些事实背后的原则与标准。第二类事实则为建构主体进行建构主义的阐释提供了可能性。换言之，对作为建构主体的人而言，之所以能采用一种建构主义的方法，这实际上是建立在主体的道德本性之上的。缺少这类事实，建构就难以进行。

第四，政治建构主义的范围。"政治建构主义的范围被限制在具有政治领域特征的政治价值之内，它不是作为对道德价值的一般解释而提出来的。"① 因为政治建构主义只对政治领域的价值进行建构，作为结果，政治自由主义就不会去评价任何一种学说的其他非政治判断的真实性和有效性。

论述完对政治建构主义的理解之后，我们可以更为清晰地将其与康德的道德建构主义进行对照理解。罗尔斯坦言，"从本质上讲，康德式建构主义的独特之处在于，它设定了一个独特的人观念（conception of person）作为一个合理建构程序的基本要素，这个程序的结果决定着首要正义原则（first principles of justice）的内容"②。在这里我们可以看到，康德的建构程序作为中间环节将人的观念与正义原则联系起来。作为建构程序的定言命令程序既体现了康德的人的观念，又能从这一程序中得出各种定言命令。一旦我们这样理解康德的道德建构主义，我们也就能理解罗尔斯的建构主义方式。罗尔斯建构主义的基础是所谓的社会与个人的观念；建构的程序则是罗尔斯的"原初状态"；建构的结果则是正义原则与善理论。也就是说，整个建构主义的理论过程是：两个观念—原初状态—正义原则

---

① John Rawls, *Political Liberalism*, New York: Columbia University Press, 1996, p. 125.

② John Rawls, 1980, "Kantian Constructivism in Moral Theory", in Samuel Freeman, eds., *Collected Papers*, Cambridge, MA: Harvard University Press, 1999, p. 304.

（正当原则）。

（三）政治建构主义的作用

理解了罗尔斯的政治建构主义方法，我们会很自然地追问一个问题，即为什么罗尔斯要采取这一理论方法，或者说这种方法的作用何在。实际上，罗尔斯给出了两个理由。

第一个理由是选择这一方法才能实现罗尔斯的理论目的。罗尔斯的目的是要确立公平的社会合作条款。如何寻找到这些条款呢？"我们采用一种建构主义的观点来具体规定公平合作的社会条款。"① 那为什么建构主义的方法可以实现这一目的呢？基于民主社会的合理多元性的事实，公民不可能认同任何一种完备性学说。这样来看，政治建构主义就为寻找一种公民之间的共识留下了可能性。罗尔斯说政治建构主义的重要性体现在"它与合理的多元事实以及民主社会寻找基于根本政治价值的重叠共识的可能性的联系之中"②。罗尔斯希望依靠政治建构主义得出的政治正义观念能够成为各种完备性学说所支持的重叠共识的核心。建构主义的方法依靠的是公民共同的实践理性，以及社会作为一种公平的合作系统和自由与平等的公民两个理念中得出了正义原则与政治正义观念。所以采取这种方法的原因就在于这种方法与社会现实最为切近，最能达成罗尔斯的理论目的。

第二个理由是政治建构主义的方法具备独特的作用。虽然与作为追求道德真理的道德实在论不同，但是罗尔斯认为政治建构主义为其限制性政治目的提供了一种适当的客观性基础。所谓客观性（objectivity）是"一种想成为自由而平等的公民公共证明的基础的思想与判断的框架所必须具备的特征"③。"客观性"具备了六个方面的根本要素④。

（1）一种客观性的观念必须建立在一种公共的思想框架之中，这一框架足以应用判断概念，并且依赖于理性和证据经过讨论和反思能够达到结论。这一点罗尔斯强调一种观念的结果的确定性，也就是说，罗尔斯要

---

① John Rawls, *Political Liberalism*, New York：Columbia University Press, 1996, p. 97.

② John Rawls, *Political Liberalism*, New York：Columbia University Press, 1996, p. 90.

③ John Rawls, *Political Liberalism*, New York：Columbia University Press, 1996, p. 115.

④ John Rawls, *Political Liberalism*, New York：Columbia University Press, 1996, p. 110.

求必须能够做出判断。

（2）客观性追求的是判断的明确性，也就是说，一种客观性理念要求有判断正确与否的标准。

（3）客观性观念必须具体明确一种为原则和标准所给定的理由（reasons）的秩序，并且将这些理由分配给个体，无论是个人还是合作性的整体。换言之，要求一种判断必须具备相应的理由支撑。

（4）客观性观念还必须将客观的观点与由任何理性的和合理性的个人在任何时间里提出的观点相互区别。这意味着在罗尔斯看来，人们提出的观点并不一定是客观的，而要分情况具体考虑甄别。

（5）客观性观念必须对合理性的人们的判断一致提供一种解释。

（6）客观性要求能够以某种方式解释判断分歧。

罗尔斯认为政治自由主义就具备了上述几个特征，具体表现如下。

（1）政治自由主义的目的就是要寻求一种确定的政治正义观念；

（2）政治自由主义判断政治正义观念的标准在于合适的程序所给出的理由的支撑；

（3）政治自由主义同样诉诸行为主体的理由秩序；

（4）政治自由主义强调客观性观点与任何特殊个人观点之间的区别；

（5）政治自由主义会对达成一致具有一种具体的解释；

（6）政治自由主义也会对分歧有所解释。

需要明确的是，罗尔斯所说的客观性不同于经验领域的因果观念之间的客观性。所谓经验领域的客观性，也就是说，在气压一定的前提下，水加热到一定程度必然沸腾，这是客观的。罗尔斯说，"我们并不要求一种道德判断或政治判断具有表明它们与一种适当的因果过程相联系的各种理由，或者要求它们具有一种认知心理学范围内的解释"[①]。实际上，虽然不要求政治的"真理性"，但是罗尔斯对"客观性"的要求仍然是很高的，我们很自然地会怀疑，政治的客观性能否实现，罗尔斯所要求的这种一致是否能够达成。在罗尔斯看来，政治客观性的现实性并不表现为真的存在这样一种客观性，而是存在客观性的可能性就可以说明这种政治客观性的现实性。即便人们达成一致的可能性很小，人们减少分歧也同样是客

---

① John Rawls, *Political Liberalism*, New York: Columbia University Press, 1996, p. 118.

观性的现实表达。这与客观性的第六个要素相关，"我们能够通过诸如判断的负担这类因素……来解释我们的判断未能趋同的失败"①。

第二节 原初状态的道德要求

罗尔斯明确指出，原初状态所承担的任务实际就是"通过一种程序来完成其勾连一种特定的人观念和特定的首要原则这个居间角色的任务"②。这也就意味着原初状态既作为特定个人观念的体现，又能够从中获得正义原则。对罗尔斯而言，原初状态是其政治建构主义建构程序的关键环节。这一状态是对罗尔斯社会与个人（公民）观念的体现与展开，同时也体现了实践理性的推理原则，是建构出罗尔斯正义原则与善观念的中间环节。诚如罗尔斯所言，原初状态的设置将一些"较为明显的道德因素"排除在外③，但是这并不意味着原初状态中没有道德因素。罗尔斯简单地指出了原初状态中可能存在的伦理因素④，比如，人们可以假定各方持有这样的原则：任何人都不该从不应得的财产和偶然情况中受惠，因此才要选择减少自然和社会偶然性影响的正义观念；他们接受一项按贡献曲线来决定分配安排的互惠原则；某种公平的、自愿的合作概念可能规定着各方准备考虑的正义观念；等等。在罗尔斯看来，"原初状态的意义存在于这一事实之中，即它是一种代表设置，或者是为了公众澄清和自我澄清的目标而进行的思想实验。我们认为原初状态模仿了两件事情。首先，它模仿了我们看作公平条件下，作为自由和平等公民的代表一致同意就公平的合作条款达成共识。其次，它模仿了我们看作对推理所施加的适当限制的东西，基于这种推理，处于公平条件下的各方可以恰当提出某些正义原则"⑤。所以，我们将从原初状态中的各方以及选择的要求与限制两个

---

① John Rawls, *Political Liberalism*, New York: Columbia University Press, 1996, p. 121.

② John Rawls, 1980, "Kantian Constructivism in Moral Theory", in Samuel Freeman, eds., *Collected Papers*, Cambridge, MA: Harvard University Press, 1999, p. 310.

③ John Rawls, *A Theory of Justice*, Cambridge, MA: Harvard University Press, 1971, p. 583.

④ John Rawls, *A Theory of Justice*, Cambridge, MA: Harvard University Press, 1971, p. 585.

⑤ John Rawls, *Justice as Fairness A Restatement*, Cambridge, MA: The Belknap Press of Harvard University Press, 2001, p. 17.

方面来分析罗尔斯对原初状态的论述。

一　作为"道德人"的各方

罗尔斯强调原初状态"本质的东西在于：当我们设计原初状态的模型观念时，我们必须认为原初状态各派是在为一个组织有序的社会选择行之有效的公共正义原则，并因此是在为那些将他们自己视为自由、平等的道德人的人们间的社会合作挑选正义原则"①。因此，罗尔斯首先将原初状态中的各方规定为自由平等的道德人，同时其呈现出如下特征。

首先，原初状态的各方是理性且相互冷淡的。理性的概念可以理解成能够采取最有效地达到既定目的的手段，这一概念是经济学意义上的。罗尔斯要努力避免"在这个概念中引入任何有争议的伦理元素"②。相互冷淡则意味着对别人的利益不感兴趣。这种不感兴趣并不是说各方是自私自利的，而是说各方试图尽可能好地实现自己的善观念，但是他们并不受到先在道德律的约束。且每个人的善观念都只是关系自我利益的，但这并不是说这种只自我关注的要求就一定导向利己，它也可以是利他的。

其次，原初状态假定各方是具有"正义感"的。罗尔斯所述的这种正义感无关任何实际的正义观念，而实际上只具有"守诺"的含义。也就是说，各方无论如何最终都将遵守自己选择的正义原则。"它意味着各方可以依赖并信任彼此能够理解并按照最后同意的原则去行动。"③ 实际上，在这里罗尔斯强调了两种含义：第一，正义感意味着每个人都能够理解并按照最后的原则去行动；第二，每个人都知道其他人也如此。与此相关的，罗尔斯说正因为原初状态中的各方具有了正义感的能力，"他们也计算最后原则的限制。这样在评估正义观念的过程中，原初状态中的各方将假定他们采用的正义观会被严格遵守"④。在制定原则的时候，各方也会格外考虑这一原则的繁杂程度，考虑自己今后是否能够遵守这一原则。

最后，各方仅仅被看作自由平等的道德人。罗尔斯描述原初状态时多

① John Rawls, 1980, "Kantian Constructivism in Moral Theory", in Samuel Freeman, eds., *Collected Papers*, Cambridge, MA: Harvard University Press, 1999, p. 309.

② John Rawls, *A Theory of Justice*, Cambridge, MA: Harvard University Press, 1971, p. 14.

③ John Rawls, *A Theory of Justice*, Cambridge, MA: Harvard University Press, 1971, p. 145.

④ John Rawls, *A Theory of Justice*, Cambridge, MA: Harvard University Press, 1971, p. 145.

次用到了"平等"一词①，平等意味着什么呢？或言之，原初状态中各方的平等是何以实现的呢？这是通过原初状态中的无知之幕设定得以实现的。罗尔斯说"无知之幕意味着人们仅仅被视作道德人"②。所以无知之幕排除了人作为自由平等人之外的一切属性。首先排除了社会的特殊性。这些特殊的事实包括每个人在社会中的特定地位以及特定的阶级出身，也包括整体社会的发展水平和文明程度及其所处的具体阶段等。其次排除了自然特殊性。没有人知道自己的天生资质和自然能力。最后还排除了自己心理的特殊性。没有人知道自己的善观念，特殊的生活计划，独特的性格特质，等等。但这并不意味着各方是完全"无知"的。各方还是具备了一般性的知识，比如普遍的道德心理学法则、人类社会的一般事实，政治事务和经济理论等。只有具备了一般性的知识和事实，才能够对选择的结果进行基本的推理和判断。在这样的无知之幕下，各方就被设想为没有区别的。所以无知之幕一方面达成了原初状态中各方的平等，另一方面还有一个更重要的作用，即"无知之幕使得全体一致的正义观成为可能"③。所以实际上，罗尔斯对无知之幕的设定考虑了两个因素：其一是作为道德人观念的体现；其二是无知之幕的设计还要考虑到最后的一致同意的可能性。后者更多是一种技术层面的设计，而前者则关乎道德要求。

罗尔斯进一步描述了原初状态下各方的动机和心理态度。前面已经提到原初状态中的各方是相互冷淡的，对他人的利益并不关心。他们只关心自己的利益和与自己相关的结果。虽然罗尔斯强调各方没有特殊的心理状态，但他还是认为原初状态下各方"想要更大的份额……即使各方不知道他们的特殊目标，他们也有足够的知识来衡量可选择对象的高下"④。这里存在一个很明显的问题，即我在不知道自己目的的情况下，如何断定什么善是我想要的？罗尔斯说一个人必然想要更多的自由。但是真的是这样吗？对于那些非自由主义的人来说，自由是不是一种普遍价值？关于这

①　John Rawls, *A Theory of Justice*, Cambridge, MA：Harvard University Press, 1971, pp. 12, 21.

②　John Rawls, 1980, "Kantian Constructivism in Moral Theory", in Samuel Freeman, eds., *Collected Papers*, Cambridge, MA：Harvard University Press, 1999, p. 316.

③　John Rawls, *A Theory of Justice*, Cambridge, MA：Harvard University Press, 1971, p. 140.

④　John Rawls, *A Theory of Justice*, Cambridge, MA：Harvard University Press, 1971, p. 143.

个问题罗尔斯后面引入了基本善的概念,我们稍后将详细展开。但罗尔斯所列的是基本善也好,还是自由和机会也罢,都是自由主义的主流价值观下所认同的善。如果拥有一般性的知识和心态,每个人并不一定想要更多的自由,或者说自由的排序并不一定如此优先。这里就存在另一个更为根本的问题,即什么是最基本的价值,或者什么是所有人无论什么情况都想要的更多的价值。有的人就可能认为安全的需要比自由的需要更具有基本性。所以实际上,在原初状态的设计中,罗尔斯先在地赋予了"自由"这一价值以优先性。

罗尔斯假定,理性的人除了想要更多以外,还有一个特点,即原初状态中的各方不会受到嫉妒情感的影响。"我做的另一个特殊的假设是理性的个人不会受嫉妒所累。"① 这种嫉妒的情绪因为是与别人的状态息息相关的,罗尔斯假定各方是相互冷淡的,那么每一个个体对他人拥有什么、拥有多少也是没有兴趣、不会关注的。他们只关注自身的目的,并不会受到他人的影响。实际上,罗尔斯作出这样一种假定出于两个目的。其一,为了使各方更有可能达成正义原则。因为各方不关注他人,只关注自己,减少类似嫉妒的情绪,才能使一致的选择更易作出。其二,为了选择后的稳定性。嫉妒的情绪可能会使最后正义原则的分配结果遭到破坏,但罗尔斯说原初状态各方不受嫉妒影响,从而选择一种正义观,并且各方也将严格地遵守这种正义观在实际应用中所产生的结果。

原初状态中的各方对时间的前后也不存在任何偏爱。任何时间段欲望满足的价值都是同等的。因为原初状态中的人是在无知之幕下进行选择的,无法确认自身所处的时间阶段。之所以不对任何时间有特定的偏爱既是受无知之幕的影响,也是为了排除特殊性和偶然性。罗尔斯说,"在个人的情形中,纯粹时间偏爱是不合理的,它意味着一个人没有把所有时刻看成是他生命的平等部分。在社会的情形中,纯粹时间偏爱是不正义的:它意味着现在活着的人利用他们在时间上的位置来谋取他们自己的利益"②。所以实际上,在罗尔斯对各方的这种设定中也表达了一种潜在的道德要求,即认为纯粹的时间偏爱是不正义的,他既不允许社会有时间的

---

① John Rawls, *A Theory of Justice*, Cambridge, MA: Harvard University Press, 1971, p. 143.

② John Rawls, *A Theory of Justice*, Cambridge, MA: Harvard University Press, 1971, p. 295.

偏爱，也不允许个人有时间的偏爱。对社会而言，只有对这一代和下一代都没有偏爱才是公平的，这体现了罗尔斯追求公平合作的社会理想。

二 "合理性"的要求与限制

罗尔斯强调"正义协议得以达成的那个环境的公平性，将会传递到被一致同意的正义原则上；因为原初状态把自由和平等的道德人彼此公平地安置于其内，他们选择的任何争议观念也将会同样的公平"①。实际上，对原初状态任何设置的要求关系到一种特定的价值观念，即公平。也就是说，原初状态需要体现公平的要求，并且罗尔斯认为这种公平的要求将会传导到正义原则中。

（一）公平的要求

罗尔斯将社会理解为一种公平合作的社会体系，那么紧接着问题就是如何确定公平的社会合作条款。罗尔斯说是通过"公平条件下公民自己之间所达成的协议"。如何才是公平？这个问题与罗尔斯所说的如何确定公平的社会合作条款之间有一定的关系，却又是完全不同的两个问题。也就是说，我们必须对"什么是公平"有一种共识。在这里，罗尔斯没有探寻这种共识究竟是什么，而是直接假定"公平就是所有人都没有特殊的优势"，或言之所有人都是一样的，没有任何差别的。为什么罗尔斯会这样认为呢？这背后有一个更为深刻的理念，即罗尔斯认为"按其优势分配或者按照他们的实际政治权力、财富或自然天赋来分配不是政治正义的基础"②。但是这样一种判断背后的依据是什么？为什么公平要排除这些偶然性与特殊性？

在笔者看来，真正的公平恰恰应该考虑到特殊性，而不是简单地进行排除。就像罗伯特·诺奇克（Robert Nozick）③指出的那样，如果我们将个体与他的才能和天赋特点等完全区别开来，那么怎么还能保证一个融贯

---

① John Rawls, 1980, "Kantian Constructivism in Moral Theory", in Samuel Freeman, eds., *Collected Papers*, Cambridge, MA: Harvard University Press, 1999, p. 311.

② John Rawls, *Justice as Fairness A Restatement*, Cambridge, MA: The Belknap Press of Harvard University Press, 2001, p. 16.

③ 参见［美］罗伯特·诺奇克《无政府、国家和乌托邦》，姚大志译，中国社会科学出版社 2008 年版。

性的人的概念？个人的完整性何在？这样看来，实际上"公平"的要求
是源于罗尔斯的"道德先见"。弗雷曼①进一步明确了罗尔斯的道德先见
实际上是康德式的平等观念，即对原初状态的各方而言，仅仅应该被理解
为是自由平等的，而他们关心的仅仅是自己道德能力能否获得发展，对道
德原则的选择展现了自己的道德本性。虽然罗尔斯在后期强调这种观念并
非康德式的，而是源于公共政治文化，但是对公共政治文化的抽象与提炼
的过程仍然是罗尔斯自己完成的，即便不是依赖康德式的道德观念，也纳
入了罗尔斯自身的道德先见。我们就有理由追问，为什么在还没有探索出
政治正义观念的背景下，罗尔斯就认为不能按照优势分配？换言之，罗尔
斯将其正义称为"作为公平的正义"，那么问题就在于，为什么正义一定
是要作为公平的？不公平就不正义了吗？所以罗尔斯的理论看起来没有任
何预设的前提，特别是他想通过原初状态和无知之幕达到这一点，但是他
并没有成功。实际上，他自己内心已经将正义先入为主地理解成了公平。

　　在这样一种理解下，原初状态中参与制定协议的各方都是没有任何优
势的。各方被设想为平等的或无区别的道德人，那么原初状态中就不再存
在所谓的协议问题，各方选择必然是一致的，因为各方并没有任何区别，
这样各方选择的结果就没有理由出现差异。罗尔斯说自己与康德的区别在
于，自己将社会中的个人作为理论的出发点，而康德则是将超验的个人作
为出发点。在这里，罗尔斯原初状态体现为无差别的个人。换言之，原初
状态的各种设定不是使全体达成一致成为可能，而是成为必然。这里还存
在一个问题，很多对原初状态的描述依赖于社会的观念。为什么罗尔斯选
择的核心理念是"社会作为公平合作体系的理念"，而不是其他理念？我
们知道"公共政治文化包含了众多可作替换的、可能的、起组织作用的
理念，也包含了各种各样关于自由和平等的理念，以及其他的社会理
念"②。罗尔斯说，选择任何理念都不能由它自己的内在合理性来加以论
证，而要通过政治的正义观念来加以说明。这样看来是政治正义观念的作
用才使我们选择这一理念，但问题在于政治的正义观念不是在此理念与原

---

①　参见 Samuel Freeman, *Rawls*, London: Routledge Press, 2007.

②　John Rawls, *Justice as Fairness A Restatement*, Cambridge, MA: The Belknap Press of Harvard University Press, 2001, p. 25.

初程序的基础上建构出来的吗？何以又能使用建构的结果来论证建构基础的合理性呢？罗尔斯唯一的可能的解释是其对反思平衡方法的运用，但是这种解释很可能落入循环论证的窠臼。这样看起来，一个关于社会的价值判断成为了罗尔斯理论体系中的道德根基。

实际上，对罗尔斯的这一理解存在一个很关键的问题：这种公平的价值究竟是内在的还是外在的？如果说公平的价值是外在的，那么在罗尔斯对正义原则的论证中，"公平"就成了罗尔斯一种道德价值的附加，并且这种"公平"的要求成为一种绝对优先的要求。罗尔斯的理论方法很可能变为一种道德实在论，而不能作为一种建构主义理论，从而难以为多元合理的民主社会提供一致的基础。如果说"公平"的价值是内在的，是内在于将各方作为自由平等的人的话，这种道德价值就不是附加的，那么对政治正义观念的论证可能就是一种建构主义的，而不是基础主义的。

罗尔斯认为自己对原初状态施加的各种约束并不是外在的，"合理性限定理性，它是源自一种作为自由和平等的道德人观念。一旦这一点得到了理解，对原初状态施加的各种约束也就不是外在的了"①。这里涉及一个两难的选择，首先我们会追问原初状态的设定如罗尔斯所言，不是外在的，那么就成为"内在的"，而且是内在于一种人的观念。在本书第一章中，我们指明了罗尔斯认为道德人的观念实际上来源于民主社会的公共政治文化，但是正如很多学者批判的一般，罗尔斯对公共政治文化的认定实际上是"私人"的，而不是公共的。如威廉姆·甘斯通（William Galston）就指出，"罗尔斯的观念与美国人民对于自由与平等的理解是相背离的，他的理解使得罗尔斯的正义原则与大多数美国人心中的正义原则并不一致"②。利夫·韦纳③也认为罗尔斯所理解的自由平等的人实际上还是源于康德的理念，洛克与密尔都不会认可这样的人的理念，因此这一理念也无法如罗尔斯所言成为一种"政治"理念。

在笔者看来，罗尔斯对原初状态中各方的理解，即便是这一理解源于

---

① John Rawls, 1980, "Kantian Constructivism in Moral Theory", in Samuel Freeman, eds., *Collected Papers*, Cambridge, MA: Harvard University Press, 1999, p. 319.

② William Galston, "Moral Personality and Liberal Theory: John Rawls's Dewey Lectures", *Poloyical Theory*, Vol. 10, No. 4, p. 519.

③ Leif Wenar, "Political Liberalism: An Internal Critique", *Ethics*, Vol. 106, 1995, pp. 32 – 62.

自由平等公民的政治观念，仍然是被赋予了罗尔斯个人的"道德先见"。进一步地，我们还会很自然地追问，如果是基于个人观念的理解，那么原初状态是否有必要存在，不通过原初状态是否也可以论证这一观点？罗尔斯早期，其至直到杜威讲座的时候看起来仍然是这样一种观点。如果说我们认为原初状态是必要的，那么原初状态的各种设定的来源就不可能如罗尔斯所言是内在于人的观念之中的，就必然需要引用外在的根据，那么外在的根据究竟是什么？笔者认为可能的回答是我们需要区分"合理性"的不同主体，事实上，这种合理性并不是内在于原初状态中的各方的合理性，而是进行整个理论建构的罗尔斯的"合理性"。如前所述，罗尔斯的这种合理性是一种道德先见，这在其构建建构主义程序的特征中起到了至关重要的作用。

（二）备选的原则

要想进一步设想选择程序，罗尔斯认为也要指出各项备选的原则。事实上，无论在罗尔斯的哪个时期，他都一直强调在原初状态中的各方是在诸种常见的正义观中进行选择的，这些常见的观念包括了直觉主义的、功利主义的、平均功利的以及其所述的两个正义原则之间。"我们仅仅递给当事人一份关于正义的清单，或者说一份菜单。包括在清单中的东西是在我们政治哲学传统中所发现的比较重要的政治正义观念，以及我们希望检验的一些其他选择。当事人必须就这份菜单中的一种选择达成一致。"①按照这种选择逻辑，正义原则就不是从原初状态的条件中推演出来的，而是从各种既定选择中所达成的一致，而被选择的对象就是正义观念所形成的一系列家族。原初状态中的各方选择是有范围的，而不是开放的。不仅如此，罗尔斯还提出了对选择结果的形式的限制。罗尔斯说"我并不认为这些限制源于正当概念，也不源于道德的意义"②。随后罗尔斯提出了对原则的五条限制。

第一，罗尔斯要求选出的原则在形式上具有一般性。这种一般性，实际上就是强调作为原则的绝对性，是在正义的环境中始终有效的。因为首

---

① John Rawls, *Justice as Fairness A Restatement*, Cambridge, MA: The Belknap Press of Harvard University Press, 2001, p. 83.

② John Rawls, *A Theory of Justice*, Cambridge, MA: Harvard University Press, 1971, p. 130.

要原则必须是公开的，所有人都明确地知晓这一原则，所有人也都适用这一原则。

第二，原则在应用上必须具有普遍性。在罗尔斯看来，所谓普遍性其实就是要对每个人都有效，而不能存在任何特殊性。这就要求原则将按照所有人都服从的结果来考量。

第三，原则具有公开性（publicity）条件。即"每个人都知道这些原则，而且也知道他们接受协议的结果"①。罗尔斯之所以强调公开性，是"使各方把各种正义观作为被公开承认的和充分有效的社会生活道德法典来评价它们"。在这里，罗尔斯所说的公开性其实包括了两种含义，其一是对每一个人都有效，其二是每个人都知道这些原则对其他人有效。罗尔斯说这种公开性的条件在康德那里也得到了展示。

第四，原则所得到的结果必须能够为冲突的要求提供某种次序。也就是说，原则必须在各种不同的要求之间进行排序，为其提供判断的依据。

第五，原则强调终极性限制，即这一原则就是最终的标准，没有任何再"上诉"的空间与余地。

罗尔斯说这些限制条件并不是源自正当概念或道德概念。我们可以理解最后两个要求不是源自道德概念，而是来自正当原则所应起到的作用。我们也能理解原则的一般性限制并不来源于道德观念，因为作为一种原则必须具备一般性，否则就难以称之为原则。但问题就在于罗尔斯所说的第二、第三个原则究竟是不是来自道德的要求。对于第二个原则，罗尔斯说要具有应用的普遍性，并且认为这种普遍性就是要考虑对每个道德人而言是有效的。特别是第三个原则，罗尔斯要求原则公开。这种公开和普遍适用是不是就是纯粹程序正义的要求？我们说抽签是纯粹的程序正义，这种纯粹的程序正义就在于规则的普遍适用和公开。那么我们不能理解，第二、第三个原则的要求来源如何与道德或正当的概念相区分，它们至少与一种纯粹的程序正义的观念相连。

（三）选择的程序

最后我们将探讨原初状态下各方的选择程序，即最大最小值标准。罗尔斯说在原初状态下的各方的选择必须遵守最大最小值规则。这一规则意

①　John Rawls, *A Theory of Justice*, Cambridge, MA：Harvard University Press, 1971, p. 133.

味着:"要按被选择对象可能产生的最坏结果来排列选择对象的次序,然后我们将采用这样一个选择对象,它的最坏结果优于其他对象的最坏结果。"①

罗尔斯随后论述了为什么会使用最大最小值标准。罗尔斯说使用最大最小值原则通常要满足三个特征。第一,选择者并不能决定每一种情况发生的可能性是多少。罗尔斯说这一特征是原初状态所充分展现的,因为原初状态下的各方处于无知之幕下,不能推测此后的真实情况如何,因而也无法确定任何一种情况发生的可能性;第二,对选择者而言,为了进一步的利益利用一个机会是不值得的,特别是这种进一步的机会可能造成更大的损失。换言之,罗尔斯强调的选择者是一个保守偏向者,而不是风险投机爱好者。罗尔斯说原初状态也具备该特征。罗尔斯对此的论证是,两个正义原则可以让选择者达到满足,"这一观念保证了令人满意的最小值"②;第三个特征是"被拒绝的选择对象有一种个人几乎不可能接受的后果,涉及重大的冒险"③。罗尔斯认为如果说明了别的正义观可能导致各方发现不可忍受的制度,那么第三个特征也将符合。

这里让我们产生疑惑的是,究竟是原初状态的设定适合采用最大最小值原则,还是罗尔斯依据了最大最小值规则来设定原初状态呢?这个问题的关键实际上是要考察罗尔斯正义原则的得出究竟是通过它所谓的纯粹正义的原初状态的设定所得到的,还是通过罗尔斯的先在的直觉的正义观念所得到的,也就关系到我们所说的罗尔斯政治哲学的道德基础究竟占据了多少的问题。实际上,对第一个特征我们很难理解这样规定的意义何在,对一种选择既然我们无法知道任何一种后果产生的概率,那就取决于被选择人是风险偏好型还是保守偏好型。对最大最小值规则真正有意义的来自后面两个条件的规定。也就是说,其他选择是不是产生了选择者无法接受的后果,是不是当下的选择产生了足以让选择者满意的后果。而"满意"与"无法接受"的关键还是在于选择者。对原初状态下的选择者而言,他们没有任何的倾向性,我们也很难判断他们接受、满意与否的标准何在。

---

① John Rawls, *A Theory of Justice*, Cambridge, MA: Harvard University Press, 1971, pp. 153–154.

② John Rawls, *A Theory of Justice*, Cambridge, MA: Harvard University Press, 1971, p. 156.

③ John Rawls, *A Theory of Justice*, Cambridge, MA: Harvard University Press, 1971, p. 154.

　　罗尔斯考察了最大最小值规则应用时的两种情况，如表 1 所示。

表 1　　　　　　　　　　　**最大最小值规则应用情况表**

最小值	最大值
0	N
1/N	1

　　对于表 1 中的两种情况，N 如果无穷大，那么我们在选择的时候就不会选择第二种情况，而会选择第一种情况。这种情形是否满足最大最小值规则的适用情况呢？罗尔斯说这种反例并不满足应用最大最小值标准的特征，因为可供选择的结果并不能使我们满意，所以不构成反例。罗尔斯强调"最大最小值公平标准和所谓在不确定性下选择的最大最小值规则完全是两回事"[1]。事实上，对原初状态选择达成的结果罗尔斯前后论述也出现了差异。在前期他强调作为公平的正义并不是说正义就是公平，而是说正义原则产生的原初状态是公平的。也就是说，公平的环境中自由平等的人所一致同意的原则才是正义原则。在这个意义上被公平原则安排的社会是自主的，并且这个社会中，成员的责任都是自我赋予的。罗尔斯说，"这一正义观的选择就是对原初状态设立的问题的独特（unique）解决办法"[2]。随后罗尔斯还进一步表示，"我想说明它们是符合原初状态全面描述的唯一选择。论证的目的最终是严格演绎的"[3]。所以这里的要求是非常严格的，罗尔斯必须论述在原初状态的上述规定和描述中能够推导出正义原则的结论，不仅能够推导出正义原则的结论，而且这一结论还是唯一的。所以罗尔斯断言，"只要我们知道各方的信念和利益，他们彼此之间的关系，可供选择的对象，他们做出决定的程序等，一个理性（rational）选择的问题就会有确定的答案"[4]。

---

　　[1]　John Rawls, 1975, "Some Reasons for the Maximin Criterion", in Samuel Freeman, eds., *Collected Papers*, Cambridge, MA：Harvard University Press, p. 225.

　　[2]　John Rawls, *A Theory of Justice*, Cambridge, MA：Harvard University Press, 1971, p. 119.

　　[3]　John Rawls, *A Theory of Justice*, Cambridge, MA：Harvard University Press, 1971, p. 121.

　　[4]　John Rawls, *A Theory of Justice*, Cambridge, MA：Harvard University Press, 1971, pp. 17 – 18.

如果如罗尔斯所言,原初状态到正义原则是严格演绎的,那么原初状态的道德性或者说原初状态设想的正当性源于"原初状态是一种各方在其中都是作为道德人的平等代表、选择的结果不受偶然因素或社会力量的相对平衡所决定的状态。作为公平的正义从一开始就能使用纯粹的程序正义的观念"①。在这种纯粹的正义下,所达到的最后的结果都是正义的。易言之,在罗尔斯看来,正义原则之所以是正义的,就在于它是原初状态下的产物,而原初状态之所以正义,则是因为原初状态的选择是一种纯粹的程序正义。那么这种纯粹的程序正义的原初状态的设想来源于何处? 一方面,这一程序体现了罗尔斯对社会的道德理想和各方作为自由平等道德人的要求,另一方面,这一程序展现了罗尔斯先在的"合理性"。

第三节 罗尔斯建构主义的两难困境

罗尔斯的政治建构主义将原初状态作为建构程序,这一程序首先体现了自由平等的公民观念和组织良好的社会观念,更为重要的是它还展现了"实践理性"。实践理性突出表现为理性与合理性,罗尔斯强调理性是一种经验的实践理性,而合理性则是一种先验的实践理性。他曾明确指出政治的正义观念依赖的基础包括个人和社会的理念、实践理性原则以及合理性理念②。所以整个建构程序就体现着实践理性作为理性与合理性的特征。在这些基本理念之中如果个人与社会的理念如罗尔斯所言来自公共政治文化,那么最为重要的就是实践理性原则特别是合理性理念的来源何在? 在批评者看来③,对实践理性和合理性的这种解读或者是武断的,或者会寄生于独立的道德价值理念。

一 合理性与道德直觉

"合理性"概念在罗尔斯那里是一个内涵极其广泛又格外重要的概念,正如弗雷曼所说,"没有哪一种定义的方式能够涵盖这个概念的多种

---

① John Rawls, *A Theory of Justice*, Cambridge, MA: Harvard University Press, 1971, p. 120.

② John Rawls, *Political Liberalism*, New York: Columbia University Press, 1996, p. 94.

③ Russ Shafer-Landau, *Moral Realism: A Defense*, Oxford: Oxford University Press, 2003.

用途"①。在讨论个人观念的时候我们论述了罗尔斯合理性概念的两个维度。事实上，合理性概念不仅可以用来描述公民的特征，而且合理性在罗尔斯理论中还扮演着另一个重要的角色，那就是评价各种正义观念的要求。一种正义观比另一种正义观更合理（reasonable）就在于处于原初状态中的理性的人们会选择这一观念的原则，而不是其他正义观的原则。这种合理性就在于理性人的共同选择。在评价一种正义观点的合理性的时候，实际上它所包括的维度也很多：首先，在理论层面上，要求合理的观点与我们的深思熟虑的观点相适应；其次，在选择层面上，要求合理的观点能够被平等自由的公民一致同意；最后，在运用层面上，合理的观点必须能够维系整个观点的平衡与稳定。此外，笔者在前文也强调合理性这一概念存在不同的适用主体，既有公民的"合理性"，也有罗尔斯本人的"合理性"。

（一）合理性根源于道德直觉？

那么很自然地我们会追问合理性这些要求的最终根据何在？这一要求或者是源于道德的，或者是源于非道德的。如果不是源于道德的，那么我们就不能期待由此推论出的原则"能够描述我们的最深的道德信念，或者是能够尊重各种我们对伦理概念的理解"②。如果这种合理性是源于道德的，那么这种合理性的要求很可能使我们最终退回到道德实在论的立场之上。罗尔斯强调，任何一种伦理学、一种正义观都或多或少地依赖于直觉③。罗尔斯的理论也不例外，甚至在很多方面都依赖于直觉。

第一，在讨论正义的适用范围时，罗尔斯使用了直觉的观点。在对社会基本结构的内涵进行界定时，罗尔斯谈到基本结构的概念仍然不是很清晰。于是他指出，"现在要讨论的原则是那些被凭直觉理解而应用于社会基本结构的原则"④。也就是说，对社会基本结构的判断是通过直觉明确的。

第二，罗尔斯是依靠基础性的直觉观念得出了个人与社会的观念。他

---

① Samuel Freeman, *Justice and Social Contract: Essays on Rawlsian Political Philosophy*, Oxford: Oxford University Press, 2007, p. 227.

② Russ Shafer-Landau, *Moral Realism: A Defense*, Oxford: Oxford University Press, 2003, p. 42.

③ John Rawls, *A Theory of Justice*, Cambridge, MA: Harvard University Press, 1971, pp. 40 - 41.

④ John Rawls, *A Theory of Justice*, Cambridge, MA: Harvard University Press, 1971, p. 9.

说道:"民主社会的政治文化,这种文化在相当长的一段时间里发挥着作用,通常包含着某种基础性的直觉观念,这种直觉观念能够建立起适合立宪式政体的政治的正义观念。"① 实际上,整个建构主义的基础观念是建立在直觉观念之上的,对社会与个人关系的构想也是直觉的结果。

第三,在建构程序的塑造中,罗尔斯多次运用了直觉。罗尔斯说"作为公平的正义的直觉观念是:正义的首要原则是作为原初状态中的一个原初契约的目标的。这些原则是那些关心他们利益的人在这种状态中,为确定他们的联合的基本条件将接受的"②。事实上,罗尔斯对正义的首要原则的作用之解释依系于直觉,不仅如此,在论述原初状态各方的选择时,罗尔斯说原初状态中的各方是对选择对象的平衡,而这种平衡,罗尔斯说"在正义论的基础部分是有对直觉的诉诸的"③。

第四,在建构的结果即正义原则的描述上,罗尔斯仍然没有放弃直觉的作用。这体现在探讨最少受惠者需要哪一种社会基本善结合方式的时候,罗尔斯说"我承认依靠了我们的直觉能力,然而这是不可能完全避免的。我们的目的是以明智的理性(rational prudence)来代替道德判断"④。在考虑代际之间的正义问题特别是储蓄率的时候,罗尔斯说"我们要做的就是调整某些参数,以便可以得出一个与我们直觉判断较一致的结论"⑤。显然,在这里,罗尔斯也用到了直觉主义的方式来衡量这一原则的正确性。

更为关键的是,罗尔斯说道:"合理性被看作一种基本的、直觉的道德观念。它可以应用于个人、个人的决定和行为;也可以应用于原则、标准、完备性学说以及许多其他的东西。我们首先关心的是基本结构的合理性的正义原则。这些原则在这种意义上是合理性的,即自由平等的公民当作对他们社会合作之公平条款的规定而接受它们。"⑥

---

① John Rawls, *Political Liberalism*, New York: Columbia University Press, 1996, p. 38.

② John Rawls, *A Theory of Justice*, Cambridge, MA: Harvard University Press, 1971, pp. 118 – 119.

③ John Rawls, *A Theory of Justice*, Cambridge, MA: Harvard University Press, 1971, p. 124.

④ John Rawls, *A Theory of Justice*, Cambridge, MA: Harvard University Press, 1971, p. 94.

⑤ John Rawls, *A Theory of Justice*, Cambridge, MA: Harvard University Press, 1971, p. 298.

⑥ John Rawls, *Justice as FairnessA Restatement*, Cambridge, MA: The Belknap Press of Harvard University Press, 2001, p. 82.

所以这种合理性的道德要求在罗尔斯看来是直觉的结果，作为一种直觉的结果，罗尔斯很可能就要陷入两难困境①之中：要么这一结果是武断的；要么这一结果是依附于某种独立的道德价值的。如前所述，罗尔斯之所以使用建构主义的方法，更多的是源于社会多元化的事实。此外，整个建构主义的方法也是建基于对民主社会一般事实的把握上。所以对罗尔斯而言其建构主义的目的与方法都是建基于事实之上，那么建构主义实际上也不过是基于对事实的直觉总结，在这个意义上，这种对事实的直觉与把握就成了一种不可推翻的第一原理。那么，罗尔斯的理论与合理直觉主义之间的差别似乎就不甚明显了。而且每个人与每个人的道德直觉往往是不甚相关的，其直觉所得的结果也是千差万别的。正如罗尔斯所言，民主社会中存在着各种合理性的判断。罗尔斯可以将社会作为合作体系、公民作为合作体系中的一员视为直觉观念，有的人则不这样构想社会，我们甚至可以设想社会就是为了实现部分人的利益的结构，社会日益分裂为两大对立阶级，所以依附于直觉的理论难以避免地具有武断性。

（二）合理性根源于道德实在论？

如果罗尔斯想走出武断性的困境，那么不可避免地走向理论的另一端，即依附于独立的道德价值。唯其如此，我们才能认可合理性观念在判断正义观念正当原则时的有效性。但是这样一来，罗尔斯的理论又会退回到道德实在论之中。

查尔斯·拉莫尔指出，罗尔斯的合理性观念背后必然存在独立的道德价值。"合理性"要想作为实践理性在道德原则的推理中发挥作用，那么它就"只能在一个既存的道德系统内才能展开论证"②，只有如此才能发现真正支配我们行为的道德支柱。这是因为这一"合理性"的要求或者过于"薄"或者过于"厚"。当它仅仅被理解为是一种形式的抽象的时候，那么它对道德原则的得出是没有任何助益的，换言之，可能仅仅需要道德观念就能推演出道德原则。而如果合理性的设定过"厚"，则会出现

---

① Russ Shafer-Landau, *Moral Realism: A Defense*, Oxford: Oxford University Press, 2003, p. 42.

② ［美］查尔斯·拉莫尔：《现代性的教训》，刘擎、应奇译，东方出版社2010年版，第54页。

另一个问题，即它本身就是依附于先在的道德价值的。拉莫尔进一步指明了对罗尔斯的理论而言，实际上是存在着先在的"合理性"道德规范的，这一规范依附于"对人的尊重"（respect for person）的道德要求。为什么所得到的正义原则要诉诸所有平等与自由的公民的合理同意？为什么要对所有的合理的价值多元论予以尊重？实际上，这与罗尔斯在对政治哲学的理解中要求诉诸人类的一般合理性相一致，也正如拉莫尔所认为的一般，"政治自由主义的中心是对人的尊重，这并不是由于我们在寻找共识的时候发现这一要求，而是这一要求推动我们去寻找共同的根据"①。玛莎·努斯鲍姆（Martha Nussbaum）也认为在正义原则阐明的方法选择上体现了尊重人的道德立场，"正是因为对公民的尊重，我们才能允许他们按照自己的方式去追寻善观念"②。一旦我们开始这样思考，很自然的就会陷入罗尔斯所批判的道德实在论之中。但是罗尔斯在《正义论》的最后明确表示:"尊重的概念、人的内在价值的观念都不适合作为达成正义原则（the principles of justice）的恰当基础。"③ 他明确说自尊与宽容等不适合作为自己正义原则的基础，这些观念只有在正义观念（conception of justice）阐明后才能得以界定。如何理解呢？笔者认为对这一问题的理解必须区分罗尔斯的正义概念、正义观念与正义原则。

罗尔斯在对"正义"的界定过程中使用了很多不同的词语，比如"the concept of justice" "the conceptions of justice" "principles of (social) justice" 等。这些词语之间究竟有何关联，彼此意指的内涵、外延如何，笔者认为有必要将罗尔斯的这诸多概念阐释清楚，我们才能在此基础上展开论述。

正义概念（the concept of justice）在罗尔斯那里具备了最为广泛的内涵，或者我们可以将正义概念理解为正义本身。罗尔斯对正义概念的界定包括了两层内涵。其一，不在社会成员之间作出任意的区分。罗尔斯说，"那些持有不同的正义观的人就可能会一致同意，即当对基本权利和义务

---

① Charles Larmore, "The Moral Basis of Political Liberalism", *Journal of Philosophy*, Vol. XCVI, No. 12, Dec. 1999, p. 607.

② Martha Nussbaum, "Perfectionist Liberalism and Political Liberalism", *Philosophy & Public Affairs*, Vol. 39, No. 1, 2011, p. 17.

③ John Rawls, *A Theory of Justice*, Cambridge, MA: Harvard University Press, 1971, p. 586.

的分配没有在个人之间做出任何任意的区分时，以及当规范使各种对社会生活利益的冲突要求之间有一恰当的平衡时，这些制度就是正义的"①。在这里，我们看到罗尔斯提到了正义观念（the conceptions of justice），且谈到，不同正义观念的人会同意同一种正义，即在社会成员之间不作出任意的区分。其二，正义概念实际上是使在社会生活中的各方的利益得到一种恰当的平衡。在这里，罗尔斯从广义正义的作用来界定正义概念。"他们懂得他们需要（他们也准备确定）一系列特殊原则来划分基本的权利和义务，来决定他们心目中的社会合作的利益和负担的适当分配。"② 所以普遍的正义概念其实就是对权利与义务的恰当分配。这是罗尔斯所理解的普遍的正义，换言之，正义概念是我们每个人都具备的，且是正义的最高或最普遍的形式，在这个意义上是每个人都认同的不能动摇的基本。

罗尔斯论述了最普遍的正义概念之后，指出了正义的主题通常涉及三类，即制度、行为和个人。比如我们可以说法律制度是否正义；可以评价一个人的行为是否正义，甚至有时候可以说某个人是正义的人。但是在罗尔斯的整个政治哲学中，他对正义的主题进行了明确的限制，罗尔斯认为"正义的主要问题是社会的基本结构，或更准确地说，是社会主要制度分配基本权利和义务，决定社会合作产生的利益划分的方式。所谓主要制度，我所理解的是政治结构和主要的经济和社会安排"③。这些基本制度包括法律、市场、生产资料乃至家庭制度等。所有这些共同构成了社会的基本制度。罗尔斯认为之所以将此作为其政治哲学的主题有两个原因：一是因为关于社会基本结构的影响十分深远并且自始至终；二是因为社会基本结构从直觉上看包含着不平等。如果这种不平等在任何社会的基本结构都不可避免，那么这就是正义原则最初应该应用的对象。

他指出在这样理解正义概念之下，会有各种不同的正义观念（the conceptions of justice），各种正义观念之间也恰恰将会在下述两点之上呈现差异：其一，如何区分社会的成员；其二，如何分配社会的权利和义务。罗尔斯认为在上述两个问题的不同回答上，产生了不同的正义观念。

---

① John Rawls, *A Theory of Justice*, Cambridge, MA: Harvard University Press, 1971, p. 5.

② John Rawls, *A Theory of Justice*, Cambridge, MA: Harvard University Press, 1971, p. 5.

③ John Rawls, *A Theory of Justice*, Cambridge, MA: Harvard University Press, 1971, p. 7.

那么正义原则［principles of（social）justice］又是什么呢？事实上，正义原则与正义观念更为切近，有什么样的正义观念就会有什么样的正义原则，正义原则正是依据正义观念制定的区分社会成员合理分配社会权利和义务的原则。罗尔斯的任务就是要批判过去主流的正义观念与正义原则，并提出自己的"作为公平的正义"观念和正义原则。

　　罗尔斯指出，他"将思考关于正义的这样一种政治观念：它试图对这些价值做出合理的、系统的和连贯的说明，试图弄清楚，这些价值应如何被组织起来以便应用于基本的政治和社会制度"①。正是出于这样的考量，他提出了"作为公平的正义"的观念。如何理解这一观念呢？

　　首先，罗尔斯将正义观和正义原则理解为道德理论的一部分。这种理解不仅在《正义论》中得以明确，而且在《政治自由主义》中得以保留。在《正义论》中，罗尔斯明确指出，"在现代道德哲学的许多理论中，占优势的一直是某种形式的功利主义"②。并且虽然许多学者已经指出了功利原则的模糊性，但是"他们并没有建立起一种能与之抗衡的实用和系统的道德观"③。所以，罗尔斯写作《正义论》的目的就是要建立一种可以与功利主义相抗衡的道德观。但是这种道德观与功利主义道德观又存在一定的差别，即罗尔斯要找寻的是从社会的角度出发的民主社会最恰当的道德基础。罗尔斯强调，任何一种合理的、完整的伦理学理论都必须包括处理基本社会结构的正义观。他要得出的结论是一种与功利主义和至善论不同的正义原则。罗尔斯认为，契约论是研究伦理学的一种有用的方法。所以可以看出，正义原则是伦理学的一部分。罗尔斯是在道德理论中使用"契约"这一概念的。所以他的正义原则其实是一种道德原则。罗尔斯强调，"正义论的目的在于建立一种关于我们道德感觉的理论，旨在建立指导我们道德能力或者更确切地说指导我们正义感的原则"④。在《政治自由主义》中，罗尔斯虽然极力摆脱一种完备式的道德观念，但也仍然强调"一个政治性的正义观念当然是一个道德的观念，但它是为一特定的

---

　　① John Rawls, *Lectures on the History of Political Philosophy*, Samuel Freeman, eds., Cambridge, MA: Harvard University Press, 2007, p. 6.

　　② John Rawls, *A Theory of Justice*, Cambridge, MA: Harvard University Press, 1971, p. Ⅶ.

　　③ John Rawls, *A Theory of Justice*, Cambridge, MA: Harvard University Press, 1971, p. Ⅷ.

　　④ John Rawls, *A Theory of Justice*, Cambridge, MA: Harvard University Press, 1971, p. 51.

主题，也即为政治制度、社会制度和经济制度而构造的道德观念"①。罗尔斯指出，"政治性的正义观念乃是一种规范性的和道德的观念，而且政治的领域和其他的政治观念也是如此"②。罗尔斯还认为政治权力和义务即是道德的权利和义务，因为它们都是政治观念的一部分，而该政治观念乃是一种具有内在理想的规范性（道德的）观念，尽管它本身并不是一种完备性学说。

其次，罗尔斯的正义观要求"权利优先于利益"。他说"每个人都拥有一种基于正义的不可侵犯性，这种不可侵犯性即使以社会整体利益之名也不能逾越。……所以，在一个正义的社会里，平等公民的自由是确定不移的，由正义所保障的权利绝不受制于政治的交易或社会利益的权衡"③。在这段论述中，罗尔斯虽然试图描绘一种普遍的正义概念，但事实上，我们只能将其理解为罗尔斯的正义观念，显然，这种正义观念是与功利主义的观念相对的。这实际上是罗尔斯对正义观念权利利益分配的要求，即罗尔斯认为这种分配的过程中必须保证公民的权利优先于利益。在分配中占优势地位的并不是利益产生的多少，而是公民的权利是否受到了尊重。

再次，罗尔斯的正义观要求"平等地对待每一个公民"。事实上，这一点关乎罗尔斯正义概念的第二个方面，即不任意地在公民之间做出区分。罗尔斯将此界定为"平等地对待每一个公民"。所以罗尔斯强调，"所有的社会价值——自由和机会、收入与财富和自尊的基础——都应该被平等地分配，除非对其中的一种或几种价值的分配能够符合每一个人的利益"④。理解这一点的时候可能很自然地会产生困难，即罗尔斯不是要求社会制度的安排要有利于最少受惠者吗？那么为什么笔者还能说罗尔斯要求"平等"地对待公民呢？这是因为，在罗尔斯那里谁成为最少受惠者这件事本身是不确定的，换言之，每一个公民都可能是最少受惠者，但是只要公民被确认为最少受惠者，制度的安排就应该倾斜于他们。正是在

①　John Rawls, 1985, "Justice as Fairness: Political not Metaphysical", in Samuel Freeman, eds., *Collected Papers*, Cambridge MA: Harvard University Press, 1999, p. 389.

②　John Rawls, *Political Liberalism*, New York: Columbia University Press, 1996, p. XXXIX.

③　John Rawls, *A Theory of Justice*, Cambridge, MA: Harvard University Press, 1971, p. 4.

④　John Rawls, *A Theory of Justice*, Cambridge, MA: Harvard University Press, 1971, p. 62.

这个意义上,我们说罗尔斯是特别要求平等的。罗尔斯要求不任意地作出区分,就是除了公民道德能力之外的任何区别,都不能成为我们划分公民阶层的依据,也不构成我们理解公民的前提。

最后,罗尔斯的政治哲学是要正确表达民主社会中自由与平等的关系。虽然在《正义论》中罗尔斯这一观念体现得并不多,但是在1980年的杜威讲座中,罗尔斯就明确指出"我们必须以某种方式找到一种对自由与平等以及它们相关的优先权问题的恰当阐释"①。在《政治自由主义》中,罗尔斯也说"作为公平正义的……目的是表明,正义的两个原则比那些与第一原理相联系的传统的功利主义学说、完善论学说或直觉主义学说能够提供一种对民主社会中自由与平等要求的更好理解"②。所以,罗尔斯最终希望自己的正义观念不仅仅能够阐释清楚普遍正义概念的两层内涵,同时在这样一种阐释中,也将回答自由与平等的优先性问题。而这一问题的冲突却是政治哲学领域中早就存在的。

一旦我们明确了罗尔斯语境中正义观念与正义原则的区别,我们就能明确罗尔斯所言正义原则为什么不是基于"自尊"和"尊重人"的观念而得来的,是因为这些观念建立在罗尔斯对正义观念的理解之上,并在此基础上,罗尔斯论证了自己的正义原则。所以实际上,罗尔斯的正义观念是罗尔斯正义原则论证的前提,而这些观念则体现在整个罗尔斯正义原则的建构过程之中,更多的时候罗尔斯用"合理性"这一概念来隐含地表述。所以在笔者看来,罗尔斯的正义观念是先在的。

二　合理性与真理标准

罗尔斯采纳建构主义的方法,实际上是想在道德实在论与相对主义之间寻找第三条路径。对于道德实在论而言,作为道德真理基础的第一原则是不容置疑的,是我们进行价值排序、价值判断的终极标准。对于相对主义而言,则是全力地否认这种终极标准第一原则的存在,认为道德只是在特定情境、特定背景下的选择,根本不存在道德真理,道德也不具备客观

---

① John Rawls, 1980, "Kantian Constructivism in Moral Theory", in Samuel Freeman, eds., *Collected Papers*, Cambridge, MA: Harvard University Press, 1999, p. 307.

② John Rawls, *Political Liberalism*, New York: Columbia University Press, 1996, p. 292.

性。道德哲学的发展其实就是两种理论之间互相批判的过程。道德实在论认为相对主义贬低了道德价值，而相对主义则怀疑道德实在论的基本观点。罗尔斯的建构主义则区别于上述两种理论，一方面罗尔斯理论不像道德实在论一样追求客观的道德真理与第一原理，力图避免实在论所面临的批判；另一方面，罗尔斯还要求自己的建构主义具备一定的"客观性"，以此区别于道德相对主义。更重要的是，如罗尔斯所言，政治哲学要诉诸人类的合理性，任何专家都不具有权威性。而实际上罗尔斯的建构主义也正是对每个人理性地位的合理尊重。

罗尔斯的政治建构主义否认真理的对应论，即真理是与事实对应的观点。建构主义者认为，实践理性本身是通过推理确立其合法性和权威性的，而不是通过诉诸有关世界现状的某些事实来构建的。所以，罗尔斯将与建构主义相关的事实进行了两种分类，而实际上罗尔斯的澄清就是为了明确建构主义并不寻求一种对应的真理论，展现了建构主义对待事实的立场。罗尔斯的政治建构主义与实用主义具有类似的观点，即其诉诸实践观点来解释真理，与关于真理的标准形式的道德实在论形成了对比。这也就是为什么在讲解康德建构主义的讲座中，罗尔斯特意谈道："'作为公平的正义'与杜威的道德理论有许多相似之处。"① 但是问题的关键就在于，如果罗尔斯的正义观念的论证依赖于"原初状态中各方的一致同意"，那么原初状态中各方是否同意这一观念与其真假是否无关？换言之，如果正义观念的评价标准就在于是否能够获得一致同意，那是不是可以不考虑正义观念正确与否这件事本身？

对这个问题的回答其实与正义观念或者说与罗尔斯建构的原则是否有效息息相关。如果一个理论或者一个原则并不是建立在真实可靠的基础之上，那么我们何以能够信赖这一原则，何以能够接受这一原则？即便是从罗尔斯的视角出发，这一原则的内在稳定性也将大打折扣。在这种方法上建立起来的正义观念与正当原则是不是具有效力就将成为疑问。正如彼得·斯坦博格（Peter Steinberger）所指出的，"任何合理性的观点都是有关于理由的，而只要是关于理由的观点，都可以依据其具有真理性的程度

---

① John Rawls, 1980, "Kantian Constructivism in Moral Theory", in Samuel Freeman, eds., *Collected Papers*, Cambridge, MA: Harvard University Press, 1999, p. 304.

来予以论证分析和评价"①。更重要的是，罗尔斯在论述多元论的背景的时候，提到了他所讨论的观点都是"合理多元的"观念，只有此类观点才能进入我们的视野。换言之，只有合理的理论才具备争议的资格，从而产生判断的负担。而这些负担之所以产生，恰恰是因为他们占有了某些真理性。我们在本书第一章中已经列举了罗尔斯认为判断负担产生的六种根源，特别是对第一个判断产生分歧的根源。实际上恰恰是因为没有办法衡量哪种证据是真的，从而产生了分歧。如果我们能够断定证据和理由的真实性也就不会出现分歧。所以事实上，判断之所以合理，在于每个判断都部分地掌握了真理，所以合理性也是源于真理与事实。

对于这个问题，罗尔斯的回应是从两个方面进行的。一方面罗尔斯强调为正义观念提供辩护并非一个认识论的任务，而是去寻找一个可能达成一致协议的合理性的（reasonable）基础，"我们构架一个正义观念，是为了满足社会生活的实践要求，并去产生一个公共基础，根据此基础，公民们可就他们共同的制度向彼此作辩护"②。以此来代替寻找被诠释为实体和关系的先天的和独立的秩序所确定的道德真理。所以对于建构主义本身而言，并不寻求所谓的"真理"，而只是要求"合理"。这里的合理所强调的并不是罗尔斯的道德先见，而是每个人都能够认可的意义上的合理性。建构主义最终确立的结果虽然不是认识论意义上的真实和确定的，却是客观的。同样的，这种客观也不是认识论意义上的，而是有其具体含义的。"道德客观性是根据一个所有人都能接受的、恰当地建构的社会性观点来理解的。"③ 所以对罗尔斯而言，对于正义观念本来就不需要去寻找真理，这既不可能也不现实，而只是去寻找一个建立共识的基础。这种基础虽然不是真确的，但仍然是客观的，这种客观性并非强调与事实对应的客观，而是凸显所有人都能接受、突出公共理性的作用。虽然罗尔斯有这方面的回应和考量，但笔者认为这种回应力度仍然是不够的。

---

① Peter Steinberger, "The Impossibility of a 'Political' Conception", in *The Journal of politics*, Vol. 62, No. 1, Feb. 2000, p. 164.

② John Rawls, 1980, "Kantian Constructivism in Moral Theory", in Samuel Freeman, eds., *Collected Papers*, Cambridge, MA: Harvard University Press, 1999, p. 347.

③ John Rawls, 1980, "Kantian Constructivism in Moral Theory", in Samuel Freeman, eds., *Collected Papers*, Cambridge, MA: Harvard University Press, 1999, p. 307.

政治社会中的分歧如此之大，以至于我们常常身处其中只感觉到一种日益加深的"撕裂感"。很多学者与罗尔斯的观点完全不同，他们认为政治其实就是要处理分歧，分歧是必然的，共识是不可能的。所以罗尔斯回应建基于共识的可能性上，但是究竟这种一致的共识能不能建立，这是一个大的疑问。特别是罗尔斯的差别原则一经提出就受到了热烈的讨论，这呈现出大家在分配问题上的共识建立之艰辛。也是基于这个原因的考量，罗尔斯在后期将共识的范围极大程度地缩小，他指出，"因为在许多哲学或道德观念上达成一个公共一致是不可能的，因此公共性所适用的一致同意，仅限于公共道德的宪法以及社会合作的基本条款范围内"①。进行了这样一种限定后，似乎满足了罗尔斯的要求。但是这里紧接着就带出问题的第二个方面。即如果这一观念可以得到大家的一致认同，那究竟是因为这一观念是合理的还是正确的？比如罗尔斯说在公共宪法和社会合作条款的选择上，似乎可以达成共识。但是这种共识的达成不是因为它们是正确的吗？这样一来，这种共识的把握似乎是依靠其是一种道德真理从而变得不被怀疑，那么罗尔斯理论价值的独立性就难以体现。

罗尔斯回答这种诘难的第二个方面是，他的评价标准从来就不是单一的，还需要"反思的平衡"。罗尔斯强调，"政治建构主义是一种关于政治观念之结构和内容的观点，它认为，一旦达到反思的平衡，政治正义的原则就可以被描述为某种建构程序（结构）的结果"②。所以对建构主义的理解首先必须建基于反思的平衡的成立之上。罗尔斯对反思的平衡进行了区分，区分了狭义的反思平衡和普遍的反思平衡：狭义的反思平衡，是指对一种正义观念所实现的各种判断与信念的一致；而广义的反思平衡，是对所有的正义观念及其相关论证力量的反思的平衡。此外，罗尔斯还强调一点，即所谓反思的平衡是非基础主义的，也就是说任何一个理念，尽管得到了反思平衡的确认，但是它都无法成为证明的基础。所以罗尔斯反思的平衡要追求的目标是融贯性，而不是基础性。

作为公平的正义假定在原初状态中选择的原则和我们所考虑的判断的

---

① John Rawls, 1980, "Kantian Constructivism in Moral Theory", in Samuel Freeman, eds., *Collected Papers*, Cambridge, MA: Harvard University Press, 1999, p. 326.

② John Rawls, *Political Liberalism*, New York: Columbia University Press, 1996, pp. 89 – 90.

依据是一致的，这种一致是通过反思的平衡达成的。罗尔斯说，"从道德哲学的观点来看，对一个人正义感的最好解释并不是他在考察正义观之前就具有的符合他判断的解释，而是在反思的平衡中不断使自己的判断和正义观相适应"①。这种适应就内在地包含了两种情况：其一是自己深思熟虑的判断经过总结出来的正义观受到指导和改进；其二是根据我们深思熟虑的判断不断修正正义原则达成的环境。这两者皆是可以改变的。

但是随着反思的平衡观点的引入，以及深思熟虑的判断概念的提出，在罗尔斯的方法论维度似乎又引入了第二条标准，即要求正义观念必须与这些深思熟虑的判断相一致，罗尔斯说深思熟虑的判断是那些我们经过反复思考后确认不疑的。但是我们很难理解的是，这种判断和直觉主义所把握的第一原理有何区别？合理的直觉主义所把握的第一原理恰恰是通过反复怀疑后再也不能怀疑的价值基础。换言之，这种深思熟虑的判断究竟是通过什么而获得的？是理性吗？笔者认为对罗尔斯而言，可能的回答就是这种判断只有通过"合理性"才能得以把握，通过完整的实践理性才能得以认识。只有这样，罗尔斯的政治建构主义才能区别于道德实在论，从而可以为合理的多元民主社会提供重叠共识的基础。但是即便这样回应，仍然存在笔者之前所述的"合理性"所面临的困境，即这种合理性作为一种独立的道德要求可能仍然体现了罗尔斯的某种独断或道德先见。

---

① John Rawls, *A Theory of Justice*, Cambridge, MA: Harvard University Press, 1971, p. 48.

第 三 章

正当先于善:政治哲学的道德承诺

在本书第二章中,我们考察了罗尔斯政治建构主义方法中的道德要求,在本章中,我们将论述罗尔斯政治哲学中正当优先于善的道德承诺。实际上,罗尔斯一直在寻找民主社会的恰当的道德基础,这一基础也是其政治建构主义的最终结果。罗尔斯对正当优先于善的论述可以从三个维度来理解。首先,正当对善的优先性体现在与其他道德理论特别是功利主义的比较中;其次,正当对善的优先性展现在两个正义原则的论证与排序中;最后,正当对善的优先性还表现在罗尔斯的善理论是在正当视域下的善理论。在第一节中,笔者将着重阐明罗尔斯前期完整的正当理论,这既包括适用于社会基本结构的正义原则,也包含适用于个人的正当原则,以期呈现罗尔斯前期政治哲学与道德相重合之特征。在第二节中,笔者将分析后期的正当理论论证过程中所包含的正当先于善的道德承诺,并进一步指出罗尔斯的论证与公民道德能力的内在关系。笔者在前两节考察了正义原则的论证中正当的优先性,在第三节中,笔者将分别呈现正当优先性的其他两个方面:一是比较其与功利主义的优越性;二是着重论述罗尔斯的正当视域下的善理论。

第一节 《正义论》中对完整正当理论的追寻

在罗尔斯的语境中,正当原则不同于正义原则。正当原则所涵盖的范围更广。他说,"很清楚,无论如何另一种原则也必须被选择,因为一种完整的正当理论必须也包括适用于个人的原则"①。此外还包括如何在各种原则之间进行优先性原则的选择问题。所以完善的正当原则除了我们所熟悉的社会的两个正义原则之外，还包括了适用于个人的原则。

一　个人原则

虽然适用于个人的原则并不是罗尔斯理论的重点，但是考察罗尔斯这部分的论述，笔者认为是非常重要的。罗尔斯这部分的论述所想解决的问题是个人为什么会服从社会的安排、遵守社会的原则，而这也与本书第四章所详细讨论的稳定性问题相关，在此首先简要论述罗尔斯的观点。

罗尔斯论述了对个人的原则。他将对个人的约束分为两大类：其一是要求，其二是允许。在约束要求中又区分了两种：一是由个人原则确立的职责；二是与原则无关的自然义务。对个人原则而言，罗尔斯认为适用于个人的是"公平原则（fairness）"。对由公平原则所确立的职责（obligations）而言，罗尔斯强调三种特征：第一，是人的自愿行为结果，即人主动承担的职责；第二，职责总与一定的制度相关联；第三，职责是有确定的指向的，指向的是确定的个人。罗尔斯对职责的举例就是公职人员所负有的职责。

在明确职责以后，罗尔斯进一步区分了适用于个人的"自然义务（natural duties）"。罗尔斯将这种自然义务的特征概括如下：自然义务的行为与职责的内容恰恰相反。首先，自然义务并不与自愿行为相关；其次，自然义务与社会制度的规定无关。也正是在这两个意义上罗尔斯说自然义务是自然的，区别于后天社会赋予的义务。因为罗尔斯是用契约论的方式对理论进行建构的，这里的自然义务其实类似于契约论者所述的"自然原则"。在传统契约论中，自然原则其实是没有道德属性的，但是在罗尔斯这里"自然义务"却被赋予了道德的特质。罗尔斯说自然义务是包含了肯定性义务和否定性义务的。其中肯定性义务包括"互相援助的义务"。罗尔斯说所谓互相援助，就是在不给自己带来太大危险和自我

---

① John Rawls, *A Theory of Justice*, Cambridge, Massachusetts: Harvard University Press, 1971, p. 108.

牺牲的时候，在别人需要帮助的时候予以帮助的义务。① 并且罗尔斯坚持认为，这种行为并不涉及自愿与否，也就是说，帮助别人是必须的。除了互助义务之外还有一种基本的"自然义务"，即"正义义务，这一义务要求我们支持和服从那些现存的和应用于我们的正义制度"②。也就是说，这种自然义务是要服从正义制度的安排。在这里，罗尔斯实际上是用了一种"自然义务"的解释方式来解决"应用于社会的正义原则何以会让个人所服从"的问题。罗尔斯说无论你自愿与否，都必须服从。

罗尔斯的设想是适用于个人的自然义务，实际上是无关道德的，但笔者认为这种要求实际上是一种很高的道德要求。为什么在不危害自己的安全利益情况下我就必须去帮助别人？为什么我一定要服从正义原则安排的社会制度？罗尔斯没有更多的解释，只是把其纳入自然义务的语境下，认为每个人必须如此。罗尔斯为了回避要求过高的问题，将帮助他人区分成两种。一种是对自己利益没有过多损失；另一种是会有损自己利益的利他行为。对于无损自身利益的行为，罗尔斯将其纳入自然义务之中。对于有损自己利益的，罗尔斯说是"分外行为"。这种分外行为是好的，但并不是必须要做的。且这种分外行为对罗尔斯而言才具有道德价值。罗尔斯认为对个人原则的这种区分可以回避功利主义对人的要求过高的指责。然而真的是这样吗？笔者认为并非如此。我们很难理解帮助他人何以不是一个自愿的行为，无论这种行为对我的利益有无损失。事实上只有理解了罗尔斯的"自然义务"，才能更好地理解罗尔斯的整个理论。笔者认为罗尔斯对这种自然义务的理解实际上是源于社会的观念，是对罗尔斯作为合作体系的社会来说，公民必须具备互助这一自然义务。正是因为公民具备了正义义务，罗尔斯的两个正义原则才得以实施，具备效力。

二　社会原则

作为政治建构主义的最终结果，两个正义原则在罗尔斯的理论体系中占据了至关重要的地位。罗尔斯对正义原则曾有多次论述，前后也有些许

---

①　John Rawls, *A Theory of Justice*, Cambridge, MA：Harvard University Press, 1971, p. 114.

②　John Rawls, *A Theory of Justice*, Cambridge, MA：Harvard University Press, 1971, p. 115.

差异,具体来说至少包括了如下几种论述。

罗尔斯在《正义论》中对正义原则的首次论述如下。

　　第一,每个人对其他人所拥有的最广泛的基本的自由体系相容的类似自由体系都有一种平等的权利。第二,社会和经济的不平等应该被这样安排:使它们(a)可以合理地被期望于适合每个人的利益;并且(b)依附于地位和职位向所有人开放。①

罗尔斯随后进一步完善了正义原则的表达,对第二个正义原则进行了修订:"社会和经济的不平等应该这样被安排:(a)适合于最小受惠者的最大利益;(b)依系于在公平平等的条件下职务和地位向所有人开放。"②

罗尔斯在《正义论》中对两个原则的最终阐释是:

第一原则:

每个人都有与所有人拥有最广泛的平等的基本自由体系相似的自由体系平等的权利。

第二原则:

社会和经济的不平等应该这样被安排,使它们:

(a)与正义的储存原则一致,满足最少受惠者的最大利益,而且

(b)依系于在机会公平平等条件下地位和职位向所有人开放。

第一个优先规则(自由优先):

正义原则应该以字典式的序列排序,因此只能因为自由之故而被限制。这有两种情形:

(a)一种不够广泛的自由必须由整个自由体系为所有人共享而得以加强;

(b)一种不够平等的自由必须可以被拥有较少自由的公民接受。

---

① John Rawls, *A Theory of Justice*, Cambridge, MA: Harvard University Press, 1971, p. 60.

② John Rawls, *A Theory of Justice*, Cambridge, MA: Harvard University Press, 1971, p. 83.

第二个优先规则（正义优先于效率与财富）：

第二个正义原则以一种字典式次序优先于效率原则和最大限度追求利益总额原则并且公平的机会优先于差别原则。这有两种情况：

（a）一种机会的不平等必须提高拥有较少机会的人的机会；

（b）一种过高的储蓄率必须减轻承担重负人们的负担。

普遍的观念：

所有的社会基本善——自由和机会、收入和财富及自尊的基础——都应被平等地分配，除非对一些或所有社会基本善的一种不平等分配有利于最不利者①。

罗尔斯强调这两个原则是建立在这样一种理念的基础之上的："社会的结构可以被分为两个多少独立的部分，第一个原则应用于第一部分，第二个原则应用于第二部分。它们区别开了社会体系中这样两个方面：一是确定与保障公民的平等自由的方面，二是指定与建立社会及经济的不平等的方面。"②

罗尔斯的第一个原则很明显是关于"自由"的。罗尔斯首先阐释了自由的概念。他认为"通常自由具有如下形式：一个人（或很多人）是自由（或不自由）地在这种或那种限制（或一系列的限制）下去做（或者不去做）某种事"。这里需要注意自由的三个方面：其一，自由是涉及人的，即自由的主体是人；其二，自由一定与限制相对应，诚如卢梭所言"人人生而自由而又无往不在枷锁之中"，没有限制必然也就无所谓自由；其三，自由最后是落实到行动中的，我们具有的自由是做某事或者不做某事的权利。罗尔斯还进一步区分了"自由"和"自由的价值"这两个概念。罗尔斯认为由于贫穷、无知或者一系列条件手段等的限制而无法利用自身的机会从而影响了自由的实现，这并不构成对自由本身的影响，而只是构成了对自由价值实现的妨碍。"这样自由与自由的价值就可以区分如

---

① John Rawls, *A Theory of Justice*, Cambridge, MA: Harvard University Press, 1971, pp. 302 – 303.

② John Rawls, *A Theory of Justice*, Cambridge, MA: Harvard University Press, 1971, p. 61.

下：自由是对完整的自由平等的公民体系而言的，而自由对个人或群体的价值则是与他们在现有的框架系统中实现自己目的的能力相关的。"①

　　前面我们谈到罗尔斯的自由概念是与"限制"概念密切联系的，那么究竟什么才是对我们自由的限制？罗尔斯说对自由限制的一个很明显的理由就是出于公共利益的限制。"只有当政府应当维护公共秩序的合理期望遭到破坏时，良心自由才应该受到限制。"② 简言之，自由只有因为正义之故才能受到限制。罗尔斯对此进一步的解释是，"这种期望必须建立在所有人能接受的理由及推理方式上。它必须受到日常观察和一般被认为是正确的思维模式的支持"③。在这里，实际上我们能看出罗尔斯对此是要诉诸我们任何人都能够接受的东西，而不是任何来自形而上的理论或者认识论。这代表了仅仅依靠我们的常识或者说共同的理性来规约自由的协议。之所以罗尔斯赋予这种限制以重要地位，其原因就在于这种限制实际上是对每个人理性的尊重，不允许一些人的观点凌驾于另一些人之上。所以宽容来自正义原则的指导，而不是来自任何形而上的理论。

　　罗尔斯在第二个正义原则中，分别讨论了"每个人的利益"及"平等的向所有人开放"这两个概念，学界也基于此将第二个正义原则区分为两个原则，即"机会均等原则"和"差别原则"。罗尔斯的机会均等原则实际上可以有两种理解方式。其一是"作为向才能开放的前途的平等"，其二理解为"作为机会公平的平等"。所谓向平等才能的开放意味着这一原则将保证每个人在法律面前拥有平等的地位，但是对于人们天赋、社会条件等的差异并不作出任何限制和补偿性策略要求，而是完全由自由的市场决定。罗尔斯说这种方式实际上就使自然和社会的偶然性因素没有受到任何限制。罗尔斯在评价这一体系的时候谈道："自然的自由体系的最明显的不正义之处就在于它允许分配的份额受到从道德角度来看非常任意的因素的影响。"④ 所以这种平等只能是"形式的平等"而不是真正的平等。罗尔斯的机会平等原则还将进一步要求"作为机会公平的平

---

　　① John Rawls, *A Theory of Justice*, Cambridge, MA：Harvard University Press, 1971, p. 204.
　　② John Rawls, *A Theory of Justice*, Cambridge, MA：Harvard University Press, 1971, p. 213.
　　③ John Rawls, *A Theory of Justice*, Cambridge, MA：Harvard University Press, 1971, p. 213.
　　④ John Rawls, *A Theory of Justice*, Cambridge, MA：Harvard University Press, 1971, p. 72.

等"，这种平等意味着"在社会的所有部分里，对每一个具有相当天赋和动机的人而言，都应该有大致平等的教育和成就前景。那些具有同样能力和指向的人的期望，不应当受到他们的社会阶层的影响"①。对于这样一种调整，罗尔斯说它"看起来优于自然的自由体系，但是还是可以直觉到它有明显的缺陷。因为一点，它完善地排除了社会偶然因素的影响，但是它还是允许财富和收入的分配由自然的能力和天赋所决定"②。与此同时，罗尔斯还认为，公平的机会平等原则只能不完全地实行，自然能力的发展和取得成果的范围受到各种社会条件和阶级态度的影响。甚至努力和尝试的意愿、杰出的表现本身都依赖于幸福的家庭和社会环境。因此对那些具有同样天赋的人而言，我们想在实践上保证他们在受教育或者取得成功等方面享有平等的机会是不可能的。

差别原则是罗尔斯理论体系中争议最大的，我们先来简要地描述一下这个原则的要求。实际上差别原则是罗尔斯对"有利于每个人利益"的进一步说明。对有利于每个人的利益有多种理解方式，其中最常见的理解就是罗尔斯所谓的"效率原则"，即"没有任何再分配的方式可以使一个人的状况更好而不使另一个人的状况变坏"③。而将这一原则应用于社会，"如果重新制定权利和义务的方案，以至于提升任何代表人的期望都不会同时降低另一些代表人的期望，那么基本结构中的权利和义务的安排是有效率的"④。这里需要说明的是，罗尔斯说单纯的效率原则是不足以确定一个具体的社会分配方案的。因为效率原则将确立的是多种无差别的分配方式。在分配资源确定数量的情况下，将所有物品分配给一个人同样是符合效率原则的分配方式。因为任何一种改变这种分配的情况都必须降低当初获得全部物品的人的期望。所以单纯的效率原则并不能确认分配权利和财富的方案，必须与其他原则共同决定。

如果说有无数种分配的效率点，那么众多效率点中哪一点是最好的？

---

① John Rawls, *A Theory of Justice*, Cambridge, MA: Harvard University Press, 1971, p. 73.

② John Rawls, *A Theory of Justice*, Cambridge, MA: Harvard University Press, 1971, pp. 73 - 74.

③ John Rawls, *A Theory of Justice*, Cambridge, MA: Harvard University Press, 1971, pp. 67 - 68.

④ John Rawls, *A Theory of Justice*, Cambridge, MA: Harvard University Press, 1971, p. 70.

罗尔斯认为，对于各方而言，最能够接受的分配原则是平等的原则。因为平等的分配体现了各方作为平等而自由的人的本质。但是各方绝不会满足于平等的分配，因为考虑到"效率和组织化的要求"。所以各方会允许一种不平等，但是这种不平等必须有利于所有人的处境，必须使在此不平等情况下的最少受益者的受益多于平均分配时的受益，各方才能接受这种不平等，这也就是罗尔斯所说的差异原则。"任何人的拥有不应该少于他们在一种平等的基本善分配中所得到的，而在社会合作可能产生一种普遍改善的结果时，现存的不平等就要有利于那些地位改善得最少的人，并把平等分配作为基准线。"① 需要注意的是，罗尔斯是将没有提升效率之前的平均分配作为一种基准线的。

罗尔斯进一步假定，"期望间的不平等是链条式连接的，也就是说，当地位较低的人提高了期望，也就相应提高了其他所有地位的人的期望"②。所有的期望都是紧密啮合的，也就是说这些链条之间没有间隙，每一组代表人地位的变动必然会引起其他阶层代表人的地位变动。随着对链式连接的界定，罗尔斯进一步完善了正义原则的表述形式：

> 社会和经济的不平等应该这样被安排：（a）适合于最小受惠者的最大利益；（b）依系于在公平平等的条件下职务和地位向所有人开放。③

罗尔斯最初对"有益于所有人的利益"的解释，在后面进一步将这种解释理解为差别原则，并且之所以差别原则能够实现有利于每个人利益的很重要的原因在于罗尔斯所说的社会各阶层利益的链式连接。这种链式连接之所以能够成立，在于罗尔斯所设想的整个社会是一个互惠的合作体系。社会是相互合作的，利益才能是共享的，彼此之间才能真正有可能实现利益的链式连接。

罗尔斯强调两个正义原则之间是字典式序列排列的。字典式的排序首

---

① John Rawls, *Political Liberalism*, New York：Columbia University Press, 1996, p. 284.

② John Rawls, *A Theory of Justice*, Cambridge, MA：Harvard University Press, 1971, p. 80.

③ John Rawls, *A Theory of Justice*, Cambridge, MA：Harvard University Press, 1971, p. 83.

先意味着不重复。第一原则和第二原则所指向的内容是不能相互覆盖的，所以罗尔斯说第一原则主要安排权利和自由，第二原则主要安排收入和财富。两个原则排序中需要注意的第二个方面就在于第一个原则的绝对优先性。字典一定是由 A 开始，A 结束才能考虑 B。同样，对罗尔斯的正义原则也是如此，必须优先满足了第一个原则，才能去考察社会的第二部分，即收入与经济上的问题。此外，这种排序方式，还意味着两者之间不能相互置换。因为两者是相互独立的，就不存在可以将两者换算的"范式"，因而不能以任何理由进行置换。尽管我们在理论上能够设想人们放弃某些基本自由以获得经济收益中的足够的或更多的补偿。但是罗尔斯说"这种交换是两个正义原则要排除的，因为它们字典式的排序，它们不允许在基本自由和经济社会收益之间进行交换"①。

罗尔斯要对社会进行分配的是社会价值，确切地说是社会掌握的基本善。所谓基本善，罗尔斯说"是每个有理性的人都想要追求的"②。无论一个人的人生计划是什么，都需要这些善。举例来说，包括权利和平等、权力与机会、收入与财富等，这些是社会的基本善。此外还有自然的基本善，比如智力、想象力等，但这些是无法被社会分配的。罗尔斯还强调社会中的人们对基本善的偏好程度是不同的，换言之，基本善的基本程度是有差别的。人们更倾向于自由与权利这些更为基本的善，而对收入与财富的基本善的偏好是更弱的，而对两个正义原则的排序也恰恰源于人们对基本善的偏好的差别③。"原则的字典式顺序展现了一种潜在的对于社会基本善之间的偏好。当这些偏好是理性的那么这些原则的排序也就是理性的。"④ 在基本的权利与自由、经济和社会的利益之间展示了一个人应该发展的不同的倾向，它也表现为对社会体系的一种重要划分。

罗尔斯强调⑤两个正义原则应以字典式次序排列，因此自由只能为了自由的缘故而被限制。这（自由被限制）有两种情况：一种不够广泛的自由必须加强由所有人分享的完整自由体系；一种不够平等的自由必须可

---

① John Rawls, *A Theory of Justice*, Cambridge, MA：Harvard University Press, 1971, p. 63.

② John Rawls, *A Theory of Justice*, Cambridge, MA：Harvard University Press, 1971, p. 62.

③ 关于基本善的详细论述将在本章第三节中进行。

④ John Rawls, *A Theory of Justice*, Cambridge, MA：Harvard University Press, 1971, p. 63.

⑤ John Rawls, *A Theory of Justice*, Cambridge, MA：Harvard University Press, 1971, p. 250.

以为那些拥有较少自由的公民所接受。《正义论》中对平等自由表述的第一原则是理想的情况，但是在现实中可能存在非理想的情况，这种非理想的情况有两种可能：其一是自由没有那么广泛；其二是自由没有那么平等。对自由没有那么广泛的情形，罗尔斯说只有这种情形从最长远的角度来看可以促进长远的自由，才是可以允许的；对自由缺少平等的情况，必须是在有利于最少受惠者的前提下才是可以允许的。罗尔斯多次强调第一原则是具有绝对的优先性的，"这种优先性意味着，正义的第二个原则（包括作为其组成部分的差别原则）应该永远在一套背景制度内加以使用，而这套背景制度满足了第一个正义原则的要求"①。罗尔斯还指出关于对优先性强调的两个方面：其一，这种优先性禁止在第一原则和第二原则之间进行交换；其二，这种优先性建立在一定的基本条件之上，即建立在经济社会发展到一定程度的基础之上，在这种情况下人们才不会为了基本的生存问题去侵犯自由。

三　正义原则的道德内涵

（一）正义原则首先表达了一种平等主义倾向

罗尔斯认为，差别原则的分配是以平等的分配为前提和基准的，在《正义论》中他就强调，"差别原则在下述意义上是平等主义的。除非有一种改善两个人状况的分配，否则平等的分配就更可取"②。差别原则要求任何有利于社会某一阶层的分配，都必须能够带来最不利地位者收益的提升。理想的情况是，"最少受惠者的期望最大限度地提升了，对那些状况较好的人的期望的任何改变都不可能改善境遇变差的人的境况"③。罗尔斯将这种情况称为完全正义的。我们可以看到，这种情况既满足了差别原则，又满足了效率原则。此外，更多的分配情况是"境况较好的人的期望的提升至少对那些状况较差者有所贡献"④。这种情况，罗尔斯称之为充分正义的，但不是最好的正义。但是对于民主的平等而言，并不作

---

① John Rawls, *Justice as Fairness A Restatement*, Cambridge, MA: The Belknap Press of Harvard University Press, 2001, p.46.

② John Rawls, *A Theory of Justice*, Cambridge, MA: Harvard University Press, 1971, p.76.

③ John Rawls, *A Theory of Justice*, Cambridge, MA: Harvard University Press, 1971, p.78.

④ John Rawls, *A Theory of Justice*, Cambridge, MA: Harvard University Press, 1971, p.78.

出不降低任何人期望的承诺，也就是说，民主的平等中效率原则并不一定会被满足。当效率原则不符合差别原则，也就是说，不平等的分配并没有带来最少受惠者的状况变好时，这种分配就是不正义的、需要被调整的。

在罗尔斯这一段的论述之中，其实有很多问题是需要详细说明的。罗尔斯说差别原则首先是平等主义的，除非可以改善两个人的状况，否则平等就更可取。那我们现在就要追问怎样的分配有可能比平等的分配更能改善两个人的状况？差别原则要求"一个人可以拥有较多的基本善，如果这些善是通过改善那些拥有较少的善的人境况的方式获得的"①。如果我们按照数学的方式来进行推演，对最不利者最好的分配一定是平均的分配，因为平均分配最不利者占有的份额是其作为"最不利者"可能占有份额的最大值，一旦超出这一值，最不利者将不再成为最不利者。那么罗尔斯的这个原则究竟是通过什么样的分配方式实现的呢？事实上，对这种分配原则的选定有一个内在的条件，即对社会合作的理解形式。罗尔斯在《正义论》的第三部分中论述了农业社会的形式，指出在这个社会中"社会财富总量是固定的，因而一个人的所得就是另一个人的所失，或者可以说，这里的人们把社会制度看作一种按照习俗建立的不可改变的总量为零的游戏"②。在这样理解的社会中，平均分配是每个人可能得到的最优的分配。但是这与罗尔斯理解的社会不同，在罗尔斯所理解的社会中一切社会财富都是互惠互利的结果，社会财富的总量是不断增加变化的。不是将它的分配理解为资源既定条件下的此消彼长的分配，而是将它的分配理解为一个互利互惠的合作社会的分配。这样一个社会可分配的基本善随着社会的团结协作而增多，也就是说，可分配的总量是变化的。罗尔斯的分配不是一种"配给式的分配"，配给式的分配可分配的总量是固定的。这样一来，最好的分配就将不能通过数学的方式来构思，而具备了开放性与多样性。所以差别原则实际上是以罗尔斯对社会的理解，特别是对社会合作价值的珍视作为前提和基础的。

但是这里也存在问题，如果从长远来看，分配的总量是变化的，但是

---

① John Rawls, *A Theory of Justice*, Cambridge, MA: Harvard University Press, 1971, p. 94.

② John Rawls, *A Theory of Justice*, Cambridge, MA: Harvard University Press, 1971, p. 539.

具体到任何一次确定的分配中,分配的总量则是确定的。举例而言,我们假定当前的资源总量是100,A 是境况较好的人,B 是境况较差的人。罗尔斯强调满足正义的分配一定是能提高两个人期待的分配,特别是能最大程度地提高 B 期望的分配。在这里,我们如何断定一种分配能提高 B 的期望? 依据何在? 这种情况下对罗尔斯而言是不是两个人的平均分配就是最好的? 唯一可以提高 B 的期待的办法就是可以增大资源的总量。如何增大资源的总量? 如果 A 的工作效率更高,给予 A 更多的分配份额,A 可以生产更多产品。罗尔斯的意思是当我们分配给 A 的资源更多的时候,A 就会提升生产效率,从而生产出更多的产品。那么这种分配在什么情况下能达到最大呢? 取决于两个因素:其一,当再给 A 更大的分配份额也无法增加 A 的积极性时,无论再分配给 A 多少,A 的生产率都无法再提高;其二,最初的分配和最后的分配都应该保证 B 的期望所得要多于平均分配所得。所以罗尔斯所谓的差别原则能够成立,或者说之所以平均分配没有差别原则分配的结果更优越,其关键与根本就在于罗尔斯设想给人更多的回报,会提高人的生产积极性。但是这种理想的分配实现起来太难了,或者说差别原则的要求其实是很高的。

罗尔斯正义原则的平等倾向除了表现在分配领域中的"相同"之外,实际上,罗尔斯还认为平等是具有相似能力和相似抱负的个体应该有相似的生活机会[①]。罗尔斯的机会平等原则就是要保证每一个能力相近的个体之间能够有相同的生活前景。但是我们会追问,为什么如此理解平等? 平等还能理解成其他的可能吗? 事实上,自从平等成为国家所追求的价值以后,它可能是最具争议性的道德规范。关于平等的确切内涵、平等的主体(谁的平等)、平等与所获利益的关系(什么平等、如何平等)等问题都存在众多争议,正如德沃金所说,"赞扬它或贬低它的人之间就他们所赞扬和贬低的是什么存在争议"[②]。比如托马斯·内格尔(Thomas Nagel)[③]认为基本平等是指人们仅在重要的相关和特定的方面是相似的,而不是说

---

① 参见 Richard J. Arneson, "Against Rawlsian Equality of Opportunity", Philosophical Studies, Vol. 93, No. 1, Oct. 1999, pp. 77 – 112; Thomas Pogge, *Realizing Rawls*, Ithaca, NY: Cornell University Press, 1989, pp. 165 – 169.

② Ronald Dworkin, *Taking Rights Seriously*, Cambridge: Harvard University Press, 1977, p. 2.

③ Thomas Nagel, *Equality and Partiality*, Oxford: Oxford University Press, 1991.

他们一般都是一样的或可以以同样的方式被对待。德沃金①则认为道德平等可以被理解为平等对待人，即给予人以同等的关心和尊重，而不是通常令人难以置信地为所有人提供平等的待遇。承认人类都是平等的个体，并不意味着在任何方面都一视同仁地对待他们。罗尔斯对平等的理解是将平等分配的内涵限定在了基本善的基础之上，希望能够公正地对待所有不同的善理论。但是还有很多学者认为善对某人的价值取决于客观可能性、自然环境和个人能力。阿马蒂亚·森（Amartya·Sen）②则将分配定位于"实现功能的能力"，即一个人在生活中设法做或成为的各种事情的能力。对个人幸福的评估必须与实现和维持构成一个人存在的各种宝贵条件和"功能"的能力联系在一起，例如充足的营养、良好的健康、自由活动或毫无羞耻地出现在公共场合的能力。努斯鲍姆③将能力理论与亚里士多德式的、本质主义的、"厚重"的善理论联系在一起——正如她所说，这个理论意味着"模糊的"、不完整的、开放性的，足以为个体和文化差异留出空间。在这种对美好生活的必要和普遍要素的"浓厚"概念的基础上，某些能力和功能可以被指定为基础。在此，我们不进一步讨论平等的相关争议，而是要指明罗尔斯理论中实际上对"平等"进行了价值预设。

（二）差别原则还表达了互惠性观念和博爱观念

罗尔斯指出"差别原则实际上是这样一种安排，即将自然才能的分配看作共同财产并且每个人都从这种分配中获益，无论获益多少"④。并且，他强调"没有一个人应该从自己更高的自然禀赋中获利，也没有任何一种优点更能够获得社会中较有利的初始地位"。罗尔斯多次强调这是考虑其差别原则的一个确定的点。差别原则的目的是使社会基本结构的安排能够为最不幸者的利益作出贡献。"如果我们希望建立这样一个社会体系，它使任何人都不会因为他在自然禀赋的分配中的偶然地位或者社会中

---

① Ronald Dworkin, *Taking Rights Seriously*, Cambridge: Harvard University Press, 1977, p. 227.

② Amartya Sen, *Inequality Reexamined*, Oxford: Clarendon Press, Cambridge: Harvard University Press, 1992.

③ Martha Nussbaum, "Human Functioning and Social Justice in Defense of Aristotelian Essentialism", *Political Theory*, Vol. 20, 1992, pp. 202 – 246; *Women and Human Development: The Capabilities Approach*, Cambridge: Cambridge University Press, 2000.

④ John Rawls, *A Theory of Justice*, Cambridge, MA: Harvard University Press, 1971, p. 101.

的最初地位得益或受损，而同时不给出或获得某些补偿利益，我们就被引导到差别原则。"① 罗尔斯期待自己的理论能够消除自然与社会安排中的偶然因素，这些偶然因素大体上包括了三种:其一是作为自然偶然因素的每个人的天赋自然能力的差别;其二是社会偶然因素，即每个人的社会地位和家庭出身之别;其三是运气偶然因素，即每个人的运气的好坏。显然，这些因素在每个人的获益中起到非常重要的作用。那些天赋高、出身好、运气好的人往往更容易获益。但是在罗尔斯看来，因为这些因素而获得的基本善都是不合理的，因为分配的结果受到了非常任意因素的影响。所以罗尔斯的差别原则要求排除这些因素，且罗尔斯强调差别原则不同于矫正原则。将这些偶然因素的获利看作社会的整体资源，由大家共享并共同从中获利，那么这样一来，这种偶然因素造成的不平等就不需要矫正原则。用罗尔斯的话而言"在作为公平的正义中，人们同意分享其他人的命运"②。

所以罗尔斯强调对自然天赋的分配应该被理解为一种共同的资产。罗尔斯还区分了自然天赋和自然天赋的分配两个概念，认为自然天赋并不是共同资产，但是自然天赋的分配就是共同资产③。很自然地我们会追问，这两者的差别究竟何在? 自然天赋的分配究竟意指什么? 是指由自然天赋所带来的收益吗? 看起来是如此。那么很自然地我们会追问，区分收益来源的根据何在? 为什么这些收益被看作自然天赋带来的，而不是其他因素带来的? 那么真正实行起来就会产生很多困难。究竟将什么看作共同资产，这是我们需要追问的。正如罗尔斯所认为的，即便是努力的意愿等也受到家庭教育等很多其他因素的影响，而在收益究竟由何而来的问题上则同样会产生很多问题。

(三) 差别原则展现了一种分配中的道德观念

罗尔斯认为正义的分配不应该依赖于道德应得，而应该依据资格期望应得概念。罗尔斯明确作为公平的正义，分配是按照合法要求和挣得的资格来进行的，这些期望和资格由社会合作体制的公共规则来加以规定，而

---

① John Rawls, *A Theory of Justice*, Cambridge, MA: Harvard University Press, 1971, p. 102.

② John Rawls, *A Theory of Justice*, Cambridge, MA: Harvard University Press, 1971, p. 102.

③ John Rawls, *Justice as Fairness A Restatement*, Cambridge, MA: The Belknap Press of Harvard University Press, 2001, p. 75.

这些规则又必须符合两个正义原则。罗尔斯在这里强调的是，脱离现存的制度，关于我们能够合法期望的东西，或者关于我们对其拥有资格的东西，不存在任何先验的、独立的理念，基本结构的目的是实现这些我们能够合法期望的东西或对其拥有资格的东西。所有这些要求都产生于公平的社会合作之背景体系内部。与此对应的是所谓的"道德应得"，即在我们日常的道德直觉中，我们应该奖善惩恶，那些格外努力、道德高尚的人似乎应该受益更多。罗尔斯认为这种日常道德观念是错误的。因为这种道德观念将道德价值作为一种先验的、独立的，基于完备性学说的道德应得，这样一来，只要具备了某种道德价值就将获得应得。但是在现代民主社会中，这种道德价值的先验共识是不存在的，所以罗尔斯说道德应得的概念"是无效的或不可行的"①。

这里的问题在于，我们将很自然地追问，基于政治价值意义上的应得是否值得被奖励？或者说罗尔斯是否赞成呢？因为罗尔斯认为在完备性的道德上达成共识是困难的，但对关键的政治价值却是可行的。举例而言，对于罗尔斯的民主社会而言，发展一种公共理性是至关重要的，且这种民主社会也鼓励一种政治美德，并提倡一种政治价值，比如宽容。那么很自然地我们会追问，发展完备的公共理性的公民或者具备了罗尔斯所提倡的政治美德的公民是否有资格获得更多呢？要想弄明白这个问题，我们就必须清楚地明确，罗尔斯究竟是在何种意义上反对道德应得。罗尔斯强调任何"应得"都应该由公共规则加以规定，而一种先验的"道德应得"则是没有被公共规则确认的，那么很自然地不能成为应得。但是如果一种政治美德作为一种政治价值能够得到公共认可，能够被公共规则确认，那么它仍然可以成为应得。所以罗尔斯说"作为公平的正义主张、作为资格的应得观念对于政治的正义观念来说是完全合适的，而且这是一种道德观念（然而不是由完备性学说所定义的道德应得观念），因为它所属的政治观念本身就是一种道德观念"②。

---

① John Rawls, *Justice as Fairness A Restatement*, Cambridge, MA: The Belknap Press of Harvard University Press, 2001, p. 77.

② John Rawls, *Justice as Fairness A Restatement*, Cambridge, MA: The Belknap Press of Harvard University Press, 2001, p. 78.

在评价自然的自由体系时罗尔斯谈到这一体系"最明显的不正义之处就在于它允许分配的份额受到从道德角度来看这些非常任意的因素的影响"①。所以，我们可以清晰地看到罗尔斯在考虑正义的第二原则的时候，除了按照建构主义的方法论述了原则的产生，同时他还在建构主义之外引入了"道德的角度"。从这一角度看来自然的自由体系是不公正的，因为它受到了道德上偶然性因素的影响。那么我们很自然地进一步追问，罗尔斯所谓的"道德上看非常任意的因素"究竟是什么？罗尔斯这句话的真实含义为何？我想可能有两种理解方式。其一从个人应得的角度去理解"道德上任意的因素"。针对第一种理解，罗尔斯的潜台词就意味着分配将受制于个人道德品行的影响。其二从评价体系的角度去理解"道德上任意的因素"。如果从这种维度去理解，那么罗尔斯这句话就意味着正义原则或者说正义观念本身就建基在某种道德观点之上。但无论基于哪种方式的理解，我们都能看出道德在罗尔斯政治哲学中的地位和作用。特别是为什么差别原则在分配的过程中排除三种偶然性因素的影响。这一点究竟是由建构程序本身所决定的还是罗尔斯所额外赋予的？笔者认同很多批评者的观点，罗尔斯的这一建构程序事实上存在两个问题，有的学者批判这一建构程序的要求过强，以至于所有的结果都展现在程序建构的过程之中，罗尔斯也认识到自己对原初状态假设的一个问题，"在任何情况下，协议的性质都取决于作为它的基础的那种具体假设的性质。除非我们能从一种道德观点并通过一批假想的特殊心理因素来说明所选择的原则具有某些与众不同的优点，否则他们就是专断的而不是合理条件的结果"②。罗尔斯认识到仅从原初状态的设想所得到的原则和协议的说服力是相当有限的，这些原则的结果其实就蕴含在条件中。所以必须从一种道德的观点特别是道德心理学的角度来说明，才能真正地赋予这些原则以合理性。

第二节　后期政治哲学中的正当理论

在《政治自由主义》的第七讲第六节以及第八讲第一节③中罗尔斯再

---

① John Rawls, *A Theory of Justice*, Cambridge, MA：Harvard University Press, 1971, p. 72.
② John Rawls, *A Theory of Justice*, Cambridge, MA：Harvard University Press, 1971, p. 530.
③ John Rawls, *Political Liberalism*, New York：Columbia University Press, 1996, p. 291.

次论述了正义原则的内容。在《作为公平的正义再阐释》一书中，正义原则被重新表述为以下内容。

(a) 每一个人对一种平等基本自由的充分完全的体系都拥有相同的不可剥夺的权利，且这种体系与适合于所有人的同样体系是相容的。

(b) 经济与社会的不平等应该满足以下两个条件：第一，它们依系于地位和职位应该在公平的机会平等条件下向所有人开放；第二，它们应该有利于社会最不利者的最大利益。①

如前所述，罗尔斯的正义原则要回答自由与平等及其优先性的问题，那么我们就要追问在其正义原则中如何理解自由？在正义原则中又是如何展现平等？最后我们也要回答在罗尔斯的正义观中，自由与平等的优先性问题。虽然罗尔斯在后期不再关注个人的道德原则，但是对正义原则的论证，特别是对自由优先性的论证实际上却是建立在对个人的道德能力的描绘基础之上的。

一　基于道德能力的自由范围的确立

在上述关于自由的第一原则的论述中，我们能够发现罗尔斯前后有一个明显的变化，这是因为罗尔斯在发表《正义论》后很多学者对第一个正义原则提出了疑问，即在《正义论》中似乎表达了两种具体规定和调整自由的标准：

第一种是"最大范围"标准：追求最广泛的平等的自由；

第二种是"合理利益"标准：按照公民的合理利益来调整自由的体系。

在《政治自由主义》中，罗尔斯坦言《正义论》似乎确实没有将调整自由体系的标准表达清晰，所以他明确提出调整自由范围的标准是"一种完全充分的自由体系"。这种标准与按照平等公民的合理利益来调

---

① John Rawls, *Justice as Fairness A Restatement*, Cambridge, MA: The Belknap Press of Harvard University Press, 2001, pp. 42 – 43.

整自由体系的标准是一致的。什么是一种完全充分的自由体系呢？这种自由体系"可以使人们的两种道德能力在社会环境中得到充分的发展和充分而明智的实践"①。所谓的"合理利益"其实就是符合两种道德能力的发展的利益。所以实际上"自由"的真正范围的根源是个人的道德能力。罗尔斯说自己采用的这种标准绝对不包含一种最大化的承诺，其原因有二：第一，最大化的概念前后并不一致，尤其是在针对人的道德能力的开发和实践上，这种最大化的具体概念更是模糊的；第二，人的道德能力并不仅仅包括罗尔斯所述的这两种，所以最大化概念的应用就是有问题的。因此罗尔斯对自由的理解去掉了"最广泛"这种限定。

随后，罗尔斯进一步界定了这些所谓的"最广泛的自由体系"具体所指。罗尔斯说"平等的基本自由可以具体化为下列自由：思想自由和良心自由；政治自由和结社自由；由个人的自由与完整所具体规定的那些自由；最后是法律规则所包括的各种权利"②。由此可见，自由的种类是丰富多样的，且罗尔斯指出，自己对自由的表达是一种"列表（list）"式的。这种所谓的列表式的，即所有的自由并不是通过某种第一原理所推理出的。那这些自由是如何得到的呢？

罗尔斯指明了基本自由的清单有两种列出方式：其一是历史的；其二是分析的。历史的就是考察历史上成功政体的经验。所谓分析的，罗尔斯认为要分析的是这样一个根本问题——"对于自由而平等的公民两种道德能力的全面发展和充分运用，什么样的自由能够提供必要的政治条件和社会条件"③。答案就是"平等的政治自由和思想自由能够使公民在评价社会基本结构及社会政策的正义的时候发展运用这些能力；良心自由和结社自由能够使公民在形成、修正和理性追求他们善观念的时候发展运用他们的道德能力"④。所以在罗尔斯看来，这些基本自由一方面关涉公民对社会结构和社会政策的评价，另一方面关涉公民发展自身的善观念。所以

---

① John Rawls, *Political Liberalism*, New York: Columbia University Press, 1996, p. 333.

② John Rawls, *Political Liberalism*, New York: Columbia University Press, 1996, p. 291.

③ John Rawls, *Justice as Fairness A Restatement*, Cambridge, MA: The Belknap Press of Harvard University Press, 2001, p. 45.

④ John Rawls, *Justice as Fairness A Restatement*, Cambridge, MA: The Belknap Press of Harvard University Press, 2001, p. 45.

在这里我们可以看出，对正义原则内容的界定实际上离不开对公民道德能力的依赖。

二　基于道德能力的自由优先性论证

罗尔斯在后期进一步强调了第一原则的优先性，指出"这种优先性意味着，正义的第二个原则（包括作为其组成部分的差别原则）应该永远在一套背景制度内加以使用，而这套背景制度满足了第一个正义原则的要求"①。罗尔斯还指出关于他对优先性强调的两个方面：其一，这种优先性禁止在第一原则和第二原则之间进行交换；其二，这种优先性建立在一定的基本条件之上，这一条件强调社会经济的发展达到了一定的程度，能够不至于使人们无奈地做出这种妥协。

但是哈特②对此提出了自己的疑惑，为什么原初状态中的各方会同意这些基本自由？这些自由的优先性何在？对此，罗尔斯的回答如下。

原初状态中的各方之所以同意上述这些自由成为基本自由，并赋予基本自由以优先性基于我们前面所论述的两个观念，即个人与社会观念。而这两个观念的基础则在于现代民主国家的传统与确信。罗尔斯说："在公平的正义中，这一目的就是制定出一个政治正义和社会正义的观念，该观念与现代民主国家最深刻牢固的确信和传统相适宜。"③ 此外，罗尔斯指出"当公民们把他们自己，并把彼此看作具有必要的构成平等之公民的两种道德能力的个人时，每一个人都可以在毫无怨恨或自卑的情况下，承认这些公平的社会合作条款。在此背景下，具体制定诸种基本自由并建立其优先性基础的问题，就可以被看作在相互尊重的基础上决定适宜的公平合作条款的问题"④。

在这里罗尔斯回应这一批判的论证思路如下。

---

① John Rawls, *Justice as Fairness A Restatement*, Cambridge, MA: The Belknap Press of Harvard University Press, 2001, p. 46.

② Hart, H. L. A., "Rawls on Liberty and Its Priority", in Daniels Norman, eds., *Reading Rawls: Critical Studies on Rawls' A Theory of Justice*, Stanford: Stanford University Press, 1989, pp. 230 – 252.

③ John Rawls, *Political Liberalism*, New York: Columbia University Press, 1996, p. 300.

④ John Rawls, *Political Liberalism*, New York: Columbia University Press, 1996, p. 303.

前提1:具备了理性与合理性及在此基础之上的两种道德能力而成为可以参与社会合作的人。

前提2:社会合作包括两种元素:其一,社会合作要以公平的合作条款为基础;其二,社会合作要有利于每一个参与社会合作的个人。

前提3:社会合作的两种元素与个人的两种道德能力相对应。公平合作的条款是与个人的合理性相对应的;有利于每一个参与者的合理利益与个人的理性相对应。

结论1:这种社会合作是每个人都能参加,且必须参加的。罗尔斯说"对于社会合作,我们别无选择"①。作为社会合作中的一员,合作条款的内容我们必须遵守。事实上,这也关乎罗尔斯在《正义论》中所述的作为自然义务的个人正义义务。

结论2:基本自由就属于社会合作的公平条款的内容,其内容与优先性均源于此。

罗尔斯通过这样的方式将个人与社会观念和社会的公平合作条款联系起来,试图说明基本自由的依据所在。但是笔者认为罗尔斯并没有直面哈特的问题,哈特的问题实质是要罗尔斯界定为什么基本自由可以成为具有内在价值的,或者说如罗尔斯所说他必须解释"为什么各派都要使用这一基本善的清单"②。但是罗尔斯的回答似乎陷入了循环论证之中。即在他的前提中就要求个人是自由平等的,所以作为自由平等的人选择的正义观念也必将体现自由。罗尔斯进一步以思想自由为例,分析了在原初状态中的各方为什么会采取这些自由作为基本自由。

罗尔斯说在原初状态中的各方实际上将从三个方面来考虑善观念:

第一,与正义感道德能力相联系的个人善观念;

第二,与个人形成善观念能力相联系的善观念;

第三,对个人具有决定意义善观念相联系的考量。

罗尔斯是按照倒序来考虑并论证为何原初状态中的各方会选择这些基本自由及其根据。

就第三个方面而言,各方都清楚地知道他们所代表的个人具有决定性

①　John Rawls, *Political Liberalism*, New York: Columbia University Press, 1996, p. 301.

②　John Rawls, *Political Liberalism*, New York: Columbia University Press, 1996, p. 309.

意义的善观念，尽管不知道这种决定性意义的善观念的具体内容，但是他们清楚在个人的善观念中有这样一种决定性的善观念。"各派已经知道合理的个人生活计划的一般结构。"① 那么在选择的时候，各派肯定会选择良心自由。因为对罗尔斯来说，无知之幕的设计意味着原初状态中的各方都无法知道他们所代表的那些公民究竟信仰什么宗教，也无从知晓他们的观点是多数人还是少数人支持的观点。换言之，罗尔斯在此认为各方必然地接受良心自由，是因为担心损害自己所代表个人的根本性的善观念。所以各方对个人根本性的善观念的理解是"非协商性的（non-negotiable）。这些观点和观念被理解为信仰与行为的形式"。这就意味着保护这些决定性的善观念的独立与完整是最基本自由来源的根据。

就第二方面而言，个人具备这样一种能力，他们可以形成、修订并且合理追求某一种具有决定性的善观念。罗尔斯认为我们可以从如下两个方面来理解这种能力。其一，把这种能力理解为形成某种善观念所必备的手段，从而赋予其以手段性的价值。那么基本自由就将为发展这种能力塑造所必需的社会条件，这成为选择基本自由的根据之一。其二，将这种能力理解为决定性善观念的本质部分，而不是作为手段。对这种能力的认可，实际上意味着我们将自己看作两种道德能力实践者的表现。那么保护这种能力本身也就是我们形成决定性善观念的过程。而那些基本自由则将被理解为是保护这种能力所必需的。

就第一个方面而言，罗尔斯从发展正义感能力的角度给出了关于基本自由范围及其优先性的三个论证。第一个论证，笔者称之为稳定性论证。我们可以将其论证结构按如下来理解。

前提1：对个人而言，处于公正而稳定的合作中对于其形成善观念具有重要意义。

前提2：两个正义原则所代表的正义观是最稳定的正义观。

结论：所以两个正义原则所规定的基本自由及其优先性成立。

在这个论证中，最容易产生困惑之处就在于第二个前提，即为什么说两个正义原则所代表的正义观是最稳定的。这里实际上还关乎两点：其一，什么是罗尔斯所谓的最稳定；其二，为什么两个正义原则满足最稳

① John Rawls, *Political Liberalism*, New York：Columbia University Press, 1996, p. 310.

定。对第一个问题,罗尔斯的回答是"最具稳定性的正义观念是一种为我们的理性显而易见的、符合并无条件地关注我们的善的正义观念,它不以放弃我们的个人人格(person)为根基而是以认可我们的个人人格为根基"①。笔者认为罗尔斯这里所强调的"person"就是他一直探讨的以两种道德能力为根基的个人观念。一旦与其所描绘的个人观念相联系,那么这种正义观念就成了最伟大的正义观。对第二个问题,罗尔斯并没有明确的比较,但是有一点需要我们关注的是,罗尔斯的比较对象是历史上的诸种正义观念。换言之,在直觉主义的正义观和功利主义的正义观的对比中,罗尔斯的正义观最稳定,我们暂且认可这个前提。

第二个论证,笔者称之为自尊性论证,论证结构如下。

前提1:作为一个可以充分参加合作的社会成员,能够具有一种值得终身追求的善观念的自信,这是我们自尊的根源。

前提2:自尊的重要性就在于它为我们提供了一种对自身价值的肯定的安全感,以及一种对我们决定性善观念值得付诸实践的坚定确信。

前提3:自尊依赖于基本社会制度的某些公共特征,并受其激励。

前提4:两个正义原则在鼓励和支持作为平等个人的公民的自尊方面比其他正义观念更有效。

结论:正是因为两个正义原则对自尊的支持,从而使其能够认可基本自由及其优先性的根据。

罗尔斯第二个论证中的关键问题在于前提4,即是否两个正义原则比其他正义观念更能激励公民的自尊感。对这个前提的检视,我们有必要再回顾罗尔斯对自尊的定义。实际上,罗尔斯对自尊的定义既有社会维度,也有个体相关维度。所以自尊首先关系到个人在社会中的地位,正如泰勒所指出的,罗尔斯认为"在某些关键维度上肯定地位平等"是必要的,因为"即使是一个公正的社会也会以各种不平等(例如,收入差异)为特征,这些不平等可能会侵蚀排名较低的人的自尊"②。而罗尔斯则希望通过基本权利和自由的平等分配保证地位的平等,以最有意义的方式满足

---

① John Rawls, *Political Liberalism*, New York: Columbia University Press, 1996, p. 317.

② Robert S. Taylor, "Rawls's Defense of the Priority of Liberty: A Kantian Reconstruction", *Philosophy & Public Affairs*, Vol. 31, No. 3, 2003, p. 249.

自尊的需要。

第三个论证，笔者称之为完善性论证，论证结构如下。

前提1：参与较完备的善，能够极大拓展和维持每个个人的决定性的善。

前提2：通过两个正义原则建立的民主社会可以为每一个公民提供一种更完备性的善。

结论：所以两个正义原则所确立的基本自由及其优先性已能够提供完备性的善且具有根据。

这个论证中的两个前提都存在问题，第一个问题是为什么参与较完备的善能够维持和拓展每个人的决定性的善？罗尔斯从三个方面来回答。其一，多样的才能互补使多种组织形式成为可能；其二，他人能够实现我们的多种可能的潜能；其三，人们所具备的相互性观念，可以提供社会联合的基础。第二个问题是为什么通过两个正义原则建立的民主社会能提供一种更完备的善？这种联合何以是可能的呢？罗尔斯的回答是：其一，与作为自由而平等的公民相联系的这些原则，是在得到了人们认可的意义上得以成立的。也就是说，这些正义原则是公民认可后的选择，公民本身认可其价值；其二，这些原则必须包含一种互惠的观念，从而使公民能够终身进入社会合作。即公民能够从社会合作中获益从而愿意终身加入社会合作。所以正是在以上两种意义上，基于两个正义原则的社会联合能够实现更完备性的善。

但是这两个回应同样也都存在问题，对于第一点，功利原则不能作为公民的选择结果从而被赋予价值吗？同样的对社会价值的认可还是基于对个人的有益性。在此，我们不进一步讨论罗尔斯论证中的问题，而是要指明罗尔斯对上述三个论证有一个共同的特点，即它们都是基于与正义感相互联系的论证，且这种正义感之所以能够成为基本自由及其优先性的根据与善观念不同，在这里他们都是作为手段而得以论证的，也就是说这种论证都是手段性的论证。

确定了这样一个标准后，那么随之而来的问题就是这样一种完全而充分的自由体系在各个阶段是如何调整和规定的。罗尔斯以立宪阶段为例，详细阐释了这一阶段关于基本自由的规定①。在《政治自由主义》中有一点与《正义论》中不同,《政治自由主义》强调在立宪会议阶段,代表们更多的是依据正义的第一原则,而在《正义论》中罗尔斯没有进行如此明确的区分。特别需要注意的是,罗尔斯在任何时候,都特别地强调自己的两个观念:其一是作为拥有理性和合理性及两种道德能力的个人观念;其二是寻求社会合作的社会观念。一切基本自由都是建立在这两个观念基础上的。而这两个观念则是来源于"这些一致的基础隐含在民主社会的公共文化之中,因之也隐含在该社会的基础性个人观念和社会合作观念之中……"并且罗尔斯强调,"我们如何来理解这些观念……将这些观念与我们在道德哲学传统中找到的那些明确的正义原则联系起来的方式,这些原则使我们能够解释我们的许多(如果说不是绝大多数的话)根本宪法所规定的权利和自由"②。罗尔斯这一段的论述似乎表达了这样一种含义,其基本自由的最终依据其实来自两处:其一是民主社会的公共文化;其二是道德哲学的传统,而这也是其政治哲学或者说其所谓的政治正义观念的真正来源。

对罗尔斯自由优先性的论证,托马斯·博格③进一步提出了反对意见。在博格看来,罗尔斯对自由优先性的论证首先是针对功利主义进行的,罗尔斯旨在反驳功利主义对人们基本自由权利的侵犯,同时罗尔斯还期待自己对基本自由的论证能够符合我们深思熟虑的道德判断。但是在博格看来,罗尔斯的理论抱负并没有实现。他设想了两个反例来进行论证。其一,在我们的道德判断看来,对那些犯罪者需要有很严格的证据才能予以定罪。但是如果按照罗尔斯的立场来看,对原初状态各方自由的维护,可能会允许低标准的证据或者是政府的激进的执法,这似乎与我们的道德判断并不相符。其二,通常我们认为考察惩罚的力度时必须考虑犯罪者的精神状态,比如他们的预谋、意图或者疏忽等。但是对原初状态的各方来说,他们在评估犯罪者应该受到何种惩罚的时候并不是采取这一观点,而

---

① John Rawls, *Political Liberalism*, New York:Columbia University Press, 1996, p. 336.

② John Rawls, *Political Liberalism*, New York:Columbia University Press, 1996, p. 339.

③ Thomas Pogge, "Equal Liberty for All?", *Midwest Studies in Philosophy*, 2004 (28), pp. 266 – 281.

是对这一犯罪行为所造成的后果进行评估。换言之，如果这一犯罪行为对基本自由造成了严重的侵犯就应该受到严重的惩罚，而不管犯罪者的精神状态如何。之所以造成了上述两个反例的出现，博格指出，最根本的原因是：罗尔斯通过展示作为自由平等的公民是如何体现"公平"的来评价各种社会制度，是基于一个纯粹的以接受者为导向的评价标准，而不是考察在特定的社会结构中公平应该如何公平地相互"对待（treating）"①。有学者指出博格对罗尔斯的批判并不成立，因为博格没有正确地区分罗尔斯的理想与非理想理论②。但是在笔者看来，博格对罗尔斯基本立场的理解是正确的，罗尔斯对个人自由优先性的论证实际上就是基于个人的道德能力，或者说是以一个接受者的立场去考察的，笔者在这一点上赞成博格的观点。罗尔斯说"我的目的不仅是要表明两个正义原则符合我们深思熟虑的判断，而且要说明它们为自由提供了最强有力的辩护"③。事实上，我们在前文也已经谈到，罗尔斯之所以采用一种政治建构主义理论，其实是想要回答在政治哲学中长期以来对自由与平等关系的论争。不同于过去对自由的论证，罗尔斯强调，他的自由的基础来自相互处在公平状态中的人们的一致同意。而我们仔细分析不难发现，对自由优先价值的论证实际上依系于对个人道德能力的设定。

三　基于道德能力的公民地位的判定

在差别原则的应用之中，涉及一个很重要的问题，即如何鉴别最不利者的地位？罗尔斯说最不利者定义是非常粗糙的，它"指的是那些受到了三种偶然性交叉影响的最坏处境中的人"④。罗尔斯认为社会中的每个人都将占据两种相关的社会地位，即平等的公民地位以及在收入和财富分配中的地位。考察最不利者的时候就从这两个地位出发，而不再考虑其他

①　Thomas Pogge, "Equal Liberty for All?", in *Midwest Studies in Philosophy*, 2004（28）, p. 280.

②　Edward Andrew Greetis, "The Priority of Liberty: Rawls Versus Pogge", *Philosophical Forum*, 2015, Vol. 46, No. 2, pp. 227 – 245.

③　John Rawls, *A Theory of Justice*, Cambridge, Massachusetts: Harvard University Press, 1971, p. 243.

④　John Rawls, 1975, "A Kantian Conception of Equality", in Samuel Freeman, eds., *Collected Papers*, Cambridge: Harvard University Press, p. 258.

地位。为什么考虑这两个地位？罗尔斯给出的理由是，"因为我假定大体上其他的地位是自愿进入的，我们在判断社会基本结构时就不需要考虑人们在这些地位中的观点"①。在这里，我们看到罗尔斯不将其他社会地位作为判断有利与否的标准，原因就在于这些地位是"自愿地（voluntarily）"进入的，换言之是我们自主选择的结果。那是不是就意味着平等的公民地位和收入与财富分配并不是自愿选择的结果呢？对平等的公民地位我们很好理解，这是社会制度赋予我们的，而无关个人选择。问题就在于收入与财富的分配上，这一地位的获得是不是无关个人自愿的选择？假设，两个人的各个方面都一模一样，让我们设想一对双胞胎，他们的基因相同，享有同样的家庭出身和教育，获得父母同等的陪伴时间，从小到大他们的成长环境没有任何区别，甚至两个人运气也一模一样，唯一的区就是双胞胎两个人的个人努力程度有差异，最终勤奋的人在收入上占据更好的地位，而懒惰的人则占据较差的地位。实际上，这个结果的产生仍然是个人努力程度差异的问题，而努力与否实际上是个人的自愿选择。在这个意义上，我们并不能准确衡量罗尔斯所说的社会地位最不利者的判断标准究竟何以一致。

　　罗尔斯指出，在评价社会基本结构的时候，通常情况下是从"平等的公民"地位出发来评价的。这意味着，"当这两个原则被满足的时候，所有平等的公民也就是每一个人都享有这一地位"②。罗尔斯指出，在很多社会政策被执行的过程中应该考虑这一情况，也就是说，评价许多政策的立场应该从平等的公民出发。这里就涉及一个评价标准的问题，罗尔斯说绝大多数情况应该适用于平等的公民立场去考察社会制度的安排，有时也应该从最不利者的角度去观察社会制度的安排。那么问题就在于社会制度安排的正义与否的根本标准在哪里？对平等的公民有利是否就一定对最不利者有利？或者对平等的公民最有利是否就一定对最不利者最有利？如果一项制度安排对最不利者最有利，而对平等的公民并不是最有利，另一项制度安排对平等的公民最有利，但对最不利者并非最有利，那么这两种制度的优劣比较的标准和视角为何？事实上，

① John Rawls, *A Theory of Justice*, Cambridge, MA: Harvard University Press, 1971, p. 96.

② John Rawls, *A Theory of Justice*, Cambridge, MA: Harvard University Press, 1971, p. 97.

我们可以这样理解罗尔斯的意思，即便是最不利者也仍应该占据着平等的公民地位。所以，这里似乎评价最不利者只是从财富和收入的地位去考察的。

罗尔斯为什么要选择一种立场作为制度优劣判断的标准？笔者认为他的初衷是要弥补他所认为的功利主义的缺陷，功利主义并不是站在一个平等的公民视角来进行判断，而是站在一个公平的旁观者视角进行判断。罗尔斯说这种外在的判断角度难以抉择，难以进行比较，但是如果站在内在的角度，"以这种方式每个人的利益都被纳入考量，因为每个人都是一个平等的公民且都拥有收入和财富分配中的特定位置或者是在作为分配基础的确定的自然特征中占有一个地位"①。除了避免功利主义人际比较的缺陷之外，罗尔斯还指出，"通过遵循平等的人的观念来确定公民地位可以减少自然和社会的偶然因素的影响。没有人可以从这些偶然因素中获利除非以一种有利于他人的形式"②。

如果说前期罗尔斯对最不利者地位的描述还存在一些不清晰、不明确之处，那么在《政治自由主义》中，罗尔斯就十分明了地说明最不利者的地位是通过基本善来判断的。对基本善的描述也包括五类③，其中就包括了自由与权利。而如果我们将公民理解为平等的公民的时候，这是不是就意味着自由与权利是平等的？对此罗尔斯回答"公民间唯一允许出现的差别，是他们对于（c）（d）（e）项基本善的分享份额"④。这也就意味着事实上公民在基本自由方面是没有差别的，真正产生差别之处在于职位、收入和财富以及自尊的社会基础方面。也恰是后三个方面成为人际比较鉴别最不利者地位的关键。为了简化起见，罗尔斯将"收入与财富"这一基本善作为鉴别最不利者的基础。

罗尔斯考察了阿马蒂亚·森对其基本善观念的反驳意见。罗尔斯总结阿马蒂亚·森的反驳依赖于两个观点。第一，利益并不是独立的，它依赖

① John Rawls, *A Theory of Justice*, Cambridge, MA：Harvard University Press, 1971, p. 100.

② John Rawls, *A Theory of Justice*, Cambridge, MA：Harvard University Press, 1971, p. 100.

③ John Rawls, *Justice as Fairness A Restatement*, Cambridge, MA：The Belknap Press of Harvard University Press, 2001, pp. 58 –59.

④ John Rawls, 1982, "Social Unity and Primary Goods", in Samuel Freeman, eds. , *Collected Papers*, Cambridge, MA：Harvard University Press, p. 363.

于人与善的内在关系,所以基本善不能单独地作为利益来理解。一种可以接受的人际比较的基础,至少在很大程度上必须建立在人的基本能力的尺度之上。这个观点的意思是说,仅仅善的多少不能作为人际比较的标准,因为人的基本能力对达成同样的计划目的所需要的基本善的多少也有所差异。所以比较的标准不应该由基本善这一点决定,而必须将人的基本能力纳入考量范围。

回应这个观点的时候,罗尔斯首先强调"基本善的说明确实考量了基本能力,而且没有转移对它的关注:这些基本能力就是公民作为自由平等的人根据他们的两种道德能力所拥有的能力"①。恰恰是这两种道德能力使其成为社会合作的成员,成为自由平等的公民。罗尔斯强调"基本善的指标是通过如下追问来获得的:在包含于自由的平等的公民观念中的基本能力是既定的情况下,什么东西是维持公民自由平等地位和正常的完全的社会合作成员所必需的"②。罗尔斯认为这种基本善指标的制定不是一种单纯的善观念,而是结合了基本能力的善观念。但是这里的问题在于,阿马蒂亚·森更多从事实上的能力差异出发去考虑,但是罗尔斯从规范意义上能力的平等去规定。所以这种能力在罗尔斯看来就是平等的,因此只需要考虑基本善即可。但显然阿马蒂亚·森不会同意这种回应。

阿马蒂亚·森的第二个观点是对参与社会合作的正式成员而言,事实上,他们之间的需要是并不相同的,所以两个正义原则以及对基本善的判定的指标是不灵活的,且罗尔斯的理论中也缺乏相应的方式来调整上述的差异。这里就如我们上述所谈的,阿马蒂亚·森是从实然角度出发,来考虑个体实际需要的差异性。但罗尔斯对这一观点的回应仍是从规范意义上去回答的。为此,罗尔斯首先将那些具有严重缺陷的以至于无法成为社会合作成员的人抛开,而考虑了两种差别的可能情况。

第一种可能情况,公民都满足作为社会成员的平等自由的能力需求,

---

① John Rawls, *Justice as Fairness A Restatement*, Cambridge, MA: The Belknap Press of Harvard University Press, 2001, p. 169.

② John Rawls, *Justice as Fairness A Restatement*, Cambridge, MA: The Belknap Press of Harvard University Press, 2001, pp. 169 – 170.

"这些差别在正常的范围之内，但处于成为完全的社会合作成员所需要的最低必要能力以上"①。罗尔斯认为他的理论将通过社会的背景正义调节这类差别，而不需要进行进一步的比较测量。

第二种可能情况，一些公民由于疾病或者事故导致能力降低到必要能力以下，从而造成了公民之间的差别。对这类差别的解释罗尔斯依赖于基本善指标的特征。罗尔斯指出了基本善指标具备如下三个特征：

其一，在原初状态之中所进行的思考中基本善并没有得到详细规定；

其二，收入和财富的基本善不应该仅仅按照个人收入和私人财富来加以判定，也要依据个人所在的团体和群体；

其三，基本善指标是这些善在一个完整人生过程中的期望指标。

以上这三个特征就决定了基本善的具体指标界定并不是在原初状态或立宪阶段实现的，而是在具体的立法阶段被界定的，是在每个人都理解了自己特殊情况的阶段后得以界定的。"基本善的指标在立法阶段应该根据期望加以明确规定。"② 这样一来就能够弥补第二种情况所产生的差别。一旦罗尔斯对基本善的理解进行了这样一种阐释，就会带来一个新的问题，即在原初状态中的各方如何看待基本善，如何将基本善作为目的而选择两个正义原则？这些基本善何以既具有客观性又具有灵活性？如果基本善的指标是在立法阶段才予以确认的，那么对基本善的期望的比较，换言之对第二个正义原则特别是差异原则的选择是在原初状态中进行的吗？还是在立法阶段进行的？此外，罗尔斯的这种界定能否回应阿马蒂亚·森的异议呢？因为在罗尔斯那里公民观念一直仅仅是一种政治观念，公民的能力也仅仅只关涉两种基本的道德能力。但是在实际的社会中，如何确保公民的地位的平等却不仅仅关涉公民的道德能力。换言之，确保公民地位的平等不仅仅关乎正义观念和善观念的能力，还关系到诸多其他方面能力的差别。罗尔斯这样一种处理方式是希望能够简化这些差别，在最低限度内或者说在政治领域内实现一种平

---

① John Rawls, *Justice as Fairness A Restatement*, Cambridge, MA: The Belknap Press of Harvard University Press, 2001, p. 175.

② John Rawls, *Justice as Fairness A Restatement*, Cambridge, MA: The Belknap Press of Harvard University Press, 2001, p. 175.

等。但是阿马蒂亚·森对罗尔斯的这种策略很明显是不会满意的。因为阿马蒂亚·森需要得更多,平等的要求也更为深刻。这里还有一点需要我们进一步去考虑,即罗尔斯的政治平等是否真的能够得以实现? 正如罗尔斯所言,除了政治领域外还有许多其他领域,而这些领域又不仅仅是无关彼此、截然独立的。那么其他领域内能力的差异如何能够不影响政治领域内的平等? 这些问题都是罗尔斯政治哲学中很重要的问题,我们在此不作进一步的展开。这里我们要论证的核心是罗尔斯差别原则需要判定公民在社会中的地位,而这一地位的判定依据是公民的道德能力。

第三节　正当优先于善

罗尔斯认为在道德理论中最为关键的就是正当与善这两个概念,这两个概念谁决定谁是区分不同道德理论类型的标准。罗尔斯的道德理论强调正当优先于善。笔者认为,这种优先性可以表现在三个维度上:其一,在正义两个原则的优先性次序上,这一点我们在本章的上两节中进行了说明;其二,正当对善的优先性还体现在与其他道德理论特别是功利主义的比较中;其三,正当对善的优先性体现在罗尔斯的善理论是在正当视域下界定的。对于后两点,我们将在本节中展开论述。

一　正当优先于善的选择论证

罗尔斯正当优先性的道德承诺事实上在原初状态中各方的比较推理中可以更好地得以呈现。在《作为公平的正义》中,罗尔斯明确原初状态各方的推理应该被理解为两个基本的比较。"如果两个正义原则在每种比较中都被一种更强的理由支持,那么这种论证就完成了。"[1] 那么这两种比较是什么呢? 两种比较分别是:整体的两个正义原则与作为单独正义原则的平均功利原则的比较;整体的两个正义原则与正义的第一原则和平均功利原则组成的整体的比较。第二种比较的差别体现在分配领域,究竟是

---

① John Rawls, *Justice as Fairness A Restatement*, Cambridge, MA: The Belknap Press of Harvard University Press, 2001, p. 95.

按照差别原则分配还是按照平均功利原则分配。罗尔斯说两个正义原则与功利原则反映了两种不同的社会观念。两个正义原则反映了作为社会合作公平体系的社会理念；而功利原则则是将社会理解为生产出总额的最大善的社会理念。

（一）第一种比较

第一种比较的论证结构如下①。

前提1：如果存在着一些条件，在这些条件下，遵循最大最小化规则达成基本结构的正义原则是合理的。那么在这些条件下，各方一致选择的将是两个正义原则而不是平均功利原则。

前提2：确实存在着这样三个条件，使遵循最大最小化规则以达成正义原则是合理的。

前提3：原初状态满足这三个条件。

结论：两个正义原则将会被选择。

我们依次来考察该论证结构。这个论证结构中最需要说明的是前提2和前提3。

罗尔斯列举了三个条件，认为如果满足这三个条件，那么使用最大最小化规则将是符合理性的。

（1）选择者不知道各个社会环境发生的概率。

（2）即对于各个选择者来说，他们更关心各备选方案中的最坏结果，最坏结果必须达到可保障的水平。

（3）所有备选的其他方案的最坏结果都在保障水平之下。

罗尔斯认为满足这三个条件的时候，选择者就会按照最大最小值规则来进行选择。对这三个条件的理解，罗尔斯还强调三点：其一，关注最大最小值规则与原初状态的各方追求及被代表公民的最大利益之间并无矛盾；其二，三个条件所起的作用是不相同的，第二和第三个特别是第三个条件所起的作用更大；其三，事实上原初状态的各方是否真正用最大最小值规则并非关键，关键是其对最坏结果的关注。这里的问题就在于为什么原初状态中的各方要关注最坏的结果，特别是原初状态中的各方要追求所

① John Rawls, *Justice as Fairness A Restatement*, Cambridge, MA: The Belknap Press of Harvard University Press, 2001, pp. 97 – 98.

代表者的最大利益,那他们为什么不关注最好的结果。另外,评价好坏的根据何在。

有的学者指出除非原初状态中的代表者是极其厌恶冒险的,否则他们就不可能从最坏的结果出发予以考虑。罗尔斯对这个反驳的回应首先是他区分了所谓的"冒险"与"非确定性"两个概念。他认为所谓的冒险场合其实是对结果发生的概率有客观依据;而所谓的非确定性场景实际上是没有任何客观依据,依靠判断的基础只是直觉的和粗略的。所以对罗尔斯的要求而言,原初状态中的各方实际上是处于一种非确定性状态,而不是一种冒险状态。但是这种区别并不能构成对这一反驳的回应。因为通常语境之中,我们说的冒险一定伴随风险与不确定性。即便我们认可罗尔斯对冒险和不确定性进行的区分,我们仍然可以这样提出反驳:如果原初状态中的人并不厌恶不确定性的状态,仍然可能不从最坏情况去考虑。这种反驳的实质就是要表明没有理由认为原初状态中的各方一定要从最坏情况出发。

罗尔斯对此的回答是:首先,在原初状态中各方是以理性的方式来行动的,而不是一种冒险的方式;其次,在原初状态中选择两个正义原则很大程度上在于每个人的根本利益都得到了保护,同时也为社会带来了稳定性。"当每个人的根本利益都被满足了的时候,我们就获得了稳定性。"[1]罗尔斯将这种稳定称为"理性稳定",区别于其后要讨论的两种稳定性。

但笔者认为,罗尔斯的回答并没有真正切中反驳的要害。问题首先在于罗尔斯从选择后的稳定性来探讨选择的合理性。这与我们讨论选择当事人的心理状态是两码事。换言之,我们要追问的是为什么当事人不退出选择后的社会,而罗尔斯的回答是这维护了他们的根本利益。什么利益对原初状态中的人是根本的?笔者认为是没有的,或者说仅仅按照自由和平等而言是很难界定的。因为原初状态的代表人没有特定的善观念,那么促使他们做出选择的动机只有一个,即基本善。罗尔斯还强调基本善对他们两种道德能力发展的有效性,强调各种基本善之间的一种亚里士多德原则。那么我们就会追问五种基本善之间哪个是更为根本的,对于自由与平等的

---

[1]　John Rawls, *Justice as Fairness A Restatement*, Cambridge, MA: The Belknap Press of Harvard University Press, 2001, p. 110.

公民而言，对于实现他们的道德能力而言，似乎很难下这样的判断。所以罗尔斯作出这样的判断背后是有一个价值排序作为支撑的。这一支撑就是自由的优先性是先在的，而不是通过选择被赋予的。也正因为如此才有了"坏"与"不坏"的结果的区分，从这个意义上对自由或权利的侵犯才能称为"坏"的。

　　罗尔斯认为原初状态满足了第二个条件，满足的基础在于由正义原则组成的社会是一个高度令人满意的政治社会，罗尔斯对这一点在后续进行了详细的解释。实际上，我们要看是否满足条件（2），那我们就要思考两个正义原则指导下的社会的最坏情况可能是什么。目前笔者能想到的就是效率的低下。罗尔斯说原初状态也满足了第三个条件。因为对比两个正义原则和平均功利原则，显然，平均功利原则所产生的最坏情况是更不能接受的。"功利原则为了替其他人或作为一个整体的社会谋取更大的利益，会要求或准许以各种方式来限制某些基本权利和基本自由，甚至对它们加以完全否认。"① 所以罗尔斯设想这样的情况是更坏的情况。但是果真如此吗？考虑这是不是最坏的情况，这种好坏的确认源于原初状态中的各方，而各方所具有的只是一般性的信息。所以罗尔斯强调，这个论证之所以能够成立，尤其是第三个条件能够满足，"依赖于各方的这种假定，即假定他们所代表的这些人是自由和平等的，而且终身都是完全的社会合作成员。所以只要存在着容易得到的和令人满意的选择，这样的人绝不会将他们的基本权利和自由置于危险之中……且作为自由平等公民之托管人，他们的责任感也不允许他们拿这些公民的基本权利和自由来冒险"②。

　　罗尔斯强调上述论证之所以能够成功依赖于如下的理念，"即在我们作为自由平等公民的能力是既定的情况下，只要存在着容易得到的和令人满意的选择，我们就不会拿我们的基本权利和自由来冒险"③。而如果代表人以这种方式来冒险，"那么他们所表明的是他们根本不认真地对待他

---

① John Rawls, *Justice as Fairness A Restatement*, Cambridge, MA: The Belknap Press of Harvard University Press, 2001, p. 100.

② John Rawls, *Justice as Fairness A Restatement*, Cambridge, MA: The Belknap Press of Harvard University Press, 2001, p. 102.

③ John Rawls, *Justice as Fairness A Restatement*, Cambridge, MA: The Belknap Press of Harvard University Press, 2001, p. 104.

们所代表的这些人的宗教、哲学和道德信念"①。所以上述论证能否成立的一个关键问题是是否存在着令人满意的选择，也就是由两个正义原则所规定的社会基本结构而带来的社会是否令人满意。

反驳者认为罗尔斯对第三个条件的论述实际上是采用了功利原则论述的功利最大化的立场，在这个意义上很难说两个正义原则优于功利主义原则。罗尔斯认为这一反驳无伤大雅。首先，运用了功利的最大化的比较，并不代表就是功利主义的立场。其次，实际上罗尔斯在这里使用的并非功利本身的直接比较，而是一种功能的比较。对前二者罗尔斯强调有一点最为关键，那就是究竟怎么理解功利主义。他认为功利主义的实质和要害就是允许以功利的名义对权利进行侵犯，而无关乎一种最大化的立场，或者说这种最大化的立场并不是功利主义的实质。所以与其说这种论证方式是功利主义的，不如说是后果主义的。最后，罗尔斯强调功利主义的这种批判恰恰说明了不同完备性学说形成重叠共识的可能。

但是真正的问题在如下曲线中能够得到最好的表述。总功利与权利应该是如图2所示的一条曲线，在功利原则中总功利更高，但是权利更低。而在两个正义原则的社会中总功利可能下降但是权利更高。当然我们理解总功利是包括权利的，所以这条曲线的下降趋势不会很陡，甚至是十分平稳的。因为随着权利的增加总功利也或多或少地予以增加。那么困难就在于如何在这两点之间进行选择，所以这就关乎我们之前对罗尔斯的认定，那就是权利优先的概念一定是先在的。唯其如此，我们才能够接受哪怕总功利更低也要追求权利的更高。

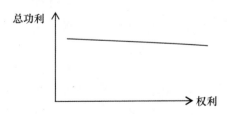

图2　总功利与权利的变化曲线

---

①　John Rawls, *Justice as Fairness A Restatement*, Cambridge, MA: The Belknap Press of Harvard University Press, 2001, p. 105.

（二）第二种比较

罗尔斯所说的第二种比较是仅仅将差别原则和平均功利原则进行了替换。也就是说，第二种比较关涉的仅仅是分配的差异。那么在分配中公民何以选择差别原则而不是平均功利原则呢？罗尔斯说这基于其理论的一些基本理念。首先是公共性（publicity）理念，我们在本书第一章已经对这一理念进行了论述。公共性这一理念实际在证明的前提、证明的过程和证明的结果三个层面全部要求公共承认。罗尔斯说"秩序良好的社会里，公共性条件被充分满足了，也即，所有这三个层次的公共性都实现了"①。强调公共性在于"它赋予政治的正义观念一种教育功能"②。这种教育功能使公民能够从公共文化以及隐含在公共文化中的人和社会的观念来形成自己的公民观念。换言之，这种公共性引导下的公民，也即在秩序良好社会中成长起来的公民将认可并具备罗尔斯所要求的公共政治观念。也即将公民看作自由平等的，将社会看作合作互利的。紧接着，罗尔斯就引出了互惠性概念。

差别原则要求最有利者的利益增加要有利于最不利者。如图3所示，D点以左都是差别原则所允许的，D点以右都是差别原则所反对的。

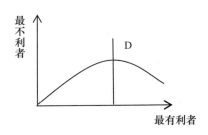

图3　利益分配示意图

这里的问题实际上就在于为什么作为有利者要选择差别原则。罗尔斯没有从选择的角度出发来论述这一点，因为在原初状态中各方都不知道自

①　John Rawls, *Justice as Fairness A Restatement*, Cambridge, MA: The Belknap Press of Harvard University Press, 2001, p. 121.

②　John Rawls, *Justice as Fairness A Restatement*, Cambridge, MA: The Belknap Press of Harvard University Press, 2001, p. 122.

己是否有利。实际上罗尔斯是从进入社会后，所有无知之幕都被掀开后，论述作为有利者为什么还要遵守这一原则。这也是保证两个正义原则能够稳定实施的关键，罗尔斯给出了三个理由。

第一，公共政治观念会对公民起到教育作用，这种教育作用就在于使公民认识到应用于社会基本结构的分配原则应该包括互惠性的理念。这才是符合公开的正义观念的。

第二，当差别原则应用于社会基本结构的时候，有利者还认识到了隐含在差别原则中的深层互惠理念，即这一原则具备如下一种倾向，它要保证三种偶然性所带来的优势地位将以有利于每一个人的方式来加以使用。

第三，差别原则能够培育出相互信任和合作的政治美德。对最有利者而言，他们对差别原则的认可，就体现了这种公共文化以及政治美德所具有的重大意义。

所以基于这三个原因，最有利者不会破坏最初的协议。罗尔斯认为，之所以选择差别原则而不是有限功利原则的依据在于公共性、互惠性的理念以及对符合公共政治文化的政治美德的认可，特别是差异原则有助于将社会经济不平等导致的怨恨情绪降至最低。但是只要我们仔细思考就会发现这三个理由似乎难以实现罗尔斯的目的。因为有限功利原则经过一定的解释似乎也能实现公共性、互惠性和特定的美德。比如对有限功利原则而言，公共性意味着什么？功利原则也承认每个人是平等与自由的。在最基本的权利上予以保证，且有限功利原则也将保护最不利者。更重要的是，在功利主义者看来，这种保护程度并不见得比差别原则低。对于互惠性，这种财富最低保护的来源和依据就是作为独立而自由平等的人而言所必需的。我们还要追问有限功利原则为什么不能培养政治美德？恰恰相反，我们认为功利主义培养美德的程度比差别原则一点都不低，甚至可能更高。有限功利原则在追求功利最大化的同时要予以不利者一个最低限度的保证。这难道不是政治美德的出发点，不是公民友谊的联结点吗？且这种联结将比差别原则更真实、更有效，因为这种联结关注的是现实的人的需求，而不仅仅是作为"自由平等公民"的基本善。

随后，罗尔斯还论述了为什么反对有限功利原则。所以罗尔斯也承认"差别原则通常并没有得到人们明确的赞同"，"第二种比较的结果肯定不如第一种比较明确和具有决定性"①。所以事实上在后期，罗尔斯对差别原则的要求是有所降低的，甚至对这一原则能否达成共识也持相对谨慎的态度。罗尔斯认为反对功利主义的理由同样有三个。

第一，有限功利原则的不确定性。这一点罗尔斯特别强调人际比较的不确定性，缺少可公度的标准。但是罗尔斯认为差别原则具备了可公度的标准，即基本善。但是即便差别原则具备了基本善的基本指标，差别原则在如何分配上也仍然是不确定的。一直以来，罗尔斯对差别原则的论述似乎是一种性质的描述，如图 3 所表示的那样，它只是不允许曲线在 D 点的右侧，即有利者和不利者的利益冲突。但是罗尔斯也强调差别原则的效率点的识别是固定的，即 D 点。笔者认为在实际应用中差别原则的不确定性一点不亚于功利原则。

第二，有限功利原则的不稳定性。不同于差别原则，差别原则应用后的不稳定性基于有利者是否愿意为了不利者做出更多；而功利原则的不稳定性则在于不利者能否真心认同有利者的利益。罗尔斯说差别原则对有利者的要求基于一种互惠性，而功利原则对不利者的要求则基于一种"同情"或者"对别人利益的认可"。罗尔斯所谓的互惠性究竟是什么意思？是在什么意义上不利者对有利者作出了贡献呢？并且这种贡献程度多到足以让有利者进行回报。这里罗尔斯实际上强调的是有利者的有利地位依赖于三种偶然性作用的发挥，这就是有利者得到的馈赠。基于此，有利者是先受益者，他们必须要回报那些不利的人，所以这是一种互惠性。但是罗尔斯认为，功利原则所指导的分配则并非如此，它并不是将社会看作互惠的。但是在笔者看来罗尔斯在一定程度上误解了功利主义。我们可以追问，为什么功利原则允许出现人与人之间分配的不平等而要求追求总功利的最大化？这并不意味着在功利原则主导分配的社会中，最不利者就被忽视了，或者说最不利者从社会的互惠安排中被排除了。实际上在笔者看来，功利主义所理解的社会观念同样是互惠的。因为每次分配中最不利者之所以愿意牺牲自己的利益而为总体功利最大化作出贡献，可能的原因就在于，这样的分配最终也会扩大下次分配的总量，从而最不利者也将从中

① John Rawls, *Justice as Fairness A Restatement*, Cambridge, MA: The Belknap Press of Harvard University Press, 2001, p. 133.

获益。所以在这一点上差别原则和功利原则是没有差别的。如果说对于差别原则所主导的社会制度，最有利者可能是最不稳定的因素，那么功利主义原则所主导的社会，最不利者可能就成为不稳定的因素。在功利主义者看来，最不利者也同样在为社会最大化的福利作着贡献，在此意义上有利者的有利地位源于不利者的牺牲，那么对那些在分配中占据有利地位的人而言，就更应该考虑那些不利者，因为自己的有利带来了对方的不利。这实际上才是真正的"公平"。而罗尔斯差别原则社会中的有利者的有利地位与不利者的不利地位并不是如功利主义一般此消彼长的关系，那么这种美德的维系和稳定的维持可能远远不及功利原则主导的社会。

第三，有限功利原则的承诺压力过大。罗尔斯说承诺压力实际上是指各方在达成协议时所承担的压力。罗尔斯说承诺压力过大有两种表现情形：第一种是准备在必要的时候采用暴力行动来反对我们当下的处境；第二种是虽然没有引起我们的敌意和暴力反动，但是我们已经同政治社会日益疏远，且这些正义原则已经无法唤起我们的道德感。为了避免任何一种的承诺压力过大，功利原则规定了一种最低保障。所谓最低保障即保证公民基本需要的东西，使其过上一种体面的生活。这个观念基于人性的需要。罗尔斯说问题在于，是不是只要满足了这种最低保障就能够保证承诺压力不会过大。

罗尔斯说如果满足了最低限度保障可能不会导致第一种承诺压力过大，但是会导致第二种承诺压力过大。对此罗尔斯没有细谈，而是说差别原则不会导致第二种承诺压力过大。因为差别原则是基于一种互惠性的理念，一旦最不利者认识到了这种深层的互惠性来自有利者的回报，他们就不会妨碍自己进入政治社会，也不会妨碍他们将自己视为社会的正式成员。但是笔者认为罗尔斯的论述是有问题的，作为不利者只有一种情况能够加深他们的认同，而不是导致他们承诺压力过大的第二种情形，即三种偶然性因素的作用使有利者的所得与有利者利用三种有利因素给予最不利者的回馈是相当的，那么最不利者才能避免第二种承诺压力过大。否则都会使不利者远离政治社会。在这一点上，功利原则和差别原则没有任何本质的差别。但是罗尔斯也说，"这种社会最低保障所提供的东西能够在多大程度上高出人类的基本需要，则无关紧要"①。在这里，罗尔斯实际上表达了这样一种观念，即不在于最有利者将来自偶然性的所得给那些不利者回馈了多少，而在于有回馈这一行为，在于将所有人看作公平合作的一员，而使所有人都能够避免第二种情况的压力过大。但是相反，无论功利原则的最低限度能够提升到多高的程度，也无法掩盖那些不利者远离政治社会的弊端。笔者认为，罗尔斯这种观点没有认真地、公平地考量差别原则和功利原则。对功利原则而言，之所以要在分配过程中保证最低限度的生活标准是出于作为人的基本需要，而每一个人都是平等地作为社会成员的。也就是说，一旦保证了最低的生活需要就把人作为了社会一分子，作为了社会计算总功利的一个分母，在这个意义上，每一个人都不应该远离政治。所以实际上，这与差别原则所谓的互惠性是一致的。差别原则还有一个重要的问题，即它对自然天赋高的人提出了更多的要求，这些要求可能会损害他们的自由的优先性。对此，罗尔斯说差别原则"不会任凭人头税将所赋予我们的优势加以平均化，这样做就侵犯了我们的基本自由"，而是"主张为了继续从幸运中获益，我们必须培养和训练我们的天赋，使它们以对社会有益的方式来发挥作用，从而对天赋更少者的利益作出贡献"②。

（三）对道德心理的考察

罗尔斯说"我一直假定原初状态中的人们并不是由某种心理学性质驱动的"③，这意味着各方在原初状态之中的心理状态是特殊的，是不受到嫉妒以及各种不稳定情绪的影响的。但罗尔斯对原初状态假设存在一个问题，即"在任何情况下，协议的性质都取决于作为它的基础的那种具体假设的性质"④。所以必须从一种道德的观点特别是道德心理学的角度来说明，才能真正赋予这些原则以合理性。因此在对正义原则的论证过程中，罗尔斯是分两个部分进行的。第一部分是在假设完全排除了特殊心理，不

---

① John Rawls, *Justice as Fairness A Restatement*, Cambridge, MA：The Belknap Press of Harvard University Press, 2001, p. 130.

② John Rawls, *Justice as Fairness A Restatement*, Cambridge, MA：The Belknap Press of Harvard University Press, 2001, p. 158.

③ John Rawls, *A Theory of Justice*, Cambridge, MA：Harvard University Press, 1971, p. 530.

④ John Rawls, *A Theory of Justice*, Cambridge, MA：Harvard University Press, 1971, p. 530.

存在嫉妒的情况下进行的, 也即原初状态下的论证。第二部分则要考察原初状态得到的正义原则是否会在实际上产生嫉妒感, 并使部分人倾向于破坏社会的稳定性。所以事实上, 罗尔斯对正义原则的论证还依赖于对各方道德心理的考察。在进行第二部分的考察时, 罗尔斯以嫉妒为例进行了阐释。

罗尔斯首先论述了自己为什么要以嫉妒为例, "差别原则认可的不平等可能如此严重以致使嫉妒达到一种危害社会的程度"①。由此可见, 嫉妒问题是罗尔斯的两个正义原则要解决的一个关键问题。罗尔斯首先区分了两种嫉妒类型, 即一般的嫉妒和特殊的嫉妒。所谓一般的嫉妒实际上是指对他人占有善的种类的嫉妒而不是对特殊占有对象的嫉妒。而特殊的嫉妒则是对某种具体善的嫉妒, 比如对财富、对特定机会的嫉妒等。区分这两种嫉妒的原因在于罗尔斯认为这两种嫉妒产生的情感与特点是不同的。特殊嫉妒更多地与敌对和竞争联系②。罗尔斯认为差别原则所产生的并不是这种特殊的嫉妒, 作为原则, 它的问题在于"正义原则, 尤其是和公正平等机会一致的差别原则是否可能在实践中产生过多的有破坏性的一般嫉妒"③。

罗尔斯对嫉妒的定义是, 我们可以认为嫉妒是带着敌意去看待他人的较大的善的倾向, 即使是他们的较我们更多的财富也并不减损我们的利益。在此定义下, 罗尔斯做出了几点说明。首先, 罗尔斯强调, 真正的嫉妒是带着敌意的, 是一种怨恨的形式, 是一种恶, 既会伤害他的对象又会伤害他的主体。其次, 嫉妒不是一种道德情感, 而是与道德原则无关的情感。最后, 罗尔斯说, 有些时候嫉妒并不是不合理的。这些就是一个人按照基本善的客观指标衡量的较低地位可能会如此可悲以致刺伤他的自尊; 处在他的境况下我们也会和他有同样的损失感④。罗尔斯认为一旦社会的分配原则不可避免地造成了个人自尊的下降, 那么这种嫉妒的产生是情有可原的, 也可以说是必然产生的。所以问题在于满足正义原则的社会基本

① John Rawls, *A Theory of Justice*, Cambridge, MA: Harvard University Press, 1971, p. 531.

② John Rawls, *A Theory of Justice*, Cambridge, MA: Harvard University Press, 1971, p. 531.

③ John Rawls, *A Theory of Justice*, Cambridge, MA: Harvard University Press, 1971, pp. 531 – 532.

④ John Rawls, *A Theory of Justice*, Cambridge, MA: Harvard University Press, 1971, p. 534.

结构是否产生了这么多可原谅的嫉妒，从而使我们考虑应该重新制定正义原则。"问题在于说明从人类的倾向性特别是他们对客观善的分配差别的厌恶考虑，正义原则是不是一个合理的选择。"①

　　罗尔斯论述了带着敌意嫉妒爆发的三个条件②。第一个条件是心理学的，即个人缺少一种自信，缺少对自己的价值以及自己从事有价值的事情的能力的自信。第二个和第三个条件都是社会条件。第二个条件是，一个人与另一个人的差距昭然于众目之下，也就是说，由于社会结构和生活方式使这种差别在大众之间显露，从而加深了个体对自己生活价值的不自信。第三个条件是，嫉妒者认为处于当下的地位除了嫉妒外没有更为积极的选择，也就是说自己无能为力。需要注意的是，罗尔斯强调后两个条件都是由社会因素造成的，而不是自己主观造成的。罗尔斯认为两个正义原则指导下的社会并不会使嫉妒带着敌意爆发。

　　首先，对于第一个条件，两个正义原则最为注重自尊的基础并给予了人们最大的自信。这是从两个方面得以体现的：其一，每个人都是作为自由平等的人来选择那些正义原则的，在正义原则的选择上体现着每个人的自尊和平等，并且第一原则要求每个人在公共论坛中拥有平等的权利和地位；其二，被选择出的原则要求任何意义上的不平等都是为了对最少受惠者更为有利，因而罗尔斯认为，人们之间的差别无论是实际的还是个人认为的都更易于为人们所接受。所以，罗尔斯说两个正义原则在心理条件上对比其他原则更能体现出对个人价值的肯定。在这一点上，罗尔斯的论述似乎有一定道理，即我允许他比我拥有更多的基本善，因为只有如此才能使我拥有更多的基本善。那么在这个意义上讲，似乎两个正义原则指导下的社会并不会产生带着敌意的嫉妒。但是问题还在于另一个方面，平等的公共地位是不是能带来个人心理上的认同？这其实需要有另一个潜在的心理条件，即每个人都认可自由与平等的价值，一旦个人忽视自由与平等的价值，那么这种政治身份上的平等性和自由性并不一定能带来个人价值心理上的认同感。举例而言，一个人并不关注政治事务，也不想参与公共政

　　① John Rawls, *A Theory of Justice*, Cambridge, MA: Harvard University Press, 1971, pp. 534 - 535.

　　② John Rawls, *A Theory of Justice*, Cambridge, MA: Harvard University Press, 1971, p. 535.

治论坛,他不在乎自己在此所占据的地位和角色,相反,他很在意自己财富的数量。对财富基本善的认可,就会排在自由基本善之前。换言之,罗尔斯价值排序中潜在地要求人们认可自由的价值特别是自由的优先性。但如果个体不认可这种优先性,这种正义原则在个体心理学层面就不会产生优势。

罗尔斯自己也认识到了这一问题,所以罗尔斯说自己必须"展示这种排序对于原初状态中的各方来看是理性的"①。对这一问题的回答依赖于"理性选择的善以及道德心理原则"。罗尔斯认为,"随着社会文明程度的提升,经济和社会地位的善以及物质的重要性逐渐减低,相对的,对自由的利益的关切越来越强并随着对平等自由的实践条件越来越充分地实现"。② 首先,随着物质水平的普遍提升,人们的物质方面需要满足变得不再那么紧迫;其次,人们运用平等的自由的障碍将会减少,而追求精神和文化的权利将会逐步展现。此外,人们还将产生在自己生活的社团中制定规则的愿望。在此观点之上,罗尔斯强调,"自尊的基本善与人们在自由社会联合中展现别人本性的欲望占据了中心的地位"③。在这里,虽然罗尔斯没有明确表达,但是笔者认为这种中心地位实际上就是各方心理中的中心地位。所以正义原则的次序就被确定了下来。

罗尔斯这一观点存在的问题就在于尽管人们对提高经济利益的需求会下降,但是仍然关心在财富分配中的相对地位。罗尔斯认为在组织良好的社会中,社会成员"不大受嫉妒影响……没有强烈的心理学倾向使他们为更大的绝对或相对的经济福利而降低他们的自由"④。之所以强调组织良好的社会,这意味着两点:其一,在组织良好的社会中,"自尊的基础不是一个人的收入份额,而是由社会肯定的基本权利和自由的分配";其二,在组织良好的社会中,"没有人倾向于接受比平等的自由更低的自由"⑤。实际上,罗尔斯是依赖对"社会联合"的善的价值的肯定来论证第一点的。罗尔斯指出,如果依据收入份额来评判一个人,那么这是对一

① John Rawls, *A Theory of Justice*, Cambridge, MA: Harvard University Press, 1971, p. 542.

② John Rawls, *A Theory of Justice*, Cambridge, MA: Harvard University Press, 1971, p. 542.

③ John Rawls, *A Theory of Justice*, Cambridge, MA: Harvard University Press, 1971, p. 543.

④ John Rawls, *A Theory of Justice*, Cambridge, MA: Harvard University Press, 1971, p. 544.

⑤ John Rawls, *A Theory of Justice*, Cambridge, MA: Harvard University Press, 1971, p. 544.

个人自尊的伤害，因为收入的高低差异，自然也将使收入差异的各方陷入一种敌对的状态，从而社会联合的善就无从实现。所以罗尔斯通过对各方道德心理的描绘证明了正义原则较其他原则的稳定。

其次，对于第二个条件罗尔斯认为两个正义原则有两个解决的路径：其一，在两个正义原则指导下的社会中，每个社会成员都隶属于不同的社会群体，在群体之中的差距不甚明显，通常的是群体内成员间的对比，而不是跨群体的对比；其二，正义原则指导下的社会因为第一原则即平等的自由原则受到了所有人的认可与接受，因而在这个意义上每个人的自尊都得到最大限度的尊重。因此，罗尔斯说"平等的正义原则会为他们所承认，这一事实使人们比较容易不去理会财富和境况上的差别"①。并且结合组织良好的社会的观点，这种公开体会到羞耻的可能性将大为减少。罗尔斯还说一旦较不利者的嫉妒减少了，那么较有利者的吝啬也会减少。在这里，罗尔斯论述有其合理之处，但是也有我们所不能理解的地方。作为一个组织良好的社会，平等的自由原则得到普遍的承认，那么理想状况下确实不会产生嫉妒的情绪。但是如果大家普遍承认平等的自由何以会不太去理会财富和收入上的差别呢？笔者认为，对平等自由原则的普遍承认反而会更加关注收入和财富的不平等。这种嫉妒的情绪会大大加强。正因为我们都是平等自由的个体，那么何以你的收入远超于我，何以我的境况远差于你，又在什么意义上我们是平等自由的？既然我们是平等自由的，那么这种收入和财富的不平等就会格外刺眼。此外，为什么较不利者不嫉妒了，较有利者就不吝啬了？这也是没有直接关联的。作为独立的个体，心理境况的相互影响何以实现，较不利者的真诚祝福何以带来较有利者的慷慨，而不是带来较有利者的心安理得？罗尔斯这种心理学上的论述太过武断。唯一能够为罗尔斯所考虑的就是他的组织良好社会的假定。

最后，对第三个条件，罗尔斯说两个正义原则指导下的社会不会造成较不利者的无能为力，恰恰相反，两个正义原则将地位和机会向所有人平等地开放。因此基于以上考虑，"正义原则因其的一般嫉妒不会达到令人担心的程度，通过这个检验，正义观念再次被证明是相对稳定的"②。

---

① John Rawls, *A Theory of Justice*, Cambridge, MA: Harvard University Press, 1971, p. 537.

② John Rawls, *A Theory of Justice*, Cambridge, MA: Harvard University Press, 1971, p. 537.

二 正当视域下的善理论

诚如罗尔斯所言,"正当与善是互补的,这两者对于任何正义观念都是缺一不可的,包括政治的正义观念"①。所以我们有必要详细考察罗尔斯的善理论,并指明这种善理论是如何受到规范理论的规约的。罗尔斯对善观念的分类有很多种不同的方式,在《正义论》中将善理论分为善的强理论和善的弱理论,在《政治自由主义》中,罗尔斯说有五种善观念,虽然在《作为公平的正义》中罗尔斯指出有六种善观念,但其实最后两种都属于政治社会的善,所以在此我们仍从五种善观念出发来探究罗尔斯的善理论。

(一)理性的善

把握理性的善这一观念既需要明确什么是"善",又需要理解"理性的生活计划"。

(1)A是一个善X,当且仅当A具备在X情况下是理性(rational)想要的性质,考虑到X的所有的期待和目的及其与之相关的因素;

(2)A对K是一个善X(K是一个人),当且仅当A有如下性质:那些对X情况下是理性的对K而言,考虑到K的环境、能力和生活的计划(目标体系),以及他打算如何对待X或者其他相关因素;

(3)同于(2),但补充一个条件,亦即,K的生活计划或他的生活计划中与目前境况有关的那部分本身就是理性的。

"我们确定了一个对象具有某个理性生活计划的人能够理性地要求的那些性质,那么我们就已经表明它对于他是一种善。"② 对这个善的定义有两个关键之处需要我们明确:第一,善具有一定的客观性,这种客观性依赖于罗尔斯概念界定中的"理性的";第二,善具有一定的相对性,这种相对性来源于罗尔斯定义中的"对于某个人"。

罗尔斯希望通过这种定义善的方式来解决两个问题。其一,通过这种定义方式来使"善"区别于"真"。如果我们只考虑某种善的理性而不考

---

① John Rawls, *Justice as Fairness A Restatement*, Cambridge, MA: The Belknap Press of Harvard University Press, 2001, p. 140.

② John Rawls, *A Theory of Justice*, Cambridge, MA: Harvard University Press, 1971, p. 399.

虑相对性，那么我们所作出的判断就不再是一个"善"与"不善"的价值判断，而成了真与不真的事实判断。其二，通过这种方式来区分"善"与"道德上的正当"。罗尔斯说当我们按照这种定义方式去界定某物的时候，我们只是肯定了某物具有理性要求的性质，但是并不能说某物就具备了道德上正当的道德价值。比如我们可以说一个小偷是一个"善"小偷，但是我们并不会认可一个小偷做了一件道德上的善事。所以罗尔斯对善的定义与道德价值并不相关，而毋宁说更像是一种功能主义的定义，与亚里士多德类似。强调"有用性"，"某物是善的，意味着它具有理性地要求于那类事物的那些性质，以及取决于具体场合各种进一步的性质"①。所以罗尔斯说将"善"看作一种"功能记号"②。因此在罗尔斯那里，善不是作为最终目的而被人追求的，善之所以被追求是因为它是作为一种工具性的手段而有价值的。

罗尔斯进一步阐释了理性的生活计划这一概念。只有生活计划是理性的，依此出发的善与否的评价才是正确的。

"当且仅当（1）一个人的生活计划是适用于他的境况的有关特点的那些理性选择原则（the principle of rational choice）相一致的诸项计划中的一项，并且（2）这项计划是满足这个条件的那些计划中他根据完全审慎的理性（full deliberative rationality），即在充分意识到有关事实并仔细考虑了种种后果之后所乐于选择的计划时，他的生活计划是理性的。"③

这里有两个重要的概念需要罗尔斯进一步说明。一是理性选择原则。究竟什么样的选择能够被称为一种理性选择呢？罗尔斯首先区分了长期计划和短期计划，在短期计划中，理性的计划需要满足三个原则：其一是"有效手段原则"，即我们应该采用最好的方式来实现我们的目的；其二是"蕴含原则"，即这一计划比其他计划能实现我们更多的目的；其三是"较大可能性原则"，即从计划实现的可能性来分析，可能性越大越理性。罗尔斯说这三种原则同样适用于长期计划，但是长期计划不同于短期计划，还需要增加一种"计算原则"。对长期计划而言，"理性的规定"意

① John Rawls, *A Theory of Justice*, MA：Cambridge, Harvard University Press, 1971, p. 405.
② John Rawls, *A Theory of Justice*, MA：Cambridge, Harvard University Press, 1971, p. 406.
③ John Rawls, *A Theory of Justice*, MA：Cambridge, Harvard University Press, 1971, p. 408.

味着"如其他条件相同,理性是实现我们目标的更好手段,以及在假定所有愿望均可实现的情况下对利益(兴趣)的更广泛、更富于变化的发展的偏爱选择"①。

二是完全审慎的理性。只有根据完全审慎的理性而愿意选择的一项计划,才能被视为是一个人的理性的生活计划。"它是这样一项计划,是作为认真反思的结果而被决定采取的。在反思中当事人借助于所有的有关事实,再次构想着实现这些计划会是个什么样子,并据此确定出可以最好地实现他的那些更为基本的欲望的行为方案。"② 对这个界定我们很自然地会追问,这个理性的计划评价标准是主观的还是客观的?罗尔斯虽然没有明确回答这个问题,但他还是暗含了这个思想,即这个计划是一个主观上理性的计划,是当事人根据自己的情况作出的主观的判断。罗尔斯论述了理性生活计划的几个特征。

第一,理性生活计划是经过我们批判地思考的,这种思考是对我们欲望的反思。这种反思首先就要明确我们的欲望是否能够实现,其次还要进一步反思我们欲望体系的内部关系问题。

第二,理性生活计划的做出应该建立在我们对有关事实有一个清晰的理解的前提下。

第三,理性生活计划具有时间上的连续性。

第四,理性生活计划不会因为我们选择了一个不是最好结果的计划而感到悔恨。

罗尔斯将此概括为"一个理性的人总是使自己这样地行动,以便无论事情后来会变得如何他都永远不需要责备自己⋯⋯在他生命的每一刻他都做到了理性平衡能力所要求的至少是所允许的一切"③。

罗尔斯在个人选择理性计划时对个人的选择动机进行了这样的假定,他称之为"亚里士多德主义原则"。这一原则即"如其他条件相同,人们总是以运用他们已经获得的能力(天赋的或从教育获得的)为享受,而

---

① John Rawls, *A Theory of Justice*, Cambridge, MA: Harvard University Press, 1971, p. 413.

② John Rawls, *A Theory of Justice*, Cambridge, MA: Harvard University Press, 1971, p. 417.

③ John Rawls, *A Theory of Justice*, Cambridge, MA: Harvard University Press, 1971, p. 422.

这一享受又提高了他们的已经获得的能力并使其具有更复杂的形式"。①
罗尔斯进一步解释说，按照这一原则来看，"直觉的观点是，人们通过变
得能更熟练地做某些事而获得更大的快乐，而且在两件他们能做到同样好
的活动中，他们更愿选择需要作更复杂更微妙的区分的更大技能的活
动"②。实际上，亚里士多德主义原则所规约的是人的动机，它向我们说
明并解释为什么一个人宁愿选择做 A 而不是做 B。并且这一原则还有一个
重大意义，即"由于这个原则和自尊的基本善联系在一起，它就在作为
公平的正义的道德心理基础中占有中心地位"③。

　　所谓理性的善即"民主社会的成员具有（至少在直觉方面具有）一
种理性的生活计划，他们按照这种理性的生活计划来安排他们较为重要的
追求，分配他们的各种资源以用来追求他们整个生活的善观念"④。实际
上，这种理性的善是罗尔斯在《正义论》中所谈的善的弱理论。这一善
的弱理论本身并不能推导出任何特殊的政治的观点。但是它具有两个作
用：其一，"它帮助我们确认一个有效的基本善的目录"；其二，"凭借这
些目录，我们能够具体规定原初状态中各派的目的或动机，又能够解释为
什么这些目的或动机是理性的"⑤。所以实际上，理性的善观念并不是罗
尔斯建构出来的结果，而是作为理论前提或者一种预设而出现的。

　　（二）基本善

　　基本善观念是罗尔斯理论中的重中之重，在原初状态的选择中，我们
已经简要论述过罗尔斯对基本善的理解。罗尔斯说对作为公平的正义而
言，每个人都有自己的善观念，而这些善观念只要与正义原则相符合，就
没有必要去进行比较。每个人都有平等的自由去追求自己与正义原则相容
的生活计划。在各项基本善中，罗尔斯认为最为重要的基本善是"自
尊"。罗尔斯说自尊实际上包括了如下两个方面：其一是"一个人对自己
个人价值的感觉，他确信自己的善观念，自己的人生计划值得去实现"；
其二是"自尊意味着一个人对自己能力的信心，以及对自己权力来实现

① John Rawls, *A Theory of Justice*, Cambridge, MA： Harvard University Press, 1971, p. 426.
② John Rawls, *A Theory of Justice*, Cambridge, MA： Harvard University Press, 1971, p. 426.
③ John Rawls, *A Theory of Justice*, Cambridge, MA： Harvard University Press, 1971, p. 433.
④ John Rawls, *Political Liberalism*, New York： Columbia University Press, 1996, p. 177.
⑤ John Rawls, *Political Liberalism*, New York： Columbia University Press, 1996, p. 178.

自己意图的确信"。所以罗尔斯的自尊概念意味着一个人既有有价值的目标,同时也具有实现目标的能力。罗尔斯进一步解释了对个人价值的确信有两个来源:其一是内在的标准,即要符合亚里士多德主义原则;其二是外在的,即要获得他人的肯定与认同。

这种对善的理解是原初状态中人所共有的。"原初状态的人们假设采取的是上述这样一种善观念。因此他们欲求更多的自由和机会,需要更广泛地实现目的的手段就是理性的。"① 罗尔斯说对基本善的说明是通过"作为理性的善的观念""亚里士多德主义原则""基本善的特性及一般事实""社会相互依赖的必要性"来加以说明的。在这个阶段是不涉及任何正义的约束的,但是一旦将基本善的概念解释明确了,正义的约束性条件就会产生。而正义约束条件产生后,善的弱理论就变成了善的强理论。所以善的弱理论是通过原初状态发展为善的强理论的。所以基本善理论也并不是作为建构的结果出现的,而是在建构的程序中被安排进原初状态用以说明各方的选择目的的。

基本善的观念是与两个观念密切相关的,一方面它被理解为与自由平等的公民的理念相关,另一方面也与"理性的善"概念相关。正是在这两个概念的共同作用下,罗尔斯得出了基本善的观念。在罗尔斯看来,"他们的善观念,无论这些善观念的内容及其与之相关的宗教和哲学学说多么不同,都要求他们发展相同的基本权利、自由和机会"②。在这里,我们很自然地追问,为什么这些公民会要求相同的基本善?尤其是在各个公民对善的追求背后的完备性观点互不相同的情况下。事实上,罗尔斯在此还提供了第三个根据,即"秩序良好的社会"的背景。罗尔斯说"秩序良好的社会的一个基本特征是不仅在当产生政治正义问题时,人们对公民提出的恰当要求有一种公共的理解,同时对这些是如何被支持的有一种公共的理解"③。也就是说,基本善的理念一定是在一个秩序良好的社会中才能得以提出的。所以实际上,基本善理念也是一种重叠共识,而且是重叠共识的核心。"该政治观念独立于任何特殊的完备性学说,因而可以

---

① John Rawls, *A Theory of Justice*, Cambridge, MA: Harvard University Press, 1971, p. 433.

② John Rawls, *Political Liberalism*, New York: Columbia University Press, 1996, p. 180.

③ John Rawls, *Political Liberalism*, New York: Columbia University Press, 1996, p. 179.

成为一种重叠共识的核心。"① 也正是因为基本善是作为一种独立政治观念而出现的，国家在鼓励基本善的时候，才能不使政治社会产生一种宗派特征，才能使自由主义的真谛得以保存，因而也就是在这个意义上，称之为"政治自由主义"。

基本善的意义还在于能够提供人际比较的公共基础。在这里，罗尔斯谈到了阿马蒂亚·森等人对其基本善观点的反驳意见。即他们"强调人与人之间在基本能力上，因而也在他们利用基本善来实现其目的的能力上的差异的重要性"②。也就是说，罗尔斯的基本善实际上只是提供了一种客观的清单，并将此作为人际比较的基础。对阿马蒂亚·森而言，基本善并不能成为人际比较的基础，因为人际之间的真实差异并不仅仅在于基本善的多少，更关键的是，在于人与人利用基本善以达到自己目的的能力强弱的差异。罗尔斯也承认，"同样的目录对于每一个人来说可能不公平，阿马蒂亚·森的观点当然正确"③。罗尔斯对此的反驳是，"就算公民不具有平等的能力，他们也具有——至少是在根本性的最低程度上——使他们能够终身成为参与社会合作的成员所需要的道德能力、智力能力和体力能力"④，在这种假设的基础上谈论基本善的意义是足够的。

但是问题仍然存在，那就是即便都能够"成为参与社会合作的成员"，但是在能力上人与人之间也会存在差异，罗尔斯对此进行了简要的讨论，区分了四种差异⑤。

第一，道德与理智能力和技术的差异。对这些差异的控制是通过机会公平原则和差异原则进行的。

第二，身体能力和技艺的各种差异，包括疾病和各种对自然能力偶然因素。通过医疗保健使人们恢复其应有能力。

第三，公民善观念的差异。"公平的正义"是公平地看待各种善观念的。

第四，在兴趣与偏好上的差异。罗尔斯特别强调这一差异。

① John Rawls, *Political Liberalism*, New York: Columbia University Press, 1996, p. 180.
② John Rawls, *Political Liberalism*, New York: Columbia University Press, 1996, p. 183.
③ John Rawls, *Political Liberalism*, New York: Columbia University Press, 1996, p. 183.
④ John Rawls, *Political Liberalism*, New York: Columbia University Press, 1996, p. 183.
⑤ John Rawls, *Political Liberalism*, New York: Columbia University Press, 1996, p. 184.

首先,"我们必须假定,公民们能够按照他们对基本善的期待来规导和修正他们的目的"①。对于这一假定,我们是持怀疑态度的。这就像罗尔斯论述重叠共识从最初的默认到最后的忠诚的过程,我们很难想象公民是如何将一个原来与自己的善观念并不切合的观念引入自己完备性观念之中,并最终依此来修正自己的完备性观念的。罗尔斯说最初公民的完备性观念是不完善的。那我们也很难理解这一过程是如何实际地发生的。其次,基本善实际上是和更高一层次的利益相联系的,这些利益将与公民的道德能力相关,因此基本善才能成为衡量政治正义问题的切实的可行之标准。最后,基本善只有建立在如下假定上才能够被有效利用,即个人观念是作为一种公共的政治正义观念的理想形式而被人们接受的。

罗尔斯对基本善的理解存在一个问题,即究竟基本善是作为目的善还是作为手段善?"基本善是实现道德能力的必要条件,也是适合于一种足够广阔的终极目的范围内适用于所有目的的手段"②,基本善的善观念不是一种完备性的善观念,而是一种"不完全的善观念",或者说是作为政治观念而出现的善观念。唯有作为政治观念的基本善观念,才有可能成为全体公民所共同向往的,才能成为公民重叠共识的基础。换言之,罗尔斯所谓的重叠共识既支持一种规范性的政治正义观念,同时也支持一种目的性的政治的善观念,这种政治的善观念就是罗尔斯所说的基本善观念。但是这里必然存在的问题是,罗尔斯所规定的五类基本善能不能成为罗尔斯政治意义上的善观念,或者说,拥有各种完备性学说的公民能否在政治观念上达成一致?何以实现?这是罗尔斯所必须要回应的问题。

按照罗尔斯的论述,善理论中存在着两种意义上的善:其一是作为目的的善,即罗尔斯所谈的"理性的善",这是每一个公民依据其个人的完备性观念和理性所追求的善;其二是作为手段的善,即罗尔斯所说的"基本善"。一旦将基本善理解为手段性的善,我们就很难理解,这种手段性的善何以能够具备内在价值去影响个人完备性的善观念?公民何以能

① John Rawls, *Political Liberalism*, New York: Columbia University Press, 1996, p. 186.

② John Rawls, *Political Liberalism*, New York: Columbia University Press, 1996, p. 307.

够按照基本善的期待来修正自己的目的？罗尔斯说"当我们把基本善看作基本的权利、自由和机会，以及普遍适应一切目的的手段时，基本善显然不是任何人的基本人生价值理念，也绝不能这样理解，无论他们所有的多么至关重要"①。

所以罗尔斯提出了基本善不应该被理解为手段性的善，而应该被理解为"公民的需要（needs）"。而作为公民需要的基本善是建立在独立的政治观点之上，而非任何一种完备性的观念之中。公民的需要表达了一种与更高层次的利益相关的个人需要，如果需要得不到满足，他们就无法维持自己的角色和身份，或者达到他们的根本目的。罗尔斯还区分了需要和欲望。他指出需要是客观的，欲望是主观的。② 这就意味着公民对社会的权利的期待建立在需求之上，而不是建立在欲望之上。

为什么罗尔斯要强调基本善不是作为实现个人目的的手段来被理解的？笔者认为原因有二。其一，罗尔斯要求公民能够根据基本善去调节自己的目的，这就意味着必须将基本善赋予独立的地位和价值。而如果仅仅将基本善作为手段，则失去了这一独立性。其二，基本善作为重叠共识的一部分，它是被建构出来的，必须依赖于公共政治文化，而非任何一种完备性的善观念。一旦将其理解为手段，那么很自然地就会与各类完备性学说相联系起来，失去了其独立性的基础。

（三）可允许的善观念与美德

直到罗尔斯论述到善理论的第三个层次时，善理论才作为一种建构主义的结果得以表现出来。在理性的善观念及相应原则和社会背景下，罗尔斯提出了基本善观念，在基本善观念的影响下，原初状态中的各方选择了正义原则。正义原则作为建构的结果得以出现。正义原则也将进一步影响公民的善观念，即获得正义原则后，只有与正义原则相符合的善观念才能作为社会可允许的善观念。在这个意义上，第三层次的善观念也是被建构出来的。

罗尔斯还进一步界定了"美德"（excellence）概念，他指出："这类善构成美德：它们是所有人（包括我们自己）合理地要求我们具有的人

---

① John Rawls, *Political Liberalism*, New York: Columbia University Press, 1996, p. 188.

② John Rawls, *Political Liberalism*, New York: Columbia University Press, 1996, p. 189。

的特性和能力。"① 美德成为我们实现合理生活计划的目的，因而美德也就是一种善。在罗尔斯的个人心理学中，合理的生活计划是我们最终的目的；罗尔斯将能实现这一目的的所有手段称之为善，善的种类十分广泛，对于人而言，能够帮助实现目的的性格和特质就称之为美德，所以美德也是一种善。政治美德则是规定了在两个正义原则的社会中好公民所应该具备的政治领域的美德。从理性的善观念出发，结合人类社会的一般事实得到了基本善。用基本善去理解原初状态中各方的目标就得出了两个正义原则。获得两个正义原则后，我们才能在此基础上去界定公民可以被允许的各种完备性善观念和相应的政治美德。这里的关键问题就在于，理性的善向基本善这一过渡何以实现，何以脱离完备性学说而实现？

罗尔斯说"自由主义思潮的一个共同主题是，国家绝不能偏袒任何完备性学说及其相关的善观念"②。这也就是我们常说的中立性问题。对于罗尔斯的自由主义，国家中立性是如何呈现的呢？与国家中立性密切相关的国家权力和善观念之间的关系又是怎样的呢？

首先，罗尔斯明确"中立性"一词的含义，认为对这一概念的理解有多种不同的方式。其一是程序的方式，"所谓程序的方式，就是参照一种在立法和证明中的程序，并且根本不诉求任何道德价值"③。如果说不诉求任何价值是不现实的，那么就允许这一程序诉诸公正、一致的中立性价值。在这个意义上，罗尔斯的公平的正义并不是中立的，因为作为公平的正义不仅仅诉诸程序价值，还包括很多政治观念（政治价值）。

其二是"目的的中立性"。这种中立性意味着：

（1）国家将确保所有公民有平等的机会去发展他们自由确认的任何善观念；

（2）国家不得做任何旨在偏袒或促进任何特殊完备性学说的事情，或者给追求某一特殊完备性学说的人以较大支持；

（3）国家不得做任何使个体更可能接受此一特殊观念而非彼一特殊

---

① John Rawls, *A Theory of Justice*, Cambridge：Massachusetts, Harvard University Press, 1971, p. 443.

② John Rawls, *Political Liberalism*, New York：Columbia University Press, 1996, p. 190.

③ John Rawls, *Political Liberalism*, New York：Columbia University Press, 1996, p. 191.

观念的事情，除非它采取各种步骤来消除或补偿这样做所产生的政策性后果。

罗尔斯说作为公平的正义具有中立性是在第二个层面的含义上进行界定的。虽然政治自由主义在目的上是中立的，但是罗尔斯说"它仍然可以认可某种道德品格的优越性并鼓励某些政治美德①"。所以公平的正义包括某些政治美德的解释，诸如公民美德与宽容美德、理性和公平感的美德这类进行公平社会合作的美德。罗尔斯强调，作为公平的正义之所以能既提倡公民的美德，而又保持中立性，原因在于为这些政治美德提供论证基础的是独立性的政治正义观念，特别是社会观念和公民观念。因此，必须将这种政治美德，与完备性学说所提倡的完备性美德区别开来。

笔者认为罗尔斯的观点并不是他所论述的意义上的中立性的，这是因为建基于其目的中立性的根本的政治观念并非中立的。罗尔斯强调自己公民和社会观念的独立性，但是这种公民和社会的观念，恰恰是一种自由主义的观念，而且强调的这些美德也是自由主义的美德。所以作为公平的正义就如罗尔斯对之前的自由主义的评价一般，并没有真正实现中立性的要求，而是在鼓励某种形式的个人主义。

事实上，罗尔斯也注意到了这一点，他说"任何合理性的政治观念原则都必须给各种可允许范围内的完备性观点施加种种限制，而这些原则所要求的基本制度又不可避免地鼓励某些生活方式，或者排斥甚至拒绝另一些生活方式"②。那么问题就在于，基于政治正义观念而建立起来的社会基本结构是如何鼓励或者禁止一种完备性学说及其相关生活方式的？这种鼓励和禁止又因何而成为正义的？罗尔斯说"偏袒某些学说而压制另一些学说的社会影响是任何政治正义观念都无法避免的。任何社会都无法在其自身内部囊括所有生活方式"③。那么作为公平的正义是否公正地对待了诸种完备性的善观念呢？罗尔斯说"政治自由主义是否任意地反驳某种完备性观念或者偏袒某些观念取决于是否在实现其原则的过程中明确了对不同的甚至是相互对立的被确认和追求的善观念的公平的背景条件，

---

① John Rawls, *Political Liberalism*, New York：Columbia University Press, 1996, p. 194.

② John Rawls, *Political Liberalism*, New York：Columbia University Press, 1996, p. 195.

③ John Rawls, *Political Liberalism*, New York：Columbia University Press, 1996, p. 197.

考虑到合理多元主义和现代社会的其他历史条件"①。

　　罗尔斯列举了儿童教育的问题,指出政治自由主义也要求儿童教育,这些教育包括"宪法权利和市民权利一类的事情……他们的教育也应该为他们准备条件,使他们成为充分参与合作的社会成员,并使他们能够具有自立能力;也鼓励这种政治美德,以使他们在与社会其他人员的关系中尊重公平的社会合作条款"②。我们很自然地会认为,要求儿童理解一种政治观念与教育儿童理解一种完备性的自由观念之间可能并没有差别。罗尔斯认为并非如此,作为公平的正义对儿童教育的要求完全不同于完备性学说对儿童教育的要求。因为作为公平的正义与儿童的教育和要求仅仅限制在政治领域,而不关涉自主的其他领域。所有这些都是从一种政治观点内部出发的。罗尔斯认为这样一种回答能够避免使自己的观点成为一种完备性观点,并在各种完备性观点之间保持某种公正。但是笔者认为罗尔斯能否保持公正还取决于如下两个问题。第一个问题是罗尔斯因何认定他是否公正地对待了诸种完备性观点,是取决于是否提供了公平的背景条件吗? 即便如罗尔斯所言,作为公平的正义也没有在实现其原则过程中为各种善观念提供公平的背景条件。因为罗尔斯拥有固有的公民和社会的设想。第二个问题在于儿童教育的问题,即便我们能够理解并接受罗尔斯对政治领域和非政治领域的区分,但是问题仍然存在,为什么在政治领域教导儿童的美德是向往社会合作性的政治美德? 而不是其他的? 所以尽管我们能够承认政治观念是独立领域的,但是我们无法承认其在各种善观念之间是公平的。

　　(四) 政治社会的善

　　所谓政治社会的善是指"公民在维护正义的立宪式政体和从事他的事务过程中认识到的作为个人和作为合作实体的善"③。这种善与一种反驳意见密切相关,这种反驳意见认为,作为公平的正义是从个人出发的,并且最终落实到个人角度。对个人而言,社会实际上只是我们追求

---

①　John Rawls, *Political Liberalism*, New York: Columbia University Press, 1996, pp. 198 – 199.

②　John Rawls, *Political Liberalism*, New York: Columbia University Press, 1996, p. 199.

③　John Rawls, *Political Liberalism*, New York: Columbia University Press, 1996, p. 201.

个人利益的手段，而缺少任何内在的终极目的和价值。所以在这种反驳意见看来，这样的社会本身不能构成善，而只是个体实现目的的手段而已。

对此，罗尔斯区分了两种基础上的社会联合（Social Unity）：一种是建立在共同完备性学说基础之上的政治社会的统一，这是一种传统的政治共同体思想；另一种是罗尔斯意义上的社会联合，即建立在政治正义观念的重叠共识基础之上的社会联合的联合（Social union of social unions）。这两种社会联合共同构成了政治社会的善。对于罗尔斯所说的"社会联合"的善，在这一社会中"公民确有共同的终极目的"，这一共同目的的根源在于共同的政治正义观念。所以共同目的的性质也是政治性的，且具有绝对的优先性。"支持正义制度的目的及因此而相互承认对方之正义的目的。"所以对罗尔斯的社会联合而言，终极目的就在于实现社会的正义。因此秩序良好正义的社会，在如下两个方面是善的。

其一，从个体出发，这样的社会对个人来说是一种善。原因在于政治社会可以发展公民的两种道德能力，而这两种道德能力是公民本质属性的一部分（在政治观念范围内）[1]。同时，社会确保公民享有正义的善和相互尊重与自我尊重的社会基础，政治社会确保他们的根本需要得到满足。罗尔斯对两个原因的论述是从两方面进行的，第一个原因侧重于个人自我的完善；第二个原因则侧重于个人善观念的实现。

其二，在社会意义上而言也是一种善。对这个原因的解释是，"建立并长期成功地运用理性而正义的民主制度，乃是一种伟大的社会善"[2]。在这里，罗尔斯赋予正义的民主制度以内在价值，而罗尔斯政治社会的终极目的就在于实现这一制度。罗尔斯是怎样论述正义的民主制度是一种内在善的呢？是依赖于历史事实。"这一点已为下述事实所证明：任何一个民族都诉求这种善，并将此视为他们历史的伟大成功之一。"[3]

罗尔斯作为公平的正义的善理论是一个完整的善理论，其具体推论过程如图4所示。

---

① John Rawls, *Political Liberalism*, New York：Columbia University Press, 1996, p. 203.
② John Rawls, *Political Liberalism*, New York：Columbia University Press, 1996, p. 204.
③ John Rawls, *Political Liberalism*, New York：Columbia University Press, 1996, p. 204.

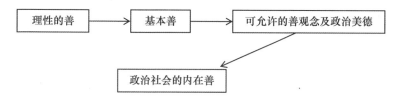

图4　作为公平的正义的善理论

从理性的善出发，得到了作为公民需要的基本善概念，由此可以理解原初状态和原初状态达成的两个正义原则，两个正义原则又确定了可以允许的善观念和相应的政治美德，最后在已经达成正义原则的秩序良好的社会中，它本身就具备了政治社会的内在善。但是这里最为关键的问题就在于，从理性的善过渡到基本善。这一过渡实际上就引入了公民的道德能力和外在的道德规范。

罗尔斯多次谈道，自己理论中正当优先于善，而正当的优先性意味着"可接受的善观念必须在正义观念的框架内作为政治的观念而相互协调一致"。这是什么意思呢？也就是说，从善理论的第三部分开始，所有善的内容的界定都是依赖于正当（正义原则）而得以展开的。也正是在这个意义上罗尔斯强调正当优先于善。除此之外，正当对善的优先性还体现在两个正义原则的建构过程本身。即强调自由的无条件的优先性，突出对个体权利的重视，而这也是其区别于功利主义的关键所在。在这个意义上也展现了正当的优先性。这种限制是"可允许的善理念必须尊重政治正义观念的限制，并在政治正义观念的范围内发挥作用"。

在本章中，笔者考察了罗尔斯政治哲学的道德前提即正当优先于善。这种对正当优先性的承诺不仅仅体现在罗尔斯建构出的正当理论之中，更关键的是，正当优先的概念先在于罗尔斯对正义原则的论证。正当优先表现为罗尔斯对自由优先的先在价值判断，体现在罗尔斯对平等概念的道德直觉性认知中。在对正义原则的论证过程中，罗尔斯在多个方面依赖于公民道德能力的解释，罗尔斯期望自己的善理论可以保持一种中立性，实际上，这种善理论仍然难以脱离完备式自由主义的道德前提。

第 四 章

情感与动机：制度稳定的道德心理

诚如罗尔斯所言，政治哲学在实践中发挥着调和与导向的作用。在本章中，我们将考察罗尔斯的正义观念如何在社会中得以应用。一方面，按照罗尔斯的设想，考察完理论后自然地转向制度的建构以及社会稳定性的维系；另一方面，笔者也将从实践的角度审视罗尔斯政治哲学的可能性，以及他的理论在多大程度上为我们提供现实的指引。我们将围绕罗尔斯正义理论的制度建构以及社会稳定性维系两个问题来呈现罗尔斯政治哲学的实践构想，并从中探索出道德的地位与作用。需要明确的是，这里我们强调的是"实践构想"，而不是"实践考察"，事实上，这里对理论的实践层面反思仍然是停留在罗尔斯的理论体系之中，并且作为罗尔斯理论中必不可少的一环而出现的。罗尔斯明确指出，"无论一个正义观念在其他方面如何具有吸引力，如果它的道德心理学原则不能产生人们据此行动的欲望，那么它就是有严重缺陷的"①。所以对正义原则论证的第二部分就是要回答人们何以产生依照正义原则行动的欲望从而实现正义原则调节的社会制度的稳定性问题。

在罗尔斯看来，正义原则不仅要从原初状态中各方的立场来看是合理的，而且应该是稳定的，这种稳定性以正义原则在个人身上培养的正义感在多大程度上"战胜"对抗不公正的倾向来衡量。所谓稳定性实际上是公民对正义原则的遵循与忠诚是否能始终如一从而保持这一原则持续地发挥作用。这种稳定性区别于霍布斯的稳定性，霍布斯强调的稳定基于外在权威，而罗尔斯所述的稳定性则源于公民内在的自觉服从。

---

① John Rawls, *A Theory of Justice*, Cambridge, MA: Harvard University Press, 1971, p. 455.

有的学者①就指出，这种稳定性实际上是一种道德理论意义上的稳定。总体而言，罗尔斯认为稳定性包括两个问题，"第一个问题是成长在公正制度下的个人是否会获得充分的正义感使得他们能够遵循这些制度。第二个问题是按照公共的民主政治文化的观点，特别是合理多元主义的事实，政治观念能否形成一个重叠共识"②。第一个问题考察的是组织良好的社会中稳定性何以达成，而第二个问题则是要回答在多元社会中稳定性如何可能。在《正义论》中，罗尔斯着重考察了第一个问题，而在《政治自由主义》中，罗尔斯则回答了第二个问题。而无论是对哪个问题的回答，罗尔斯都强调道德心理学在其中的地位和作用。

第一节　政治哲学的制度构想

两个正义原则在原初状态中被选择以后，在现实制度中应当如何加以运用呢？或者说作为应用于社会制度的两个正义原则究竟在制度中要解决哪些问题呢？罗尔斯认为作为一个完整的正义观，必须能够回答如下三个方面的问题。第一，政策和法律的正义性问题。第二，立宪制度的正义性问题。在这里，罗尔斯实际上强调的是正义观要评价"某种政治观的程序"。第三，具体的政治义务与责任的限制。基于如上三个方面的考量，罗尔斯论述了正义原则在制度建构中的运用。

一　正义原则的运用

（一）罗尔斯的论述

罗尔斯认为理想情况下的正义原则运用分为四个阶段。

第一阶段，即原初状态在无知之幕下选择出了两个正义原则。

第二阶段，罗尔斯称之为"立宪阶段"。这一阶段的主要任务是选择能够满足两个正义原则的最有效的宪法。需要明确的是，罗尔斯认为"一部正义宪法应是一个旨在确保产生争议结果的正义程序"。所以这一

---

① George Klosko, 1994, "Rawls's Argument from Political Stability", *Columbia Law Review* Vol. 94, No. 6, p. 1885.

② John Rawls, *Political Liberalism*, New York: Columbia University Press, 1996, p. 141.

阶段的主要任务其实是对应正义观回答的第二个方面的问题，即选择一种政治观的程序，且要求这种程序必须满足两个正义原则。在这一阶段，无知之幕被部分地排除了，立宪会议中的人不知道各人特殊的信息，但是理解社会理论原则，同时还清楚有关社会的一般事实，即社会的自然环境、资源、社会经济发展和政治文化的水平等。

第三阶段，罗尔斯称之为"立法阶段"。这一阶段的主要任务是制定各项具体的法律规范。也即解决完整正义观应该回答的第一个方面的内容。罗尔斯认为就这一阶段而言，各方需要了解更多的知识与信息，无知之幕被进一步排除。同时罗尔斯要求第二阶段与第三阶段之间有一种明确的分工。这种分工对应于社会基本结构的两个部分，也分别对应正义的两个原则。罗尔斯指出在立宪阶段公民运用的是第一原则，"第一个正义原则应用于立宪大会阶段……第二个原则应用于立法阶段"①。第一原则构成了立宪阶段的主要标准，也即要确立各种相容平等的自由体系。第二原则构成了立法阶段的主要标准，要求社会的经济政策安排的机会均等与适用于最少受惠者的长远期望，在这个意义上讲，第二阶段较第三阶段具有优先性。且罗尔斯指出，第二个正义原则的目标是否能够实现是非常难以确定的，各种理性观点之间将永远存在分歧。所以罗尔斯认为，"与狭义的分配正义问题相比，我们在宪法实质问题上能够更有希望达成一致"②。所以实际上在后期，罗尔斯对第二个原则究竟能在多大程度上发挥作用或者说第二个原则能在多大程度上形成共识，他自己也产生了疑问。所以很多学者③指出，罗尔斯在正义论向政治自由主义转向的过程中，实际从对以正义原则为核心的论证收缩到对合法性问题的探讨上，并将合法性问题作为政治自由主义中的核心问题。

第四阶段，具体运用阶段。这一阶段官员和公民自觉运用各种规范

---

① John Rawls, *Justice as Fairness A Restatement*, Cambridge, MA: The Belknap Press of Harvard University Press, 2001, p. 48.

② John Rawls, *Justice as Fairness A Restatement*, Cambridge, MA: The Belknap Press of Harvard University Press, 2001, p. 48.

③ 参见 Burton Dreben, "On Rawls and Political Liberalism, Cambridge University Press", *The Cambridge Companion to Rawls*, 2002, pp. 316 – 346; Simone Chambers, "The Politics of Equality: Rawls on the Barricades", *Perspectives on Politics*, Vol. 4, No. 1, 2006, p. 81.

于现实的案例与生活之中。但罗尔斯说这一阶段并不是针对完整正义观的第三个方面,因为这一阶段的构想仍停留在理想理论中,所谓理想理论即公民都服从原则与各种规范,而第三个方面则要回答公民不服从的情况。在这一阶段公民已经了解了所有的特殊信息,无知之幕被完全排除了。

罗尔斯指出,"每一阶段的信息量都是根据运用这些原则明智地解决所面临的正义问题的需要来确定的,同时,任何会导致偏见、曲解和人际敌视的知识都被排除了"①。就这四个阶段而言,代表们了解和掌握的信息越来越多,而无知之幕也越来越薄,直至最后阶段完全消失。特别需要强调的是,罗尔斯指明这四个阶段"是作为公平的正义理论的一部分,而不是对立宪会议和立法机构实际上如何产生的解释"②。因此,这些阶段的考量与区分仍然是罗尔斯理论的构想。

(二) 哈贝马斯的批判

哈贝马斯对罗尔斯正义原则的运用设想提出了批判。哈贝马斯指出罗尔斯的公平正义理论中,公民并没有实现罗尔斯所说的"政治自主"。哈贝马斯对罗尔斯四阶段的论述总结道:"罗尔斯的公民越是有血有肉,他们发现自己臣服于各种原则和规范的程度就越深。"这里就是哈贝马斯概括了罗尔斯所述的四个阶段的无知之幕逐步退却,公民对正义原则的运用也愈加纯熟。特别的,一旦正义原则形成后,公民在立宪阶段以后的三个阶段没有办法如原初状态一般实现自主,因为公民只有一种选择即按照正义原则的要求来立宪立法与行动。哈贝马斯是想表达,在原初状态之后各方所掌握的信息逐步增多,受到的限制逐渐增强,且后续的三个阶段都是在两个原则确证后的进一步应用。所以在后续阶段,可能只是维持一种社会的稳定性,而不会再产生任何进一步的变革与自主。换言之,对后三个阶段的公民而言,两个正义原则就是外在于他们的,在这个意义上他们难以实现自主。

对此罗尔斯强调,其一"四个阶段的顺序既不是描述一种实际的政治过程,也不是描述一种纯粹的理论过程。相反,它是公平正义的一部

---

① John Rawls, *A Theory of Justice*, Cambridge, MA: Harvard University Press, 1971, p. 200.

② John Rawls, *A Theory of Justice*, Cambridge, MA: Harvard University Press, 1971, p. 200.

分，并构成了下述思想框架的一部分。该思想认为，作为市民社会的公民，我们这些接受公平正义的人，将会逐渐习惯于运用公平正义的概念和原则"①。所以实际上，罗尔斯对四个阶段论述的目的和定位与哈贝马斯所理解的不同，实际上，这四个阶段的描述是同罗尔斯理论中公民如何运用与接受正义原则相联系的。换言之，正是通过这四种可能的阶段设想，公民逐步接受习惯正义原则。我们可以将其看作罗尔斯对公民如何接受运用正义原则的心理设想。

其二，"当公民在政府机构或在市民社会中利用这一框架时，他们发现自己所置身其中的那些制度并不是政治哲学家的创造……毋宁说是我们前辈们的创造"②。罗尔斯这里要表达的意思是，在立宪阶段及其以后对制度的服从，并不是服从任何外在的权威，而是服从与我们一样的理性与合理性的公民。所以在这个意义上公民是"自主"的。此外，对原初状态选定的正义原则，还需要经过公民普遍意义上的反思平衡。

罗尔斯认为哈贝马斯的意思是要表达"公民已经拥有一部公正的宪法了，他们实际上已经无法再对一部公正宪法拥有自己的观点了"③。罗尔斯说即便已经有一部宪法，仍然不妨碍公民是自主的。因为自主与否很大程度上取决于公民如何看待这些制度的合法性来源。宪法的合法性不是来源于任何权威，而是来源于独立平等的理性公民的一致选择。在这个意义上他们是自主的。这种自主无须通过重新制定宪法来予以确证。虽然笔者认为哈贝马斯的观点更多的是指原初状态阶段与其后三个阶段的差异，而不仅仅是立宪阶段。但是罗尔斯的回答方式仍然是适用的。不应该将正义原则的运用与正义原则在原初状态中的产生理解为是两部分公民代表进行的，实际上，这都是罗尔斯政治哲学中的完整观念。也就是说，原初状态中的各方实际上与罗尔斯所说正义原则的运用各方是相同的，他们都是在罗尔斯理论体系之中的公民或公民代表。在运用两个正义原则的阶段，他们都将自己看作平等自由的道德人，因此，这并不妨碍公民政治自主的实现。

---

① John Rawls, *Political Liberalism*, New York: Columbia University Press, 1996, p. 397.
② John Rawls, *Political Liberalism*, New York: Columbia University Press, 1996, p. 399.
③ John Rawls, *Political Liberalism*, New York: Columbia University Press, 1996, p. 401.

二 非理想状况的考察

我们在前文论述了罗尔斯所讲的理想状况的四个阶段,对于罗尔斯所言,完整正义观要提供第三方面的现实的具体的判断,这种现实的考量就纳入了非理想情况的讨论。罗尔斯说"在接近正义的状态中,通常我们不仅有义务去遵守正义的法律,而且有义务去遵守不正义的法律"①。这种不正义的法律究竟有没有效力?如果有,它来自何处?罗尔斯说来自"多数裁决规则"。立法阶段的多数裁决,将为法律带来权威性,并且遵循这种多数裁决是一种准纯粹的程序正义。对于社会制度而言,大体上满足了两个正义原则后就是一种接近正义的环境,在此环境下,罗尔斯说任何立宪过程必须依赖某种形式的投票,并进一步假设多数裁决原则是必不可少的。由于各种原因,这种过程必然会出现一些不正义之处。但只要"某种不正义的法律和政策不超过某种不正义限度,我们维持正义制度的自然义务就约束我们服从不正义的法律和政策,或至少不动用非法手段反对它们"②。

但是这里存在一个问题,即究竟出于什么原因在立法阶段各方在立法的选择上会产生冲突?或言之,立法与立宪阶段的一致究竟是必然的还是理想的?罗尔斯对立宪与立法阶段的叙述中,各方仍然是处在一种无知之幕之下,且各方对自己的特殊状况是完全不了解的,只有在第四个具体运用阶段才真正地了解了自己特殊的善观念及利益地位等信息。也就是说,在前三个阶段各方掌握的信息与心理状态实际上是没有差别的,所以我们不能理解为什么立宪和立法阶段会产生不同的声音。笔者认为基于罗尔斯对各方心理状况的描述,对什么样的法律最能维护两个正义原则,各方产生的结果一定是一致的。所以一定是理想的结果,而非不理想的情况。在这个意义上讲,在立宪和立法阶段各方都能够达成一致,而不会出现分歧,真正的分歧只有在最后的运用阶段才会产生。

罗尔斯重点考察了"公民不服从",所谓公民不服从是在"多少是正义的民主国家中",公民承认并且接受了宪法的合法性后产生的。具体来

---

① John Rawls, *A Theory of Justice*, Cambridge, MA: Harvard University Press, 1971, p. 353.

② John Rawls, *A Theory of Justice*, Cambridge, MA: Harvard University Press, 1971, p. 354.

说，"公民不服从是一种公开的、非暴力的、既是按照良心又是政治性的对抗法律的行为，其目的通常是使政府的法律或政策发生一种改变"。随后罗尔斯对这一概念进行了四种特征的界定。其一，公民不服从的表达方式并不一定是违反他要反对的具体的法律政策。比如我们可以通过违反交通规则来表达自己对某一条法律的不满。其二，公民不服从确实是违反了法律的。其三，公民不服从是一种政治行为。"在一个相当正义的民主制度中，存在着一个公开的正义观，根据这个正义观，公民管理他们的政治事务并解释其宪法。"① 这种公开的正义观其实是一种道德原则。其四，公民不服从是一种公开行为。正是通过这种不服从来表达对法律背后所依据的正义观的认同。

随后罗尔斯考察了在哪些情况下公民不服从是正当的，他指出只有当公民不服从满足三个条件时才是合理的。第一，公民不服从的对象是对自由原则的严重侵犯和对公平机会均等原则的公然违反。之所以仅仅涉及这两个正义原则而没有将差别原则包含其中，是因为对差别原则的违反并不精确，或者并不明确。第二，公民不服从是正当发生的需要有前提，这一前提即公民之前已经在法律范围内进行了真诚的呼吁，但是并没有起到效果。第三，公民不服从的后果也需要一并考虑，即这种不服从不会对他人产生不幸的后果，即要考虑对第三方是否有所伤害。

作为对比，罗尔斯论述了"良心的拒绝"。良心的拒绝与公民不服从都是公民不服从具体的法令或行政命令。良心的拒绝不同于公民不服从之处就在于，公民不服从期待法律和政策的改变，而良心的拒绝则仅仅是不服从某项法令，却并不期望法律本身能够改变。罗尔斯指出，良心拒绝和公民不服从最根本的区别就在于反对的理由。对良心的拒绝反对的理由可能是个人的，比如宗教信仰等原因，当然也有可能诉诸共有的正义观。而公民不服从则只能诉诸共有的正义观。换言之，所谓公民不服从，实际上不服从的是具体的法律规范，但其仍然在道德上服从于两个正义原则本身。但是良心的拒绝并不一定具备这一特点。所以实际上，允许公民不服从是一种"道德纠正方式"，纠正社会中违反了公开正义观的法律政策。道德在罗尔斯政治哲学中的作用，不仅表现在道德为政治制度和法律政策

---

① John Rawls, *A Theory of Justice*, Cambridge, MA: Harvard University Press, 1971, p. 365.

奠基,而且体现在它可以对制度政策进行纠偏。

三　正义原则的制度适配

罗尔斯之所以要对现实制度进行考察是因为他认为,我们没有办法仅仅从一个政治观念的内容就判断这一观念对我们而言是不是合理的,这就需要我们在实践中对这一观念进一步考察反思,所以罗尔斯对两个正义原则所适用的制度进行了考察。罗尔斯考察的最主要的点在于指出正义原则是与不同的制度相容的。

在考察开始之前,罗尔斯首先批判了一种观点,即认为任何一种政体被设计出来都是要追求某种政治价值的。这种观点认为,"社会体系塑造了它的公民们要形成的需求和志愿,在某种程度上决定着人们现在的以及他们想成为的类型"①。政治活动本身要展现某种价值,同时通过对公民持续而深远的影响,政治也能实现某种道德价值。以经济制度为例,"经济制度的选择涉及某种关于人类善以及关于实现它的制度的设计方案的观点。因此,这个选择的作出必须要建立在道德和政治的同时也是经济的基础上"②。罗尔斯指出这种观点最大的问题就在于:"这个学说如何确定一个可以评价社会基本结构本身的阿基米德支点呢?"也就是说,如果社会制度塑造人的观念,那么对社会制度的评价将依据什么展开呢?按照这一学说罗尔斯说只有一种方式可以评价制度本身,即"按照至善论或先验论根据所得出的有关个人的理想观念来判断制度"③。

罗尔斯说自己的理论较这种理论的优越性就在于,并不对人们想成为什么样的人的选择作出先在的判断,不对人所追求的善观念作出先在的选择。因为原初状态设想每个人都是处于无知之幕中,不受任何先行善观念的影响,更不会受到特殊的制度的影响。对善观念的限制是在正义原则被选出以后,由正义原则对善观念进行限制的。但事实上,正如笔者在本书第二章所指出的,罗尔斯所设想的原初状态中的个人并非如他所言没有先

---

① John Rawls, *A Theory of Justice*, Cambridge, MA: Harvard University Press, 1971, p. 259.

② John Rawls, *A Theory of Justice*, Cambridge, MA: Harvard University Press, 1971, pp. 259 – 260.

③ John Rawls, *A Theory of Justice A Restatement*, Cambridge, MA: Harvard University Press, 1971, p. 260.

在的善观念，对自由和理性的选择就是先在的，对保守态度的选择也是先在的。特别是对原初状态的"合理性"设置也体现了诸多道德要求。如果没有这些先在的善的设定，那么原初状态中的人就不会选择两个正义原则。

罗尔斯着重对比了福利资本主义与财产所有的民主制度。在所有制上，福利资本主义允许资本和财富的垄断，而财产所有的民主制度会分散资本和财富所有权，以防止社会的小部分人控制整个经济而间接地控制政治生活。在再分配环境中，福利资本主义的分配产生于每一个时期的结束时，这意味着只有在结束的时候才能区别出不幸的人从而进行再分配。而财产所有的民主制度的分配是在每一个时期开始时进行的，是通过人力资本和生产性资产分布得更广泛来进行的。所以这种制度下的分配是在公平的机会平等背景下进行的。罗尔斯强调作为财产所有的民主制度"必须从一开始就将足够的生产资料普遍地放在公民手中，而非少数人的手中，以使他们能够在平等的基础上成为完全的社会合作成员"①。罗尔斯说只有这样才能避免阶级固化，也只有这样才能避免弱者更弱，强者更强。所以实际上，罗尔斯对两种制度的比较是有先在的标准的，即"平等"，哪种制度更有利于平等与流动和开放，哪种制度就将更为合适。

也许罗尔斯会争辩说这种"平等"的立场并不是先在的，而是正义原则规定的，正义原则来自原初各方的一致选择。但是我们进一步追问，原初状态中各方为什么如此看重平等？是因为各方被罗尔斯设想为自由平等的道德人，平等才能符合各方的本性，所以这一观念设想就是罗尔斯的先在的道德理念。同时还存在另一个问题，即最初的分配是按照什么原则进行的。如果说最开始时的分配也是按照差别原则进行的，那么还是会允许生产资料分配的不平等，最终仍会导向福利资本主义的分配结局。所以问题的根本并不在于在分配阶段的哪一个时期开始关注这种不平等，而在于怎么样将这种不平等维持在必要的限度之内，这个必要的限度就是防止那些不利者最终会产生承诺的第二种压力而远离社会政治生活。

---

① John Rawls, *Justice as Fairness A Restatement*, Cambridge, MA: The Belknap Press of Harvard University Press, 2001, p. 140.

所以罗尔斯明确对社会的基本结构而言,除了纯粹的程序性的要求,还必须有一种实质性的正义观念,社会的基本结构将依据此进行不断调整。这一实质性的正义观念"是从政治自由和机会均等的公平价值中推导出来的,也即以考虑稳定性和可以谅解的嫉妒为基础的,这两个方面又都与自尊这一根本性的基本善相联系"①。所以笔者认为罗尔斯的政治哲学还是受到了道德价值的根本影响,因为正是这些实质性的道德价值在社会基本结构中发挥着持续性的作用。罗尔斯在此以财富的积累为例,按照差异原则,因为其允许不平等,那么如果这种不平等世代积累的话,就会影响到公平的价值,所以这时候社会的基本结构就应当进行调整。罗尔斯还说道:"在这个世界上,政治的目标是消除非正义和引导社会朝一种公平的基本结构变化。一种正义观念必须具体指明政治行为的整体方向。"②所以在这里,实际上罗尔斯表达这种价值判断更为清晰。笔者认为罗尔斯在《政治自由主义》中进行如此的说明,实际上是要回应人们对差异原则的批判,但是这种批判虽然避免了差异原则的一些缺陷,却使罗尔斯的观点脱离了他所说的纯政治的领域,而为政治树立了道德基础。

此外,罗尔斯在考察制度的时候,或者说评价制度优劣的时候,实际上是以"道德价值"作为一个重要的评价依据,或言之罗尔斯说这种价值叫作"政治价值"。实际上,罗尔斯与自己所批评的至善论等观点之间并没有他所设想的如此明确的区分,对公民政治参与的鼓励也是一种先在的道德要求,而且罗尔斯的论述似乎也认可了制度与公民之间的互动,那么有什么理由认为罗尔斯的两个正义原则引导下的制度不会对人成为什么样的人有所鼓励呢?

第二节 道德心理与组织良好社会中的稳定性

在制度的安排与设计中,罗尔斯的政治哲学展现了上述道德因素,同时在社会稳定性的论证中,罗尔斯最为依赖的就是公民特定的道德心理。笔者将分别考察罗尔斯对秩序良好社会中稳定性及多元社会中稳定性的论

---

① John Rawls, *Political Liberalism*, New York: Columbia University Press, 1996, p. 284.

② John Rawls, *Political Liberalism*, New York: Columbia University Press, 1996, p. 285.

述，并指明其中所依赖的道德心理。

在罗尔斯看来，"稳定性意味着无论制度如何变化，他们始终保持公正或接近于公正，这些调整是为了适应新的社会环境而做出的"①。罗尔斯进一步假定"共同体的成员们所持的正义感具有一种根本的作用。所以在一定程度上，道德情感对保证社会基本结构的正义方面的稳定是必要的"②。这样一来，稳定性问题要考察的一个核心问题就是一种正义观念何以适用于人类的心理学倾向的问题。在考察组织良好社会中稳定性问题的时候，罗尔斯认为需要从两个方面来考察：其一，在组织良好的社会中，社会成员如何获得正义感，或称之为社会成员如何产生道德情感的问题；其二，正义感何以成为人们行为的真正动机，并持续规范人们的行为。

一 正义感如何产生？

在罗尔斯的道德心理学中，"亚里士多德主义原则"占据了中心地位。这一原则即"如其他条件相同，人们总是以运用他们已经获得的能力（天赋的或从教育获得的）为享受，而这一享受又提高他们的已经获得的能力并使其具有更复杂的形式"③。并且这一原则还有一个重大意义，即"由于这个原则和自尊的基本善联系在一起，它就在作为公平的正义的道德心理基础中占有中心地位"④。

罗尔斯认为这一原则实际上是一种动机原则，它协调支配我们的行为动机，但是问题的关键在于为什么人类会遵守这样的原则呢？罗尔斯说"直觉的观点是，人们通过变得能更熟练地做某些事而获得更大的快乐，而且在两件他们能做到同样好的活动中，他们更愿选择需要作更复杂更微妙的区分的更大技能的活动"⑤。在罗尔斯看来，这一原则所鼓励的活动首先符合行为者个人的利益，特别是这一原则将与人类的自尊相连；其次这一原则还符合他人的利益，因为他人可能因为这些活动提高了公共利益而获益，也会将其看作对人类优点的展现。大多数情况下我们是能够理解

① John Rawls, *A Theory of Justice*, Cambridge, MA: Harvard University Press, 1971, p. 458.

② John Rawls, *A Theory of Justice*, Cambridge, MA: Harvard University Press, 1971, p. 458.

③ John Rawls, *A Theory of Justice*, Cambridge, MA: Harvard University Press, 1971, p. 426.

④ John Rawls, *A Theory of Justice*, Cambridge, MA: Harvard University Press, 1971, p. 433.

⑤ John Rawls, *A Theory of Justice*, Cambridge, MA: Harvard University Press, 1971, p. 426.

和认同这样一种心理状态的，但是关键的问题在于嫉妒的情绪。即我们怎么才能真正地从他人的优点的表现中获得快乐，而不是嫉妒。罗尔斯进一步解释这种原则表达了一种倾向而不是一种不变的选择模式，在设计社会制度的时候必须充分地考虑这一倾向。但是问题就在于这样一条原则是否真的存在？人们可能会反驳说"根本没有理由假定亚里士多德主义原则是正确的"。对此，罗尔斯的解释是，日常生活的许多事实和儿童及某些高等动物的行为似乎证实了这个原则。"亚里士多德主义原则认为人类的特征在于，至少当他们的紧急需要得以满足的时候，他们的活动不仅仅主要受到肉体需要驱动，同时也受到由那些活动本身就能带给人的满足的欲望驱动。"① 所以实际上，这一原则在罗尔斯那里不仅仅成为调节人们欲望的根本性原则，而且展现出了罗尔斯所理解的"人"的特征，或言之本性。这一原则起到什么作用呢？罗尔斯说这一原则最为重要的作用体现在人们进行价值判断的过程中。"亚里士多德主义原则展现了这样一种心理学事实，这种事实和其他的普遍事实以及理性计划的概念一起共同解释了我们的价值判断。"②

　　对正义感如何获得的问题，罗尔斯实际上合理地继承了经验主义和理性主义关于道德心理发展的过程的观点，将两种道德心理学的解释以一种恰当的方式结合并发展。罗尔斯论述的目的是要表明，"一个人在这种具体形式的组织良好的社会中成长时，他获得一种对正义原则的理解和情感的主要步骤"③。罗尔斯首先区分了几个与道德相关的概念。"道德情操（moral sentiments）"用来表示稳定有序的调节性倾向，例如正义感和人类之爱。在他看来，正义感实际上是人们的道德情操之一。"道德情感（moral feelings）"则是在具体场合体验到的情感。罗尔斯进一步区分了道德情感的两种来源，其中一种与正义或正当概念相联系；另一种则与善观念相联系。"负罪感、不满和义愤诉诸正当概念，而羞耻、轻蔑和嘲笑诉诸善的概念。"④ 所以罗尔斯说羞耻和负罪感的差别是十分明显的，任何

---

① John Rawls, *A Theory of Justice*, Cambridge, MA: Harvard University Press, 1971, p. 431.

② John Rawls, *A Theory of Justice*, Cambridge, MA: Harvard University Press, 1971, p. 432.

③ John Rawls, *A Theory of Justice*, Cambridge, MA: Harvard University Press, 1971, p. 461.

④ John Rawls, *A Theory of Justice*, Cambridge, MA: Harvard University Press, 1971, p. 484.

一种德性的缺失都会引起羞耻感，而负罪感则来源于某人以某种形式伤害或侵犯他人权利。所以正义感的产生实际是关于人的道德情感逐步形成稳定的道德情操，罗尔斯认为这需要经过三个阶段，他强调正义感是在成长过程中逐渐获得的，这种世代继承和传授道德态度的必要性是人类生活的条件之一。

第一个阶段是儿童阶段，这一阶段形成的道德罗尔斯称之为"权威的道德"。他假定组织良好的社会中家庭是基本形式，因而孩子们一开始就处于父母的合法权威之下。当然这一假定并不是必需的，组织良好的社会中，孩子也可以处于其他的非家庭形式的权威之下，这与父母的权威类似。因为在罗尔斯看来，对于儿童而言，他们所处的境况与自身的特性决定了他们缺少能力去评估道德原则的正当性。只是他们所设想的情况是以家庭为例。"儿童完全没有证明某件事情是正当的这种概念，这种概念是后天获得的。"① 因为儿童阶段的各种能力处于尚未成熟时期，对道德的理解也是一种分散的规则的执行，这种权威主要来自对养育者的爱。这里适用于第一条心理学法则："假设家庭教育是正当的，并且父母爱自己的孩子，并明显地展现自己对孩子的善的关注，那么孩子将意识到父母对自己的爱，反过来爱父母。"② 在此基础上，如果一个孩子爱且信任父母，那他就倾向于接受父母的命令。当然儿童也会出现许多违反禁令的欲望，罗尔斯认为只要父母表达和展现了足够的爱，那么儿童也会展现同样的爱，并对自己违反禁令的行为感到负罪。要想使儿童在这一阶段发展出权威的道德，首先父母必须爱孩子；其次父母必须按照孩子的理解水平来解释说明要孩子接受的那些规则。儿童对这些原则的接受实际上是接受这一原则背后所展现的那个人。

第二个阶段罗尔斯称之为"社团的道德"，这一阶段是我们在成长以后会加入不同的社团之中，每个社团都会有相应的道德规则。促使我们遵守这些道德规则的原因主要来自社团成员之间的友好情感。这时所适用的心理学法则是，"假如一个人与同类的感情通过获得与第一法则相关的依恋关系得以实现，且假如社会的安排是正义的并且为大家公开地知道这种

①　John Rawls, *A Theory of Justice*, Cambridge, MA: Harvard University Press, 1971, p. 463.

②　John Rawls, *A Theory of Justice*, Cambridge, MA: Harvard University Press, 1971, p. 490.

安排是正义的，那么当共同体中的他人带着明显的意图实现他们的责任与义务并且完成他们职位的理想时，这个人就将与之发展出联系与友爱的感情并且信任共同体中的这些人"①。换言之，当社团中的其他人在履行自己的责任与义务的时候，那么作为进入社团中的个人就会对社团中的人产生依赖的情感，同时也将履行自己的义务。在共同体中，有些人表现出了高超的技艺和能力、独特的气质和德性，这使得我们也想要成为他们那样的人，激起了我们做与他们同样事情的欲望。在这一阶段我们开始理解正义原则，但是对正义原则的践行动机则是来源于社团成员之间的情感依赖。

第三个阶段罗尔斯称之为原则的道德。所谓原则的道德可以分为两种形式：其一是与正当和正义感相对应的；其二是与人类之爱相对应的。后者是分外的，前者则不是。在罗尔斯看来，这种人类之爱是提高人们的公共善的最好方式。那么第三阶段的道德何以为人们所接受呢？罗尔斯指出对原则的道德的接受是通过第三条心理原则来实现的，即"假如一个人与同类的感情通过获得与第一法则和第二法则相关的依恋关系得以实现，且假设社会制度是正义的且所有人都知道制度是正义的，那么当这个人认识到他以及他所关心的那些人的善将会从这些安排中获益的时候，他就会获得相应的正义感。"② 这一阶段相较于第二阶段的道德情感就更加具有普遍性，如果说前两个阶段的道德情感诉诸偶然关系的情感依赖，那最后阶段的道德情感则是对普遍原则的认可。"一旦原则的道德为人们所接受，道德态度就不再仅仅与具体个人及团体的幸福和赞许相联系，而是独立于这些偶然性而被选择的一种正当的观念所塑造的。"③

需要注意的是，罗尔斯强调这三条法则都是在"一种公正的制度背景之下进行的"，所谓公正的制度背景实际上是按照正义原则所设计的制度背景。所以"道德心理的原则为正义观念留有一席之地。当使用不同的概念的时候会产生不同的原则内容"④。在这里，罗尔斯仍然强调道德心理同正义观念的相互联系性，必须借助于一定的正义原则才能描绘道德

---

① John Rawls, *A Theory of Justice*, Cambridge, MA: Harvard University Press, 1971, pp. 490 – 491.

② John Rawls, *A Theory of Justice*, Cambridge, MA: Harvard University Press, 1971, p. 491.

③ John Rawls, *A Theory of Justice*, Cambridge, MA: Harvard University Press, 1971, p. 475.

④ John Rawls, *A Theory of Justice*, Cambridge, MA: Harvard University Press, 1971, p. 491.

心理。无论是道德的第一阶段还是道德的第二阶段，实际上，我们对正义原则的认可或者对禁令的遵循的心理来源于一种依恋的道德情感，这种情感使我们产生模仿的欲望，使我们努力去成为对方那样的人。诚如罗尔斯所言，"关于道德发展的描述假定了对具体个人的感情在获得道德方面起着根本的作用"①。

问题的关键在于第三阶段的道德感是如何产生的。罗尔斯自己也认识到了这个问题，于是他论述了这种普遍性的道德原则如何进入我们的道德情感之中②。首先，道德原则是有内容的，规定了人们利益的共同方式。这是原初状态中的人们会认可的前提。其次，正义感是和人类之爱联系在一起的。虽然人类之爱超出了道德要求的范围，而正义感则是道德范围之内的，但是这两者的来源都由同样的正义观规定。再次，当有人受到不公正的伤害的时候，我们的正义感会受到伤害。最后，按照正义原则而行动展现了我们作为自由平等的理性存在物的本性。所以行为公正的欲望并不是与理性目标无关的对原则的一种盲目服从。从这部分的论述中可以看出，似乎道德情感的产生与前两个阶段的产生机制并不相同，如果说前两个阶段诉诸特定的人之间的依恋情感，那第三阶段则更多强调个人的道德本性。

罗尔斯进一步指出，"道德情感是一个人生活的普遍特征"③，换言之，在罗尔斯看来，如果一个人缺乏相应的道德情感那么这个人就不能被称为人，就缺少了包含在"人性概念"中的态度和能力。这种情感则源于一种更深的自我欲望的肯定。在权威的道德中，罗尔斯说是对个人"自尊"的肯定，而在社团的道德中则是他人对我意图的肯定，这种肯定其实是对"我"追求的善观念的肯定。那么这是不是意味着这种道德心理实际上还是一种利己的道德心理？是源于他人对我肯定后的报答，如果没有对我自尊的尊重，那么这种道德感就不会产生？

在罗尔斯看来，"正当和正义理论是建立在互惠概念之上的，这一概念使自我的观点和作为平等的道德的人的他人观点和谐一致。这种互惠产

① John Rawls, *A Theory of Justice*, Cambridge, MA: Harvard University Press, 1971, p. 486.
② John Rawls, *A Theory of Justice*, Cambridge, MA: Harvard University Press, 1971, p. 476.
③ John Rawls, *A Theory of Justice*, Cambridge, MA: Harvard University Press, 1971, p. 487.

生了这样的结果，即这两种观点都是道德思考和道德情感通常大致对等的特征。对他人的关心和对自己的关心都不具有优先性，因为所有的人都是平等的，同时正义原则保证着人们之间的平衡"①。在这里，罗尔斯明确表示了道德心理的基础是互惠的。这种互惠罗尔斯实际上要求的是在利我与利他之间的平衡，是对自我关注与他人关注的大致对等。但是这里存在一个问题，即原初状态中的各方究竟是自我关注的还是这种对等的？此外两种道德心理的基础，一种是利我的，一种是平衡的，这两者似乎都体现在罗尔斯的理论中，究竟哪一种是可能的？罗尔斯所理解的人，并不是自私自利的人。人不能仅仅关注自己的利益，而将他人当作手段，而是必须具备了与他人的情感联结，才能与他人发展出友谊，从而才能展现出类似于正义感之类的道德情感。事实上，罗尔斯的目的在于用道德情感贯通起人的本性与正义原则之间的联系。道德情感的作用如中介桥梁一般，一端通向对原则的理解与把握，另一端则直接关联人的本性，从而使正义感的产生得以可能。

　　建立在互惠概念之上还存在另一个问题，即互惠概念的本质究竟是他人能给我带来利益因而他人与我一样值得被尊重，还是他人本身作为与我平等的道德人而值得尊重。这是两个截然不同的观点。罗尔斯对这一问题的区分在于如下回答："一个缺乏正义感的人，一个除非出于自私利益和权宜之计的考量否则就不履行正义要求的人，不仅没有友谊、情感和相互信任的联系，而且不能体验到不满和义愤。"② 可见，对正义感的认同一定不是建立在自我视角上的，如果仅仅是考虑自我利益，罗尔斯否认这种人真正建立了正义感。所以正义感一定是建立在平等的互惠的人之间的，是将他人看作目的的。因而在这个意义上，罗尔斯的伦理学是康德意义上的。但罗尔斯又不是仅仅停留于此，因为罗尔斯认为这种对他人的关注或者说对他人情感的来源并不是仅仅基于对人的本性的尊重与认可，而是建立在人与人之间不断的交往联结过程中，并在这一过程中得以实现。所以罗尔斯的伦理学既有康德式的对人的尊重，同时也强调一种人与人之间的交往联结，这种交往不是功利性的，而是内在具有价值的。通过这种方式

---

① John Rawls, *A Theory of Justice*, Cambridge, MA：Harvard University Press, 1971, p. 485.

② John Rawls, *A Theory of Justice*, Cambridge, MA：Harvard University Press, 1971, p. 488.

罗尔斯试图弥补自利主义、功利主义的不足，从而找到一种可以真正令人信服的正义观。

二 正当与善的一致性何以实现？

所谓的一致性其实是指正义感与作为理性的善的一致性，这"意味着一个组织良好的社会成员，当他们用理性选择原则来评价他们的生活计划时，将会决定把他们的正义感作为调节他们行为的因素"①。正义感何以与作为理性的善一致呢？或言之，社会成员何以愿意让正义感调节他们的善观念呢？

首先，罗尔斯指出作为公平的正义所要求的道德原则既是自律的又是客观的。之所以强调是"自律的"，是因为"这些原则是他们在最好地表达着他们作为自由平等的理性存在物的本性的条件下将会承认的"②。所以，我们对这些原则的选择与接受基本上是不受到权威或传统等外来意见影响的。"客观的"是罗尔斯理解的客观，即强调一种共同性。这些原则是在原初状态中制定的，这意味着并不是从每个人特殊的偶然的状况去看待某种社会秩序，而是"我们分享着一种和其他人共同的观点，我们不是从个人的偏见来作判断的"③。所以，这种自律和客观性是通过原初状态来得到解释的。实际上，罗尔斯理解的客观是"力求从一种共有的观点来构筑我们的道德观念和判断所产生的结果之一，使我们更加可能达成一致"④。所以对正义原则的遵循是社会成员的选择，这样从根源上来说就具备了遵守正义原则的内在因素。

其次，罗尔斯指出"正当与善的一致性取决于一个组织良好的社会是否能够实现共同体的善"⑤。那么什么能够构成共同体的善呢？罗尔斯认为基于社会交往而形成的社会联合（social unity）是共同体的善。罗尔斯认为仅仅将人们之间的交往理解为人生活的必需品，或者仅仅认为人在

① John Rawls, *A Theory of Justice*, Cambridge, MA: Harvard University Press, 1971, p. 514.

② John Rawls, *A Theory of Justice*, Cambridge, MA: Harvard University Press, 1971, p. 515.

③ John Rawls, *A Theory of Justice*, Cambridge, MA: Harvard University Press, 1971, pp. 516 – 517.

④ John Rawls, *A Theory of Justice*, Cambridge, MA: Harvard University Press, 1971, p. 517.

⑤ John Rawls, *A Theory of Justice*, Cambridge, MA: Harvard University Press, 1971, p. 520.

与他人的交往中获得了利益从而重视交往，这对社会交往仅仅是从工具性的角度去理解的，这种理解是浅薄的。实际上，罗尔斯理解的社会交往意味着人类"分享最终的目的，并且共同的活动因其自身而富有价值"①。在交往合作过程中，他人的成功对我们自己的善是必要的也是有益的。社会交往何以具有内在价值呢？这离不开罗尔斯对亚里士多德主义原则的解释。"当人们从运用他们的力量中得到享受的时候，我们就倾向于欣赏其他人完美的表现。"② 也就是说，他人的完善或者他人能力的发展本身是对我们潜在性能力的展现，在这个意义上成为我们内在善的一部分，而组织良好的社会在罗尔斯看来本身就是社会联合。

所以在罗尔斯看来，组织良好社会中的成员本身就会认可正义的价值，也会珍视社会联合的价值。所以对组织良好社会中的成员而言，基于罗尔斯对其道德心理学的论述，他们会认可社会联合的价值，认可社会的共同善，从而将协调自己的善观念与正义原则一致。

但是要想通过正义感实现社会的稳定，还有一个至关重要的因素，即如何保证这种思想动机在公民心目中占据了首要地位。特别是当服从正义原则要求与公民追求各自善观念的要求不一致的时候，如何还能遵守正义原则？罗尔斯对这个问题的解决是通过两种方式来进行的。其一，在理论建构的过程中，公民的可被允许的善观念必须符合两个正义原则。也就是说，当一种善观念不符合正义原则的时候，这种善观念将不被认为是组织良好社会中可允许的。但实际上这种处理方式是有问题的，即如果对善观念进行这样的规约，是不是就意味着罗尔斯的社会并不是现代民主的，而成为一种一元的社会？其二，从现实的情形出发，罗尔斯设想了公民的一种可能的道德心理学，来说明这种正义感本身就是一种善观念，且将成为公民行动中最为重要的动机而发挥作用。

罗尔斯认为，"当一个人在一种有利的条件下成功地推进自己的理性的（rational）生活计划的时候，并且他合理地（reasonable）确信他的意图可以实现，那么他就是幸福的"③。幸福的影响因素包括了环境与运气

---

① John Rawls, *A Theory of Justice*, Cambridge, MA: Harvard University Press, 1971, p. 525.

② John Rawls, *A Theory of Justice*, Cambridge, MA: Harvard University Press, 1971, p. 523.

③ John Rawls, *A Theory of Justice*, Cambridge, MA: Harvard University Press, 1971, p. 548.

及各种有利条件。所以对罗尔斯而言，幸福不仅仅是单纯的主观感受，也不仅仅是客观的情况，幸福既需要计划的顺利实施，同时也需要我们对计划的继续实施拥有合理的确信。在罗尔斯的理论中，他强调这种确信是作为幸福的重要内容，并指出了幸福的特征：幸福是自给的，它之所以被选择只是由于它自身之故。这与理性生活计划的规定相关。幸福是自足的，这意味着当幸福正在产生或者这一理性生活计划正在实行时不需要任何补充，就是完整的幸福。在罗尔斯看来，"幸福并不是与其他目标并列的目标之一，而是整个计划本身的实现"①。这意味着对幸福的追求是一个整体，内在地包含着正当原则的约束。因为这项计划本身是要符合正当要求的。

幸福如何实现呢？罗尔斯论述了快乐主义的实现策略。

前提1：人生存在一个支配性目的。所谓的支配性目的就是各种目的都应该服从于这一目的。

前提2：支配性目的是作为愉快感的快乐。这是唯一具有内在善的东西。

结论1：所有的行动目标都是次一级的选择，都是作为实现快乐的手段而被选择的。

结论2：选择如何行动的根本原则就在于哪种行动能带来更多的快乐。

罗尔斯认为快乐主义的这种做法是不正确的，因为"我们不可能借助一个目的理性地作出我们全部的选择。重要的直觉主义因素在确定善的过程中发挥作用"②。罗尔斯否认存在所谓的支配性目的，也就是说，在我们的做事的动机之中不存在这样一种永恒的支配性的动机，我们所有的动机都是不断形成的。目的并不是先于自我而存在的。所以罗尔斯认为，"并不是那些目的主要地显示了我们的本性，而是那些原则才显示了我们的本性。这些原则得到人们的认可并支配着人们形成其目标的背景条件和人们追求这些目标的方式"③。因此，对于个人而言，我们在心理上不存

① John Rawls, *A Theory of Justice*, Cambridge, MA：Harvard University Press, 1971, p. 550.
② John Rawls, *A Theory of Justice*, Cambridge, MA：Harvard University Press, 1971, p. 560.
③ John Rawls, *A Theory of Justice*, Cambridge, MA：Harvard University Press, 1971, p. 560.

在一个支配性的动机，而存在一个支配性的原则，这一原则规范约束了所有的动机，彰显了人的本性。因为自我是优先于目的的，目的由自我所确认与选择，即使能够有一种所谓的支配性目的的存在，这也是在自我出现之后的选择的结果。所以，罗尔斯认为在道德心理上要翻转正当与善的先后关系，因为是"道德人格而不是对苦乐感受的能力视为自我的基本方面"①，这样一来，对规定和表现着人的道德能力的正义原则的欲求才是终极欲求，才具有优先性。个人所有的目的与选择都将与此原则相一致。这也就成为正当对善的优先性的体现。而也正是在这个意义上，遵守原则、遵循正义感行事成为我们所有人的终极目的。其后所有的目的选择都是在原则的支配下进行，从而实现了自我的统一。

　　实际上，罗尔斯这里的论述存在一个问题，即支配性目的真的不存在吗？笔者认为支配性的目的一定存在，且对罗尔斯而言也不例外。我们对原则的遵守源于哪里？追根究底我们为何要遵守正义原则？罗尔斯说这是我们作为道德人格的展现。再进一步追问，这种人格是先验的还是经验的？罗尔斯一直在表达一种经验主义的立场，那么为什么会成为这样的人，而不是别样的人？因为这背后的道德价值仍然在发挥作用。我们的社会需要合作才能得以维系下去，而这样的道德人格才能成为社会合作中的一员得以存在。所以原则看似是超越了目的而存在的，但原则仍然是服务于目的的，或者说是服务于某种社会理想的。在这个意义上善仍然是优先的。如果我们不考虑任何善，我们也就无法达成任何原则。

　　罗尔斯也认识到了这一点，他考察了如下的反对观念，即"一旦正义原则具有次序上的优先性，那就终究存在着一个组织我们生活的支配性目的"②。他指出这种观念是建立在一种误解之上的。罗尔斯所谓的支配性目的的支配性并不是指在人内心中占据主要地位的支配性，而是在正当与善的界定中占据支配地位的支配性。所以罗尔斯说作为公平的正义没有这种支配性目的。合作的观念并不会界定正义原则的内涵，这种善不是支配性意义的，而是区别于功利主义理论的，所以罗尔斯称其为善的弱理论。但是从心理学角度上去考量，这种弱理论并不弱，反而能够成为罗尔

① John Rawls, *A Theory of Justice*, Cambridge, MA: Harvard University Press, 1971, p. 563.

② John Rawls, *A Theory of Justice*, Cambridge, MA: Harvard University Press, 1971, p. 565.

斯理论体系中的支配性目的。换言之，对原则的服从也是因为我们要实现幸福，无论这种幸福的具体内涵是什么。所以只要我们能理性地构想一项人生计划，这种支配性目的一定存在，它将成为人行为的最重要的心理动因。所以罗尔斯还必须进一步说明，在其理论中，作为善的心理动机与遵守正义原则的动机何以能够一致，即"在组织良好的社会中正义感何以调节人的理性生活计划"①。

罗尔斯对正义感与善的一致性的要求是很高的，这种一致性不是作为临时选择的一致性，不仅仅体现在行为表现中的一致性，而且必须是"按照正义观点去行动的欲望本身"与"他们的善"的一致性②。所以，罗尔斯在此讨论的是行动者的动机与欲望的统一性问题。罗尔斯假定：行为产生于现有的欲望，并且欲望只能慢慢地改变。那么在善的弱理论描述的情况中，遵循正义原则或者正义感何以成为我们的欲望呢？罗尔斯提出了三点理由。

第一，按照之前所述的道德心理学法则，我们的道德情感将既和正义原则相联系，又与我们同社会中其他人的依恋关系相呼应。在组织良好的社会中，我们对正义感的违反会"伤害每一个人，伤害我们的朋友、伙伴和其他人"。而保持正义感则是对我们关心的和与我们具有依恋关系的人的保护。

第二，根据亚里士多德原则，"我们的潜能需要依赖于与他人的合作"，我们在他人的某种成功中发现个体的丰富性和差异性。所以我们要遵循正义感，从而使个体的善与他人的善、社会的善真正地统一起来。

第三，根据康德式的解释，我们对正义原则的遵守实际上体现着我们作为自由平等的理性存在物的本性，是我们作为道德人的欲望的表达。

值得注意的是，罗尔斯给出的三点理由实际上都建立在秩序良好的社会中，也就是建立在对社会联合价值的珍视之上。即便正义感可以成为促使我们行动的欲望，但是真正的问题在于，这种欲望或动机何以与其他欲望和动机相互平衡？

罗尔斯对这个问题的回答采用了一种比较回避式的策略。一方面他指

① John Rawls, *A Theory of Justice*, Cambridge, MA: Harvard University Press, 1971, p. 567.

② John Rawls, *A Theory of Justice*, Cambridge, MA: Harvard University Press, 1971, p. 568.

出，他的目的并不是完全地要实现这种一致性，而是说明"无论在作为公平的正义中正当与善的一致性是多么不可能，它也比在功利观点那里的可能性大"①。因为功利的观点要求人们为了更大的利益而牺牲自己的利益，且允许为了更大多数人的幸福而牺牲小部分人的自由。这种理论对那些被牺牲的人而言，无论如何都不可能将功利原则与自己的欲望和善统一起来。但是作为公平的正义则不存在这方面的弊端。

另一方面，"只能通过按照具有优先性的正当和正义原则去行动，才能满足表达我们作为自由平等的理性存在物的本性这一欲望"②。所以要想实现我们的本性，只有依靠正义感来调节我们的各种目标。在这里罗尔斯的意思是说，在各种欲望之间，保持正义感的欲望并不是作为与其他的备选欲望相对的欲望。实际上这种正义感是一种高阶欲望，是在更高层次上调节规约着其他的欲望而起作用，从而展现我们的本性。举例而言，我们想要获取财富，财富是我们的欲望。有两种方式获得财富，一种是通过正当手段获得财富，比如勤劳致富；另一种是通过不正当手段获取财富，比如偷盗、抢劫。正义感的欲望并不是作为与此相并列的选择，而是在选择欲望的时候发挥作用。正义感调节我们的欲望，使我们选择勤劳致富，而不是偷盗、抢劫等。在这个意义上正义感与善实现一致。

所以总体而言，"对正义感的肯定是一个极大的社会财富，它建立着相互信任和自信的基础，在正常情况下对每个人都有利"③。但是如果我们进一步追问：假如我的欲望是获得财富，而我通过不正当手段将获得更多的财富，而通过正当手段只能获得较少的财富，为什么我仍然要选择正当手段来实现自己的财富追求呢？所以，这种正义感究竟能不能如罗尔斯所言作为一种高阶的欲望去调节其他欲望才是问题的核心。要想实现这种可能，只有基于对社会联合价值的珍视、对交往合作的向往。所以在《正义论》中，罗尔斯讨论的道德心理学仅适用于组织良好社会中的成员，这种道德心理赋予了亚里士多德主义原则根本性地位，同时也要求社会成员对社会联合价值的珍视。在这个意义上，组织良好社会中的成员实

①　John Rawls, *A Theory of Justice*, Cambridge, MA: Harvard University Press, 1971, p. 573.

②　John Rawls, *A Theory of Justice*, Cambridge, MA: Harvard University Press, 1971, p. 574.

③　John Rawls, *A Theory of Justice*, Cambridge, MA: Harvard University Press, 1971, p. 576.

际上在善观念中达成了一致，但是罗尔斯认识到这与当代社会的多元性是不相符的，因此罗尔斯在后期论述的稳定性问题转向了多元社会中的稳定性。

第三节　道德心理与多元社会中正义观念的稳定性

罗尔斯在《政治自由主义》中要求的稳定性是一种"基于正当理由（right reasons）的稳定性"，这种稳定性的要求具体为如下三点①：

第一，社会基本结构受到最合理的政治的正义观念的调节；

第二，政治的正义观念能够被合理的完备性学说所组成的重叠共识支持，相对于那些反对这一观念的人而言，这种支持是大多数的并且是持久的；

第三，当宪法根本和基本正义相关事情发生危机时，公共的政治讨论应该总是在合理的政治正义观念或合理的这类观念之上的理性进行合理的决定。

第一个要求事实上与《正义论》中的要求相近，我们可以理解为罗尔斯要求的社会是一个组织良好的社会。对于第二个要求，即多元社会中作为公平的正义这一观念何以获得社会成员的忠诚而稳定持续，罗尔斯说"如果政治社会存在这种重叠共识，那么政治自由主义会告诉我们，作为这一社会的公民，我们已经有了最深刻和最合乎理性的社会联合的基础……这一基础就产生了基于正当理由的社会稳定性"②。所以对稳定性的追问其实就是要回答作为公平的正义能否成为一种重叠共识的核心。为此，我们需要开展两个方面的工作：其一是讨论重叠共识及其可能引起的困难与质疑；其二是展示出合理的道德心理学在公平的正义观念中发挥的作用。对于第三个要求，罗尔斯则必须回答公共的政治讨论何以达成一致，而这需要公民对公共理性的运用。在本节中，我们将着重探讨后面两个要求与其道德心理学的内在关系。

---

① John Rawls, *Political Liberalism*, New York: Columbia University Press, 1996, p. 391.

② John Rawls, *Political Liberalism*, New York: Columbia University Press, 1996, p. 391.

一　重叠共识何以可能?

罗尔斯说理想情况中社会是秩序良好的，但是现实中的民主社会存在如下五种特征①。

第一，罗尔斯指出，现实民主社会里有合乎理性的完备性宗教学说、哲学学说和道德学说，并且完备性学说的多样性将长期共存。这是罗尔斯对社会现实的判断，并且指明了社会成员各种学说的现状。

第二，罗尔斯认为在现代民主社会，任何一种完备性学说想获得支配性地位只有依靠国家权力才能得以维系。只有靠压迫性地使用国家权力，人们对某一种完备性宗教学说、哲学学说和道德学说的持续共享性理解才得以维系下去。

第三，一个持久而安全的民主政体，也就是说，一个未被分化成持有相互竞争学说观点的和敌对的社会阶层的政体，必须至少得到该社会在政治上持积极态度的公民的实质性多数支持。也就是说，对一个稳定而安全的政体而言，需要一种政治正义观念得到大多数公民的支持与认可。

第四，民主社会的政治文化。这种文化在相当长的一段时间里发挥着作用，通常包含着某种基础性的直觉观念，这种直觉观念能够建立起适合立宪式政体的政治的正义观念。

第五，在我们最重要的判断中，许多是在这样一些条件下作出的，即我们不能期待正直的个人以其充分的理性能力，甚至经过充分的讨论后总能达到相同的判断。罗尔斯称之为"判断的负担"。

我们仔细看罗尔斯对现代民主社会的规定。一方面他要求现代民主社会应该是持久和稳定的，这需要大多数公民具备一种共同的观念。现实却是公民各自有其不同的但合理的完备性观念。另一方面，罗尔斯要求公民要将公共的政治文化观念作为其政治正义观念的基础，但是又强调公民即便都从这一基础出发仍然可能得出不同的判断与结论。那么面对这样的现实情况，公民究竟能对什么观念达成一致? 这种一致是如何达成并稳定持续的呢?

---

① John Rawls, *Political Liberalism*, New York: Columbia University Press, 1996, pp. 36 – 38.

（一）重叠共识的形成

罗尔斯论述了"重叠共识"是如何形成的："在一种自由的正义观念中，作为一种临时协定的最初默许，是如何随时间而变化，先变成宪法共识，再变成重叠共识的。在这一过程中，我假设了绝大多数人的完备性学说都不充分完备。"① 可见他将重叠共识的形成分为两个阶段：其一，达成宪法共识；其二，达成重叠共识。

罗尔斯说，"宪法共识既不深刻，也不广泛，它范围狭窄，不包括基本结构，而只包括政府的政治程序"②。那这种共识是如何形成的呢？罗尔斯指出，"起初是犹豫地接受，人们把它作为唯一能解决无休止的和毁灭性的市民纷争的有效选择而接受下来"③。也就是说，最初的接受是一种被动的接受，当人们在处理政治问题没有共同认可的方式时，这种宪法共识作为一种大家可以接受的解决争端的方式而被认可。这种接受并不是发自内心的服从和忠诚，而更像是一种无可奈何的接受。那么对这一宪法共识的接受是如何从被动变成主动的呢？一种主动的接受或者忠诚又意味着什么呢？罗尔斯区分了如下三种情况：

其一，作为宪法共识的政治原则是从一种完备性的学说中推导出来的；

其二，作为宪法共识的政治原则并非从完备性学说中推导出来，但是与公民的完备性学说相容；

其三，作为宪法共识的政治原则与完备性学说并不相容。

罗尔斯说这三种情况的公民，"首先可能会感激这些原则对他们自己和对他们所关心的那些，以及对社会所带来的普遍好处，然后便会在这一基础上来认可这些原则。如果后来他们认识到，这些正义原则与他们完备性学说之间存在着一种不相容，那么他们很可能会去调整或修正这些完备性学说，而不是抛弃正义原则"④。在这里我们可以看到，公民对宪法共识的认可事实上依赖于两点：其一，这些原则能够给公民带来好处，公民

---

① John Rawls, *Political Liberalism*, New York: Columbia University Press, 1996, p. 168.

② John Rawls, *Political Liberalism*, New York: Columbia University Press, 1996, p. 159.

③ John Rawls, *Political Liberalism*, New York: Columbia University Press, 1996, p. 159.

④ John Rawls, *Political Liberalism*, New York: Columbia University Press, 1996, p. 160.

正是基于这一点而认可了这些原则；其二，公民甚至会为了这些好处而去调整和修改自己的完备性学说。关于第一点，我们承认，一种解决纷争的程序性原则的确会带来好处，但是按照不同的完备性观点来看，这种程序性原则是否会带来最大的好处呢？这不一定，也就是说，我们仍然会对何种程序能够给我们带来最大好处产生争议。所以在选举程序上有各种冲突，而难以达成一致。此外，我们评价能否带来好处的依据何在？对公民而言，评价一种程序是否带来相应好处的依据只能在于其完备性学说，罗尔斯却认为公民为了程序带来的好处而改变完备性学说。这是我们所不能接受的。公民何以可能因为完备性学说认可的好处来改变完备性学说呢？这在我们看来是不可理解的。

罗尔斯说形成宪法共识并没有结束，还有待进一步转化为重叠共识。重叠共识在深度、广度和具体性三个方面都是对宪法共识的超越。就其深度而言，罗尔斯论述了三种推进宪法共识向重叠共识转化的力量。

其一，对于政治集团而言，他们需要走出自己的范围，并呼吁更多的人来认可他们的政策，从而使自己成为多数派。实现这个目的需要一种政治的正义观念，这些观念提供了共同讨论的基础。

其二，对于立法而言，随着事实的发展，新的和根本性的立宪问题将不断产生。需要一种更为根本的基础性的社会和公民的观念在原则层面考察已经形成的宪法共识，并引导人们如何修改和解释宪法。

其三，对于司法而言，法官及有关官员必须发展出基于原则性的政治的正义观念，他们才有可能对宪法的价值以及其所适用的标准的解释建立理性的基础。

正是基于上述三点，宪法共识必须在深度上加以拓展，而形成重叠共识。这种共识"足够深入，足以达到诸如作为公平之合作系统的社会理念，以及作为理性而合理、自由而平等的公民理念一类的根本性理念"。但是在这里，罗尔斯并没有解释何以能够形成重叠共识，他只是论述了为什么需要重叠共识。

就其广度而言，罗尔斯指出，"宪法共识所包含的权利、自由和程序，仅仅涵盖了人们将要发生论争的根本性政治问题的有限部分"①，"一

---

① John Rawls, *Political Liberalism*, New York：Columbia University Press, 1996, p. 166.

种纯政治的和程序性的宪法共识过于狭窄"①。因此，罗尔斯要求必须通过根本的立法来保证普遍的思想自由和良心的自由。除此之外，宪法共识还应该能够保证全体公民的基本要求得到满足，从而使他们能够参与社会和政治生活。所以罗尔斯说，就其广度而言，需要将政治共识发展为包括了整个基本结构的政治观念的重叠共识。"它涵盖一种正义观念的各种原则和价值；它适用于作为整体社会的基本结构。"②

我们看到罗尔斯道德心理学的论述较前期有很大转变，罗尔斯没有再对亚里士多德主义原则进行强调，并且前期对道德发展三个阶段的论述以及依附于情感联结的道德情感的产生在这里都进行了淡化处理。缺少了亚里士多德主义原则后就会产生一个根本的问题，即对三种欲望的价值排序，或者说三种欲望的强烈程度的排序问题。罗尔斯并没有明确地回应，他只是论述存在这样一种欲望，但是这种欲望究竟在多大程度上左右了人们的行为，罗尔斯并没有进行深刻阐释。换言之通常情况下，我们三种欲望并存，但是很可能的情况是我们更倾向于收获更多的财富而不是成为圣人。即便是我接受了圣人观念的洗礼，仍然不可避免地在这两种欲望之间选择了前者。那么罗尔斯的这种心理学很可能就失去了他所设想的力量。那么何以保持这样一种道德心理的力量，或者说我们怎样才能使得对观念的欲望成为最根本的欲望呢？

在《万民法》中，罗尔斯再一次对公民的道德学习的心理过程进行了论述，罗尔斯说，当"公民在正义社会世界成长并参与这一社会时，会发展出一种正义感"③。同时"当《万民法》得到人民超过一定时期的尊重，并具有遵守这些法则的明显意图——而这些意图得以相互承认，则这些人民便倾向于发展出相互间的信任与信赖。而且人们认为这些准则对自己及其关心的人有利，因而他们会逐渐倾向于接受这一法则，作为行动的理想"④。

① John Rawls, *Political Liberalism*, New York: Columbia University Press, 1996, p. 166.

② John Rawls, *Political Liberalism*, New York: Columbia University Press, 1996, p. 149.

③ John Rawls, *The Law of Peoples*, Cambridge, MA: The Belknap Press of Harvard University Press, 2001, p. 44.

④ John Rawls, *The Law of Peoples*, Cambridge, MA: The Belknap Press of Harvard University Press, 2001, p. 44.

（二）　对重叠共识的四种反驳

罗尔斯特别强调公民具备形成正义感的能力以及具有按照这种正义观念行动的欲望。在罗尔斯看来，制度和他人对正义观念的稳定遵循会增强我们的信心，从而激励我们也遵循正义观念。罗尔斯似乎认为公民对正义观念的忠诚来源于"结果的效能"。他说"当公民开始赞赏自由主义观念所取得的成就的时候，他们就获得了对它的忠诚，而且这种忠诚历久弥坚"①。正是因为在这种观念规约下的制度取得了巨大的成就，带来了个人利益和公共利益的提升，所以公民忠诚于这种制度。那么问题随之而来，这种重叠共识如何从一个权宜之计变成真正的重叠共识的？换言之，公民是从一种工具价值的角度认可这一共识的，那么这种共识怎么可能稳定？特别是一旦出现了其他观念所激励的制度能够产生更大效能的时候，公民还怎么能够忠诚于制度、忠诚于制度背后的政治正义观念？这形成了对罗尔斯重叠共识观念的第一种反驳意见，即认为这只是一种"临时妥协（modus vivendi）"。

罗尔斯认真回应了这一意见，他首先定义了"临时妥协"，罗尔斯说这种概念"是刻画两个发生民族目的和利益之冲突的国家间的一种条约"②。显然，这种条约是建立在双方的目的和利益基础之上的。双方的目的和利益都会发生改变，所以这种条约是临时性质的。但是对于重叠共识而言，需要在两个方面与其区别开来。其一，共识的目标即政治的正义观念。也就是说，共识双方的目的是明确且恒定的；其二，共识是在道德的基础上被人们认可的，"这样的一个共识，它的目标和基础都是道德的，并因此区别于那种仅仅建立在自我和团体利益之上的、不可避免是脆弱的共识"③。也就是说，重叠共识内在包含着社会观念和公民观念，同时也包括了对正义原则、政治美德的解释。通过这种解释，正义原则的要求得以在人的品格之中有所体现，从而展现在人们的社会公共生活中。概言之，重叠共识实际上建立在道德的基础之上，这一基础是牢固的并且不

---

① John Rawls, *Justice as Fairness A Restatement*, Cambridge, MA：The Belknap Press of Harvard University Press, 2001, p. 194.

② John Rawls, *Political Liberalism*, New York：Columbia University Press, 1996, p. 147.

③ John Rawls, 1985, "Justice as Fairness：Political not Metaphysical", in Samuel Freeman, eds., *Collected Papers*, Cambridge, MA：Harvard University Press, 1999, p. 411.

会轻易改变的。

　　然而罗尔斯的回应却是不成功的。正如塞缪尔·谢弗勒（Samuel Scheffler）① 所指出的那样，重叠共识与罗尔斯的论述是存在矛盾的。对罗尔斯而言，社会是作为一个公平合作的体系的理念潜在于公共政治文化中，而这一社会理念则突出体现了互惠的观念。但在罗尔斯看来，功利主义所理解的社会并不是一个互惠的公平合作体系，而是将社会理解为对资源的有效管理。这种管理是为了最大限度地满足由公正的旁观者从许多公认的个人欲望系统中构建出来的欲望系统。那么如何期待功利主义能够认可基于这一理念之上的重叠共识呢？ 更重要的是，功利主义的原则曾被罗尔斯设想为一个原初状态中的备选原则而出现在各方的选择之中，但是最后各方选择了罗尔斯的正义原则，那么这意味着功利原则与正义原则存在差别。那么在多元社会中，那些持有功利原则的人何以能够去支持正义原则呢？ 罗尔斯既要求这不是一种临时的妥协，而是一种深刻的道德共识，又要求这种共识能够持久且稳定。这本身就与其理论存在内在的不可调和的矛盾。谢弗勒为我们提供了一种罗尔斯可能的回应方式②。即重叠共识的建立基础并不是建立在道德真理的基础上，而是必须将其作为罗尔斯政治建构主义的一部分去理解，即建立在合理性之上。一旦进行这样一种理解，共识的达成就会更为容易，因为它不再要求是一种真理性，但这也就引起了第二种反驳意见。

　　第二种反驳意见则指出，重叠共识"对普遍性和完备性学说的回避，意味着对政治正义观念是否可以为真这一问题持冷漠或怀疑主义的态度"③。这种反驳意见是非常重要的，因为如果政治正义的观念是一种怀疑主义的，那么这种观念就很难与诸多完备性学说形成重叠共识。罗尔斯也认识到了这一点，他说"这种怀疑主义或冷漠会把政治哲学置于与大量完备性学说相对立的位置，因而从外部使其达不到形成一种重叠共识的

---

　　① Samuel Scheffler, "The Appeal of Political Liberalism", in *Boundaries and Allegiances: Problems of Justice and Responsibility*, in *Liberal Thought*, Oxford: Oxford University Press, 2002, p. 136.

　　② Samuel Scheffler, "The Appeal of Political Liberalism", in *Boundaries and Allegiances: Problems of Justice and Responsibility*, in *Liberal Thought*, Oxford: Oxford University Press, 2002, p. 146.

　　③ John Rawls, *Political Liberalism*, New York: Columbia University Press, 1996, p. 150.

目的"①。如何解决呢？必须明确的是，政治正义观念是独立的，依赖于每个人的完备性的学说。政治正义观念（公平正义）是使一种重叠共识成为可能的。"我们可以通过公共政治文化而共同分享的根本性理念。从这些理念出发，我们试图制定出一种与我们经过反思所获得的深思熟虑的信念相适宜的政治正义观念。一旦达到这个目的，公民就可以在他们的完备性学说内把这种政治正义观念看作真实的或合乎理性的。"②

也就是说，对每一个公民而言，这种政治的正义观念绝对不是怀疑主义的，而是得到了确信的。从罗尔斯的这段论述中，我们还是会发现这样一个根本性的问题，那就是所谓的重叠共识究竟是什么？或者达成重叠共识的基础究竟是什么？罗尔斯多次谈到这一基础，那就是公共政治文化。罗尔斯的公平正义观念是从公共政治文化中的两个根本性理念得到的，所以事实上达成重叠共识的基础是公共政治文化。那究竟什么是公共政治文化？公共政治文化存在不存在？正如很多学者所指出的一般，公共政治文化本身究竟是不是共同的都是存疑的。作为公共政治文化的功利主义、至善论与康德的义务论观念之间就存在着不可调和的内在矛盾，罗尔斯因何能够判断出"自由平等的道德人观念"与"社会合作理念"是公共政治文化呢？所以实际上，罗尔斯的共识可能既缺乏真理性，同时也不一定是"客观的"。

第三种反驳意见是一种有效的政治正义观念必须是完备的，只有这样才能处理好各种价值之间的冲突，才是有效的。罗尔斯认为作为公平的正义不必是完备的，但仍然是有效的。这种有效性体现在如下两个方面。

其一，重叠共识所规定的内容是根本的政治价值，对这些根本政治价值的冲突将会起到裁定作用。也就是说，尽管政治的正义观念是一种独立的观念，但是它仍然对政治价值予以了充分的肯定，并且强调政治价值的重要地位。这种根本性的作用表现在按照政治的正义观念"能够构造出基本结构的各种制度，以便使那些纠缠不清的冲突难以产生……制定清晰简明的原则，并且这些原则的普遍形式和内容能够得到人们的理解。一种

①　John Rawls, *Political Liberalism*, New York：Columbia University Press, 1996, p. 150.

②　John Rawls, *Political Liberalism*, New York：Columbia University Press, 1996, pp. 150 – 151.

政治观念最好仅仅作为一种指南性质的框架，至少能帮助我们对宪法根本和基本正义问题达成一致的契约"①。也就是说，罗尔斯认为作为独立的政治正义观念，可以在政治领域提供充分的指导，特别是能够建立好基本的制度和原则，以此来规避冲突的产生。

其二，重叠共识的有效性不仅仅体现在它对政治价值的认可和裁定上，更关键的是，它还将使公民看出政治价值与其他价值具有充分的包容性且能够作出一致的选择。罗尔斯说，事实上当持有某种完备性学说的公民去支持政治的正义观念时，政治价值与其他价值产生冲突的可能性就会大大降低，因为它是得到了完备性学说支持的。但是罗尔斯这里的论述又会与各种合乎理性的完备性学说共存于民主社会的事实产生矛盾。

我们很难理解，为什么各种合乎完备性的学说本身是有价值冲突的，而且这种冲突是深刻多样的，但是由这些学说所认可的重叠共识则会减弱这种冲突，根本的问题在于这些深刻冲突的学说究竟怎样才能达成共识。而这也成为罗尔斯回应的重叠共识的第四种反驳，即重叠共识既难以实现也更难以保持稳定。罗尔斯首先承认，对这一问题的回答并不是一种详细的回答，而是"我只能稍稍触及这一问题，且只能提出这样一种重叠共识可能产生，且其稳定性可能得到确保的某一方面的大致要领"②。重叠共识作为一种独立性的观念，何以能够补充不完备的学说使其完备？那是不是意味着这种重叠共识都是作为每个公民完备性学说的一部分而被接受下来的？罗尔斯强调，"任何人都不会出于政治妥协的理由而接受该政治观念"③。也就是说，任何一种完备性观点都与政治正义观念以某种方式进行联系，而不会出于妥协联系。那么这与民主社会的一般事实假定是不是冲突呢？这种逻辑上的先后关系应该怎么界定呢？关于完备性学说如何与政治观念相联系的问题，罗尔斯给出了三种可能联系的方式。

第一，推演性质的，也就是说，政治观念可以由一种完备性学说推演出来，比如可以从康德主义中推演出来。

第二，近似性质的，也就是说，政治观念可以与完备性观点是一种近

① John Rawls, *Political Liberalism*, New York: Columbia University Press, 1996, p. 156.

② John Rawls, *Political Liberalism*, New York: Columbia University Press, 1996, p. 158.

③ John Rawls, *Political Liberalism*, New York: Columbia University Press, 1996, p. 171.

似的关系。比如功利主义与政治的正义观念之间的关系，两者虽然依据的基础并不相同，但是对于同样的政治领域中基本问题的判定却可能近似。罗尔斯说这可能是令人满意的也可能是最有效的方式。

第三，平衡性质的，也就是说，政治正义观念能够平衡各种判断而得到人们的认可。比如其与价值多元论的关系。

对于第一种，如果政治的正义观念是作为一种推演性质的，是不是就意味着这种观念本身就是作为某种学说的一部分而出现的？对于第二种，近似性质的，这种近似是结果的近似还是要求的近似？举例而言，一种合理的功利主义与罗尔斯作为公平的正义之间在很多问题上可能要求一致，从而这一观念得到了人们的认可。对于第三种，平衡性质的，价值多元论内部的价值冲突，政治正义观念试图在政治领域为其作出判断与平衡。即便罗尔斯所说的三种关系可能成立，但是这种重叠共识将不会是稳定的。显然，最为稳定的联系方式是第一种，因为这一观念本身可以作为一种学说的一部分而存在。第二种和第三种则是极其不稳定的。对于第二种而言，我们认可政治的正义观念在于其与我们所持的理论产生了同样的判断，那么为什么我们还要在政治领域接受一个新的观念，这样不会增加我们所持观点的复杂性吗？此外，第二种联系方式因为是近似的，那么就意味着，在一些根本问题上完备性学说与政治正义观念之间是有可能存在冲突的，一旦出现冲突，公民为什么还要服从这一观念？罗尔斯给出的理由是，只有这样才能解决公民之间的冲突。或言之这种共识能够通过解决公民的冲突而具有价值，在此意义上被公民个体认可。那这样一种共识将是可替代和不稳定的。第三种情况的稳定性更为薄弱，为什么一种完备性的理论将另一种理论作为价值评判的依据？既然我们本质是支持多元论的，那么就没有理由支持某种平衡。

笔者认为正如 Ross Mittiga 所指出的那样，"除了断言'政治的价值是非常伟大的价值，不容易被推翻'之外，罗尔斯几乎没有提供什么支持来说明为什么我们可以分享他的希望"①，罗尔斯并没有明确指明为什么政治价值在各种道德价值之中可以占据这样一种地位。对此，罗尔斯可能

---

① Ross Mittiga, "Pluralist Partially Comprehensive Doctrines, Moral Motivation, and the Problem of Stability", *Res Publica*, Vol. 23, 2017, p. 413.

的回应是再次强调政治领域的独立性，也就是说，其他非政治价值与政治价值之间是不存在冲突的。只有重叠共识中的政治价值与公民所持有的多元完备性观点中的政治价值才可能有冲突，但是基于公民自身观点的不完备性，仍然可能形成稳定的重叠共识。但是即便罗尔斯进行了这样的设定与回应，仍然存在两个问题。其一，原本完备性学说所支持的政治价值具备了深厚的道德根基，或言之它是全面的、深入的，公民可以有更多道德理由来予以支持，那么如何可能改变原本的政治价值而接受新的政治价值？只要存在冲突，这种裁决的力量难道不是倾向于接近自己的完备性观念吗？其二，如果我们认可罗尔斯所言，那么重叠共识实际上仅仅能够在第一种情形中得以形成。也就是说，重叠共识必须是作为完备性学说的一部分才能长久地维持下去。

罗尔斯在《政治自由主义》中似乎也隐含着这样一种观点，事实上，在后期他提出的自由主义不是一种普遍主义的观点，而是一种特别的具体的自由主义的观点。这种观点特别依赖于制度本身之前的历史，依赖于社会中已经形成的自由主义的实践与传统，用罗尔斯之言就是"公共政治文化"。只有在具备了这样文化背景的社会中，才能找到理想社会和道德人的观念，从而建构出政治的正义观念。这样看来，似乎是社会本身就支持一种自由主义的观点，而对于那些非自由主义的观点，或者说第一次试图发展自由主义制度的社会而言，对政治正义观念的重叠共识就缺少必要的基础。所以事实上在罗尔斯看来，除非一个社会在这些制度下生存了足够长的时间，发展出宽容的传统、对自由公民美德的承诺以及合理和公平互惠的精神。这些价值与美德是可以帮助稳定自由制度的资源，使自由价值观和原则的重叠共识成为可能。

二 公共理性何以形成？

最后，让我们考察罗尔斯所要求的稳定性的第三点："正义观念要求诉诸理性与合理性、自由与平等的公民的公共理性。"[1] 如果说在《正义论》中罗尔斯的稳定性是诉诸公民的一致选择和实践理性的作用发挥，

---

① 公共理性是对 public reason 的翻译，实际上罗尔斯强调的是公共的合理性，是一种与他人相关的合理性。

那么在后期，罗尔斯的稳定性则来自公民的公共理性。考察公共理性怎样为社会提供稳定性需要回答两个问题：其一，公共理性与公民的关系；其二，公共理性究竟如何发挥作用？

（一）公共理性与公民

罗尔斯根据公共理性的内容总结了它的三个特征。首先，公共理性的内容是多样的，而非单一的。罗尔斯说从内容上看，公共理性表达的其实就是一种相互性标准，也就是说，可以合乎理性期待其他公民与自己一样。公共理性的主要内容包括了如下三个方面：（1）基本权利、基本自由以及机会的清单；（2）给予一些权利自由的机会以特别的优先性，这种特别的优先性是相对于基本善和完善论的优先性；（3）衡量保证所有公民能够有效利用其自由（权利）的高效而充分的手段尺度。虽然公共理性的内容包括这三个方面，但是就三个方面的具体解释可以是多样的、不同的。所以政治自由主义可允许的公共理性的形式总会有好几种。其次，公共理性的内容是独立的，而不是完备的。罗尔斯说从内容上看，公共理性并不表达任何一种完备性的价值，而仅关涉一种政治的价值。最后，公共理性的内容必须是完整的。所谓完整的，其实就是说每一种政治的观念都必须包括相应的原则、判断的标准以及追求的理想和探究的准则，从而可以根据这一观念将各种政治价值进行适当地排序或统一起来。实际上，公共理性与罗尔斯将政治独立出来的观点是相互联系的，公民在运用公共理性的时候，就是在用政治概念进行讨论，并且我们的讨论范围仅仅局限在政治领域。

公民在公共领域仅仅运用公共理性而无涉完备性的宗教和道德学说这一要求的合理性何在？对于罗尔斯而言，现代民主社会的众多合理性的观点之间是不可通约的，分歧是持续存在的。那么想要形成共识必须从每种观点都能认可的基础出发。显然，任何一种完备性观点都不适合成为这样一种基础，也无助于共识的达成，因此只能寄希望于公共理性。但正如有的学者[①]所指出的，即便在公共领域诉诸完备性的道德或宗教学说，这不仅没有坏处，反而具备优势。我们在公共论坛中诉诸了个人的完备性学

---

① 参见桑德尔《公共哲学政治中的道德问题》；John Langan，"Rawls, Nozick, and the Search for Social Justice", in *Theological Studies*, 2014（38），pp. 346–358.

说，这并不意味着这一学说没有吸引力，恰恰相反，正因为这一学说的完备性可能为政治领域的原则或政策提供更深层次的理由，从而使人信服。而如果我们仅仅从一种政治的观点出发，且只考虑政治价值的恰当排序和平衡，公共理性的观点还能否被称为真实的观点呢？

罗尔斯对这个问题的回应包括了两点。第一，公民承认这种观点的不完善性，且正是这种不完善性"只有通过接受民主社会的政治永远不能被我们认为的完整的真理所指导，我们才能认识到由合法性原则所表达的理想，即按照大家都合理地认可的合理性来与别人一起过政治生活"①。也就是说，对于罗尔斯而言，实际上，本来就不要求民主社会的政治为某种完整性的真理所指导，恰恰相反，他要做的是赋予每个人的合理认可的合理性要求以终极地位，从而表达了一种政治理想。对罗尔斯而言，尊重每个人的合理性的意见是其合法性原则所表达的理想，这种理想是具有重大意义的。实际上，在罗尔斯的这一回应中，我们看到他是通过一种先在的价值，即尊重每个人的合理性意见在政治生活中的作用，来回应批评的，这种价值的优先性甚至独立于他的合法性原则。我们可以看到，罗尔斯对公共理性的作用的表达实际上呈现了罗尔斯先在的价值设定。

第二，罗尔斯认为实际上公共理性要求的是，公民可以根据政治价值的平衡去清楚地解释自己的投票和选举行为。公民认可一种价值的平衡可能是基于各自的完备性学说，但是公民在向他人解释这种价值的平衡的时候则必须诉诸政治观念所允许的政治价值。罗尔斯说，"对个体公民而言，究竟认可哪一种学说则是一个良心问题"②。可见，实际上罗尔斯这里对公民的心理与行为描述是有明确的区分的。当公民自觉接受一种政治观点的时候，他们可能诉诸的是自己完备性的学说，也即罗尔斯所说的"良心"，而当公民在公共领域向他人论述的时候，则要依靠公共理性，而不能再运用自己的完备性观点。这样看来，对于罗尔斯而言，说服自己是需要与完备性学说相连的，而说服别人则需要诉诸公共理性。如果公民对任何一种学说的接受与内化都必须诉诸自身的完备性学说，那么我仅仅运用公共理性向他人解释我的政治观点，何以能够使他人接受？在罗尔斯

①   John Rawls, *Political Liberalism*, New York：Columbia University Press, 1996, p. 243.

②   John Rawls, *Political Liberalism*, New York：Columbia University Press, 1996, p. 243.

看来，运用公共理性才能与他人的完备性观点有所联系，从而使他人的接受得以可能。

罗尔斯进一步强调这种"真实性"在他的理论中是不必要的，因为在公共理性中，基于完备性学说的真理或正确的理念，已被一种在政治上对作为公民的个人们来说是"合理性"的理念所取代。个人已经不再被理解为全面的个人，而仅仅被理解为具有两种道德能力的自由平等的公民。而其在公共理性讨论中所关注的问题也仅仅是政治领域的，所以并不需要完备性学说作为支撑。且罗尔斯指出，对公民而言认可一种完备性的学说与认可一种政治观念并不冲突，可以同时具备。这何以可能？可能的回答是公民的完备性学说也在不断修正。但是这里又有一个问题，那就是作为独立的政治观念何以去指导公民的完备性学说呢？罗尔斯的回应力度是远远不够的。罗尔斯只是说在他的理论中将人性的解释搁置起来，而仅仅考虑个人作为公民的一个方面。他之所以这样设定是因为他一直力图在政治领域解决基本的政治问题。

按罗尔斯的理解，每个公民在公共论坛讨论的起点在于"政治正义观念"，而作用于政治正义观念的理性是"公共理性"，最后在两者相互作用下，公民得到具体问题的结论。公共理性是将所有人看作理性的且合理的。所以差别就在于政治正义观念的差别。对于秩序良好的社会而言，政治正义观念就是重叠共识的核心，也就是说是公民所一致认可的，我们很难理解同样的论证前提，经过同样的论证方式，肯定会得到相同的结论。那么民主社会的争议由何而来？罗尔斯说"公民对于那种最合适的政治观念也会有不同的看法，这是不可避免的，而且常常让人高兴，因为公共政治文化必定导致某些可以用不同方式来加以发展的不同的根本性理念"①。在这里，罗尔斯似乎是指，公平的正义观仅仅是政治观念中可能的一种，因为它是从公民和社会这两个如上理解的根本性理念中发展起来的，但是其他观念则可能从不同的根本性理念出发来建构出政治正义观念。

那么问题就又一次出现了，从不同的理念出发何以能形成重叠共识呢？我们看到罗尔斯的讨论显得稍微有些混乱。有时候罗尔斯是在他组织

---

① John Rawls, *Political Liberalism*, New York：Columbia University Press, 1996, p. 227.

良好的社会中进行讨论的，有时候又是在现实的社会中展开论述的。在组织良好的社会中重叠的共识不仅可能而且必然。在现实的社会中，重叠共识不仅不必然，甚至不可能。罗尔斯还强调"非公共的权威是自由地加以接受的"①，而政府的权力是无法躲避的，除非离开这个国家。但是罗尔斯又强调离开自己的国家是非常困难的，因为这不仅涉及远离我们的出生之地，更关键的是对我们社会和文化的背离，对我们一经出生就接受的文化背景的改变。所以"社会、文化、历史和社会出身这些因素在很早的时期就开始塑造我们的生命，并且其力量通常是如此强大，以至于从政治上讲，移民权并不足以使人们在是否接受它的权威问题上拥有自由"②。

事实上，罗尔斯这段话的论述有一个很明显的问题，那就是这些背景性的因素影响如此深远，这种影响如何能够只影响个人的政治正义观念，而不是塑造个人的完备性理念呢？这是我们所不能理解的。换言之，按照罗尔斯的意思，这种文化只对我们的政治观念进行塑造，而绝不塑造我们除政治外的任何完备性观念。所以我们的政治观念是一致的，我们的其他方面的理念却是不同的。政治上建立重叠共识是可能的，其他方面却是不现实的。既然这种影响是如此深远且强大，接受同样政治文化熏陶的人何以会在除政治外的方面作出不同的选择呢？

罗尔斯一直试图弥合其秩序良好的社会观念和现实的社会之间的鸿沟，他希望通过政治观念的共识来得以实现，但是笔者认为这种努力事实上是失败的。因为政治观念在组织良好的社会中表现为一致，而在现实社会中却无法实现一致，这种鸿沟始终无法逾越。虽然罗尔斯尽力避免完备性的根本性的理论，而仅仅在政治领域寻求共识，但是现实社会中，恰恰是政治社会的价值冲突多到让我们无所适从。再回到上面一个问题，公共理性究竟是否能够保证公民得到相同的结论，在不同社会中答案不同。在组织良好的社会中必然结论相同，而在现实社会中则不然。

（二）公共理性的作用问题

正是公民通过公共理性作用的发挥才达成了重叠共识，从而带来了稳

---

① John Rawls, *Justice as Fairness A Restatement*, Cambridge, MA: The Belknap Press of Harvard University Press, 2001, p. 93.

② John Rawls, *Justice as Fairness A Restatement*, Cambridge, MA: The Belknap Press of Harvard University Press, 2001, p. 94.

定性。但是这里的困难与问题在于：公共理性究竟在什么问题上能达成一致。实际上不仅在《政治自由主义》中存在这一根本性的问题，在《正义论》中同样不可避免。究竟在原初状态中的各方会对何种原则达成一致？这是罗尔斯整个政治哲学所希望解释清楚，但是最难阐释明晰的问题。笔者认可罗尔斯相互性、公共理性抑或是原初状态的种种程序的选择和设置，但是无论哪一种程序安排与设置都很难达到罗尔斯所要求的一致性。

罗尔斯对这个困难的回应是，"公共理性并不要求我们接受一模一样的正义原则，而毋宁是要求我们按照我们所认可的政治观念来进行我们根本性问题的讨论。我们应该真诚地相信，我们对这一问题的观点是建立在可以合乎理性地期待每一个人都会认可的政治价值的基础之上的"①。在罗尔斯看来，似乎公共理性并不是要所有的公民都达成一致，而是要所有公民都认可这样一种推理判断的价值。换言之，罗尔斯其实认为对一种政治观念事实上存在两种价值：第一种价值是正义原则的价值，这种原则可以是不同的；第二种价值是推理方式的价值，对这种价值的认可一定是相同的，共同呼吁罗尔斯所谓的公共理性。所以，无论公民对正义原则的价值有多么的不认可，但是他们必然始终认可公共理性的价值。

所以看起来，罗尔斯的公共理性既不寻求"真理性"，也不寻求绝对的"一致性"，那么我们很自然地追问：要求公民运用公共理性的价值与意义何在。大体而言，公共理性在罗尔斯政治哲学中有三个重要的作用。

首先，公共理性指明了政治权力使用的合法性。罗尔斯论述了民主社会政治关系的特点有二：其一，对于公民而言，这种政治关系是终其一生都存在的且不能脱离；其二，政治权力是依靠政府使用制裁而形成的强制性权力，政治权力是一种公共权力。至此，我们很自然地就会追问：政治权力使用的合法性何在？罗尔斯说"对于这一问题，政治自由主义的回答是：只有当我们行使政治权力的实践符合宪法时——我们可以合理地期待自由而平等的公民按照为他们的共同人类理性可以接受的那些原则和理想来认可该宪法的根本内容——我们行使政治权力的实践才是充分合适

① John Rawls, *Political Liberalism*, New York：Columbia University Press, 1996, p. 241.

的，这就是自由主义的合法性原则"①。在这里，罗尔斯事实上强调的是"合理的和理性的全体公民的共同认可"。对于政治自由主义而言，利用政治权力去强化自己的合理性的完备性学说是不合理的。换言之，政治的正义观念只解决这一领域的问题，政治权力的使用的合法性仅仅在于政治领域内公民的共同认可。且罗尔斯还特别强调这种认可是合理性的认可。"政治权力是作为一个整体的自由而平等的公民的强制性权力，所以，当宪法根本和基本正义问题产生危机时，这种权力只能以人们可以合理地期待全体公民都能按照共同的人类合理性来认可的那些方式来行使。"② 那么政治权力就不能越界，只能解决政治领域的价值冲突，而绝不能关涉到政治领域之外，更不能推行一种完备性的观念。

其次，公共理性为政治观念的公共证明奠定了可能。罗尔斯说对政治观念的证明事实上是有三种不同的方式。

第一，罗尔斯称之为"pro tanto"式的证明，这种证明是仅仅在政治价值范围内的证明，即仅限于政治领域，要求一种政治观念对各种政治价值进行排序和平衡，而不掺杂其他价值。

第二，充分证明。也即个人将政治观念与个人完备性学说相结合的证明，这也就意味着将有不同的价值加入其中。

第三，公共证明。这一证明是在充分证明的基础上更进一步，那就是证明的主体不再是作为社会成员的个人，而是所有理性成员都将这一政治观念与各自的完备性学说相融合，一旦这种融合实现，那么公共证明也就得以完成。

罗尔斯进一步解释了公共证明的过程："公共证明的基本情形是这样的：在此情形中，共享的政治观念即是共同的基础，全体合理性的公民所采取的共同行动，是通过普遍而广泛的反思平衡，在他们多种合乎理性的完备性学说基础上来认可该政治观念。"③ 罗尔斯说政治的正义观念需要的是最后这种意义上的证明，也即公共证明。而这种证明的实现只能依赖

---

① John Rawls, *Political Liberalism*, New York: Columbia University Press, 1996, p. 137.

② John Rawls, *Political Liberalism*, New York: Columbia University Press, 1996, pp. 139 – 140.

③ John Rawls, *Political Liberalism*, New York: Columbia University Press, 1996, p. 388.

罗尔斯所言的公民的公共理性。但是一旦要求我们不仅对正义观念本身能够形成共识，同时也要求对正义观念的论证过程也有所共识，那么共识形成的可能性就会大大降低。事实上，罗尔斯面对多元社会中相互冲突的价值理念，他的政治哲学正如他自己对政治哲学本身的理解一样，要确定某些隐含在公共政治文化中的共识基础，从而代表民主社会公民之间的共同点。然后，他试图用这些"共同点"作为前提，来论证一个所有人或几乎所有人都能同意的正义概念。为了保证最终共识的形成，罗尔斯不仅仅要求这一起点是"共同的"，并且要求论证的过程也是"政治性的"，只有这样才能避免诉诸任何一种全面的道德或宗教学说，但是这样的要求似乎也消解了公共理性自身的合理性。

最后，公共理性还将在公共政治论坛、选举等过程中发挥作用。面对有争议的政治问题，正是公民通过公共论坛在选举中运用公共理性从而得到一致的结论，而使社会的稳定得以可能。罗尔斯赋予公共理性的最后意义与价值带来了公共理性所面临的第二个问题，即为什么公民在讨论或者投票决定最为根本的政治问题的时候，要尊重公共理性的限制。当根本问题产生危机时，公民为什么要遵循基于政治观念基础上的公共理性，而不是诉求于自己建立在完备性学说上的理性，这何以可能？

罗尔斯对此的解释是，"公民对公共理性限制的普遍尊重，是某些基本权利和自由以及与之相应的义务所要求的；或是这样做将会增进某些重要的价值，或者同时让人们明白这两点"①。所以对罗尔斯而言，公民自觉地尊重公共理性实际上是有两种可能的理由。第一种理由罗尔斯强调这是一种道德义务，罗尔斯的论证如下②。

前提1：只有当公民行使政治权利符合宪法规范时，公民行使政治权利才是正当的；

前提2：公民参与根本性的宪法问题是在行使政治权利；

前提3：宪法制定的根据如下：将所有的公民都视为理性与合理性的公民，并要求宪法是按照这些公民能够接受的原则与理念制定的；

结论：公民行使政治权利的时候应该使自己的观点能够为被视为理

---

① John Rawls, *Political Liberalism*, New York：Columbia University Press, 1996, p. 219.

② John Rawls, *Political Liberalism*, New York：Columbia University Press, 1996, p. 217.

性与合理性的公民所接受。罗尔斯将此称为一种由前提1而来的"道德义务"。

第二种理由则是基于对重要价值的尊重，罗尔斯的论述如下。

前提1：公民将在民主社会中度过一生，他们在这一社会中形成一种公民间的政治关系，这一关系伴随公民终身；

前提2：公民理解民主社会的一般事实，即社会中合理完备性学说的多样性基于公民处于这样一种政治关系且公民的各种学说的多样；

结论：所以公民参与根本性政治问题的讨论时必须向其他公民阐述清楚，为什么他支持和选择的政策可以获得公共理性认可的政治价值的支持，且也依据此对其他公民的观点进行倾听和理解。

前提1意味着政治领域对公民而言是至关重要的领域，因为此领域内形成的关系伴随终身；前提2则意味着在多元民主社会中每个公民的观念是多样的、不同的。由此，罗尔斯推论出了结论，即秩序良好的民主社会所实现的政治价值对公民而言是非常重要的。因为这是多元社会现实与政治领域的重要性共同决定的。进一步的，罗尔斯说基于这一价值的重要性，公民对公共理性的认可是从自己完备性学说内部出发的，并且准备随时向每一个被视为平等与自由的、理性与合理性的公民解释他的学说和行为。

罗尔斯以最高法庭为例，阐释了如何运用公共理性，以期待读者能够更好地理解公共理性这一概念。罗尔斯说法庭运用公共理性具有三个方面的作用。

第一，辩护性作用。也就是说，法庭是依据公共理性而进行宪法解释的。

第二，范例性作用。所谓范例性的作用是指法庭与公共理性之间的作用是相互的，公共理性不仅为法庭提供了宪法解释的基础，而且它"通过发挥其作为制度范例的作用，还应对公共理性发挥恰当而持续的影响"①。这意味着法庭将发挥公共理性的示范作用和教育作用。同时法官在实践中作出的判断必须诉诸他们认为得到了政治正义观念认可的政治价值，也就是说，法官必须诉诸公共理性和公共政治正义观念。罗尔斯在此

---

① John Rawls, *Political Liberalism*, New York：Columbia University Press，1996，p. 235.

明确，法官运用公共理性与公民运用公共理性一样，并不意味着"法官能够在有关宪法理解的细节上达成一致，一如公民对此类问题的判断难以达成一致一样"①。这里又回到了我们之前探讨的问题上，为什么从同样的政治正义观念出发且运用同样的公共理性，最终法官或公民得到了不同的结论。

第三，赋予公共理性以生动性和有效性。"法庭作为公共理性的最高范例的作用还有第三个方面，即在公共论坛上赋予公共理性以生动性和有效性。它正是通过其关于根本政治问题的权威性判断来发挥这一作用的。"②

虽然罗尔斯在理论逻辑和现实应用中都阐述了公共理性的作用，但是罗尔斯对这一问题的回答并不能使我们满意。罗尔斯出于对义务的尊重和对政治价值的认可或者两者兼而有之，因此认为公民需要在政治根本问题上从公共理性出发。但是这一义务究竟在何种意义上构成义务，即便是我们的一种义务，是不是每一个人都在现实性上遵循它，这都是问题。更关键的是，罗尔斯对公民义务的论述依托于他论证中的前提1，即他对合法行使权利的理解。这一理解直接决定了道德义务的要求。在第二个关于重大价值的论述中，这一重大价值究竟是源自组织良好社会中所实现的正义的社会的善，还是其他的善？罗尔斯似乎有些语焉不详，之所以如此，很大程度上是因为实际上罗尔斯对重大价值的论证仍然基于组织良好社会的背景，所以有学者指出③，实际上在后期，罗尔斯的道德心理与稳定性的关系论述仍然没有脱离《正义论》的背景，他只能解决珍视政治社会善价值的人的心理动机，而对真正的多元主义者是没有深入论述的。特别是对政治价值是基于政治领域的，何以又能够在公民各自的完备性学说中占据根本性、优先性的地位。这也是我们不能理解的。

实际上，公共理性的作用是要替代在《正义论》中提出的道德心理学的作用。如前所述，虽然我们将"public reason"翻译为了"公共理

---

① John Rawls, *Political Liberalism*, New York: Columbia University Press, 1996, p. 237.

② John Rawls, *Political Liberalism*, New York: Columbia University Press, 1996, p. 237.

③ Ross Mittiga, "Pluralist Partially Comprehensive Doctrines, Moral Motivation, and the Problem of Stability", *Res Publica*, Vol. 23, 2017, p. 414.

性"，但是其实这是一种公共合理性。在《正义论》中，罗尔斯要求与合理性对应的正义感占据优先地位，从而使多元社会变成了所有成员都共同珍视正义感的一元社会。那么在《政治自由主义》中，罗尔斯希望对正义感的强调，转变为对公共领域内合理性的强调。仅仅限制公民在政治领域内的合理性，而对个人私人生活中是否具备合理性则不再予以关注。这样一来，罗尔斯希望能尊重多元合理性的观念，同时又维持政治领域内的稳定性。但是采取这种策略后，罗尔斯并没有很好地解答公共理性何以合理，何以实现的问题。

我们可能为罗尔斯所设想的回应就是，在他看来，公民的政治领域内善观念的转变是独立的。罗尔斯强调个人的善观念的改变并不会影响公民的制度认同以及公民的公共（制度）认同和道德（非制度）认同。罗尔斯说"这种转变并不意味着我们的公共认同和制度认同有任何改变，也不意味着我们的人格认同有任何改变。而且，在由一种重叠共识所支持的组织良好的社会里，公民的政治价值和政治承诺作为其非制度认同或道德认同的一部分，仍是大致相同的"①。

罗尔斯区分了三种认同：其一是对社会制度、社会文化的认同，称之为公共认同；其二是对个人所属共同体的认同，称之为道德认同；其三是个人对自身的认同，即自我认同。罗尔斯强调个人善观念的转变并不影响公共认同，也不影响情感认同。但是何以可能呢？首先，个人善观念的转变会影响道德认同。举例而言，我们认为家庭和睦是追求的善观念，那么我们就致力于维系家庭和睦。但是经过一系列的改变，我们的善观念发生转变，不再追求家庭的和睦，转而追求个人的满足与享乐。在家庭的内部是要处理各种家庭成员之间的利益冲突，势必存在妥协，如果每个人都以个人利益为重，那么家庭的和睦就无从谈起。那么我们很难理解为什么善观念转变后的我们仍然对家庭价值进行认同。

其次，个人善观念的影响最为直接的就是个体的自我认同。让我们设想：A一生中的前二十多年都将事业成功作为最重要的善观念，即要取得相应的地位或财富。因此他一直为此而坚持努力，不惜以消耗自己的健康为代价。但是在突然的一天，A的至亲猝然离世。A开始反思社会地位和

---

① John Rawls, *Political Liberalism*, New York：Columbia University Press，1996，pp. 31－32.

财富的获得是不是最为重要的善观念，他开始意识到身体的健康和亲情的温馨的重要性。这时他转变了个人的善观念，并因此改变了自己的生活计划。原本的"996"工作制，甚或"007"工作制，变成了"595"工作制。他开始格外珍视陪伴家人的时间和自己的身体。甚至开始反思过去的忙碌导致了来不及与至亲告别。这样一种善观念的改变，直接导致自身的不自洽，甚至开始消解过去的自我认同。公民当然有这种自由去修正善观念，但是善观念的转变势必会影响对制度与非制度的认同感。

最后，个人善观念的转变对公共认同也会有强烈的影响。我们继续设想上述 A 的案例，A 开始珍视家庭与健康在个人生活中的重要性，那么他就会希望在公共制度的设计上能够更大程度地保护个人的健康，对全民医保政策的安排就将有所期待。同时 A 也更注重个人时间的分配，在公共领域内的时间分配可能会更少，政治参与热情很有可能极大地降低。所以个人善观念与其领域内的认同息息相关，并不似罗尔斯所言能够分离。罗尔斯之所以要求个人在善观念的追求上是自由的，是出于对个人自由价值的认可与尊重，但是诚如卢梭早就意识到的一般"人人生而自由而又无往不在枷锁之中"，只要公民还是罗尔斯所设想的属于某个社会中的公民，那么公民就没有办法截然区分个人的与公共的，这两者之间总是相互交织、相互影响的。也只有这样，公民的特定的心理才能对制度的稳定性予以维系。

罗尔斯对公共理性的再阐述中又对这一问题进行了回答。罗尔斯是以一种特殊的完备性学说来进行考察的，那就是"具有特殊信仰的公民如何可能保持一种合乎理性的立宪式政体的合乎理性的政治观念呢"？实际上，罗尔斯特别考察了具有特殊宗教信仰的公民，来考察他们如何可能具备公共理性。之所以选择这一类公民为例，主要的原因在于回应此前学者的批判。但笔者认为罗尔斯选择这类批判也是有其特殊目的的。首先，宗教信仰的完备性最强，宗教理论的体系性更强。其次，宗教信仰对公民的要求约束更高。一旦宗教信仰的公民公共理性的可能得以明确，那么很可能全部公民都可以具备公共理性。罗尔斯在后来的论述中似乎又表达了另一种公民对公共理性支持的可能，那就是与其在一元社会中对公民道德心理的论述相一致，即通过公共理性的作用与效果激发公民使用公共理性。在罗尔斯看来，"如果立宪式政体能够充分确保所有可允许的学说的权利和自由，因而也能保护我们的权利和自由，那么民主就必然要求作为平等的公民，要求每一个人都接受合法的法律义务"。在此，罗尔斯对公共理性之可能性的论述实际上是通过制度法律的有效性来完成的。一种为公共理性所支持的基本社会结构之所以能促进公共理性在公民中形成，最为关键的是，其有效地保护了公民信仰各种完备性学说的自由与安全，且成为一种法律义务而为公民所遵守。

对公共理性的认可、公共辩护的实现，笔者认为有两种路径可以达到。其一是目的论式的，即社会中的成员认可共同的社会目的，从而在目的论层面上去认可规范要求，比如我们认可公共理性在解决争端时发挥的作用，从而认可公共理性。其二是义务论式的，即公民认可公共理性本身具备内在价值，这种内在价值不因为其能够产生任何后果而得以被认同和践行。罗尔斯对公共理性何以可能的论述中似乎同时表达了上述两种路径，但无论哪一种都与罗尔斯的理论初衷相违背。一方面，如果是目的论的论证方式，那么对公共理性的认可实际上基于其工具价值，那么就会有这一工具所服务的最终目的，从而走向罗尔斯所批判的至善论的政治理念之中；另一方面，如果是义务论的论证方式，那么就要求所有的公民共同珍视同一种价值，为了避免公民对同一种价值的珍视从而导致多元社会成为一元社会，罗尔斯严格将这种价值设定在政治领域。即要求公民在政治领域珍视"合理性"，并赋予其决定性地位，而不再对个人领域进行要求和限制，从而实现多元社会基于正当理由的稳定性。但是这种义务论的论证方式同样存在两个问题。其一，这种多元社会实际上并不是真正的多元，而是政治领域内的一元。罗尔斯后期对他理论的适用范围进行了调整，这种调整使他的理论呈现出循环论证和相对主义的倾向。其二，不强调个人领域合理性，而在政治领域强调合理性，这需要公民特定的道德心理作为支撑。即便我们忽视这种道德心理的现实性，而仅仅讨论这种特定心理与罗尔斯理论内在的融贯性，也会存在问题。如果公民都能够明确区分两个领域，并在不同领域采用不同的合理性与理性，那么我们很难分辨这一理论视域中的公民学说究竟是多元的还是一元的。可以设想的是，只有在秩序良好的社会背景中，在公民都认可"正义感"和"政治价值"的情况下，我们才能够期待公民可以形成并合理地使用公共理性。

结　　语

在《正义论》中，罗尔斯明确表示他的写作目的是要探寻民主社会的道德基础，在他看来道德可以为政治社会的建构奠基。在《政治自由主义》中，虽然罗尔斯关注的主要问题与《正义论》不同，但是通过对多元民主社会稳定性问题解决方式的探寻，他似乎向我们展示了一种将政治道德与其他道德分开的可能。在《万民法》中，罗尔斯则明确表示，"自由人民具有特定的道德性格"①，且"人民一词就意味着强调人民的独特特征不同于传统认为的国家的特征，以及突出他们的道德性格和合理正义或者合宜性的本质"②，也只有建基于这个基础之上，罗尔斯的政治哲学的探寻方能实现。罗尔斯政治哲学中始终充满了道德关切，道德与政治社会的关系始终是他所关心的一条主线，并在不同时期呈现了不同的联结方式。本书旨在探索道德在罗尔斯政治哲学中的地位和作用，立足罗尔斯对政治建构主义方法的论述和政治哲学的理解，从基本理念、建构方法、正义观念与制度稳定四个方面分别论述了各部分中道德的地位与作用。

个人观念与社会观念是罗尔斯政治哲学的奠基石和立足点，罗尔斯在这两个观念之上开始探索适用于民主社会的道德基础，寻求当代多元民主社会的稳定性。已经有众多学者对这两个观念进行了剖析。在本书第一章中，笔者进一步区分了罗尔斯普遍意义上的个人、原初状态中的各方以及公民这三个作为个体观念的内涵、联系与区别。尽管不同时期有不同表

---

① John Rawls, *The Law of Peoples*, Cambridge, MA: The Belknap Press of Harvard University Press, 2001, p. 25.

② John Rawls, *The Law of Peoples*, Cambridge, MA: The Belknap Press of Harvard University Press, 2001, p. 27.

达，但是对个体平等与自由的珍视，对理性与合理性的能力的重视却始终得以延续。就社会而言，罗尔斯的社会观念作为一个整体，实际上也有不同层面的区别，既有组织良好的社会，也有现代多元民主的社会，还有一般意义上的作为合作组织的社会。不管罗尔斯从哪一个层面理解社会的内涵，其对合作与公平的向往却自始至终没有改变，可以说社会观念实际上寄托着并表达了罗尔斯的道德理想。学界对这两个观念究竟是什么意义上的观念、在罗尔斯哲学中发挥了什么作用等问题进行了持久而深入的讨论。以桑德尔为代表，认为罗尔斯的个人观念表达了一种形而上的立场，罗尔斯的正义原则建立在这一形而上的观念之上，这成了中外学界的主流看法。威斯曼将之称为"公共的基本观点"，并对这一观点的两个不同版本进行了考察。在威斯曼看来，罗尔斯前期表达的个人观念既不是一种强的形而上观念，也不是一种弱意义上的形而上观念，而应该是一个伦理的观念。威斯曼的这种观点基于罗尔斯文本中对"形而上学"概念的理解，认为一种概念是形而上的是具有学科意义的，罗尔斯在这个意义上明确强调道德理论具备自身的独立性，并不需要形而上的基础。笔者也同样认为个人观念是一种道德的观念，而不是形而上的观念。诚如威斯曼所说，这个观念是一个什么观念取决于我们如何理解形而上学和政治、道德的真正意涵。笔者从观念的来源、观念的范围以及观念的实际作用三个方面界定了形而上和道德，或言之作为狭义道德的政治观念之间的差别，在此基础上笔者得出结论，这一观念是道德的观念。这一观念是建立在对民主社会中公共政治文化的概括之上的，无论是前期还是后期皆是如此。笔者进一步分析了社会与个人的道德观念在罗尔斯政治哲学中的地位和作用。主要体现在如下四个方面：其一，两种观念是社会公共政治文化的体现；其二，两种观念是描绘原初状态的依据，但并不是唯一依据；其三，两种观念是理解和建构正义原则的基础；其四，两种观念关乎罗尔斯社会的稳定性。所以这两种道德观念在罗尔斯政治哲学中起到了最为重要的奠基作用，成为我们论述罗尔斯政治哲学的开端。

罗尔斯对正义原则论证方法的论述是多样的，有契约论的方法，有康德主义，有反思的平衡，也有建构主义的。这些方法之间究竟有什么独特之处，又有什么相近之处？不少学者认为随着罗尔斯的政治转向实际上也发生了方法论的转向。在本书第二章中，笔者从建构主义出发论述了罗尔斯政治哲学的方法，并指明了其建构程序中的道德先见及其建构方法本身对道德直觉的依赖和两难。罗尔斯强调自己的方法是政治建构主义的，所谓政治建构主义是一种关于政治观念之结构和内容的观点。作为一种建构主义的方法，他区别于合理的直觉主义，也区别于康德的道德建构主义。罗尔斯建构主义的基础是两种观念，而建构的程序则是原初状态，最后罗尔斯建构的结果是正义原则与其指导下的善理论。因为是一种政治建构主义，他强调自己建构的结果仅仅是政治价值领域内的。对建构主义来说，实践理性在整个建构过程中起到了至关重要的作用，关系到建构能否达成。具体到罗尔斯的语境下，他格外强调"合理性"。这种合理性不仅可以用来描述公民的特征，在罗尔斯理论中还扮演着另一个重要的角色，那就是评价各种正义观念的要求。首先，合理的观点在理论层面上要求它与我们的深思熟虑的观点相适应；其次，合理的观点在选择层面上要求其能够被平等自由的公民一致同意；最后，合理的观点在运用层面上必须能够维系整个观点的平衡与稳定。实际上，合理性还可以分为不同主体的合理性，既体现为罗尔斯笔下的公民的合理性，也体现为罗尔斯自己的合理性。而这些合理性的要求被罗尔斯看作一种基本的、直觉的道德观念。笔者分析了罗尔斯作为建构程序的"原初状态"，认为这一状态的制定既展现了"道德人"的相关要求，也需要符合罗尔斯"合理性"的道德要求。罗尔斯希望通过建构主义的方法来达到一种"客观性"的结果，这种客观性并不是我们认识论意义上的主观与客观的统一，而是一种一致性。罗尔斯指出，在建构主义中起到关键作用的合理性概念是一种直觉的观念，这使其无可避免地陷入了两难困境，或者这一要求是武断的；或者这一要求是依附于某种独立的道德价值的，从而退回为一种道德实在论的立场。所以从方法论的维度来看，罗尔斯一再努力使自己的理论区别于合理的直觉主义和康德的建构主义，力图从公共理性的维度建立起一致的选择结果，从而实现对正义原则的论证。他既不满相对主义消解普遍性的道德基础，又认为道德实在论无法平等地对待每一种合理的多元学说。他的建构主义努力在两者之间进行一种折中，不过这种折中很可能既面临相对主义的批评，又无法走出道德实在论与社会现实之间的矛盾困境。

　　罗尔斯通过建构主义的方法确立了他的规范性理论，完成了对正义观念的建构。在本书第三章中，笔者论证了正当对善的优先性是罗尔斯政治哲学的道德承诺。在前期，罗尔斯不仅确立适用于社会制度的两个正义原则，而且涉及了对个人正当原则的讨论，展现出了一种对完备式道德的探索。他区分了对人类行为的两种规范形式，即一是由个人原则确立的职责；二是与原则无关的自然义务。特别是对人的自然义务的强调，实际上赋予了人以内在的道德要求。并将正义义务作为了自然义务的一种，强调个人对正义原则服从的自然要求。实际上，这种要求对罗尔斯的正义原则稳定性建立起到了重要作用。就适用于社会的两个正义原则而言，如果说第一个正义原则是对人的自由地位的界定和其优先性的认可，那么第二个正义原则则突出表达了罗尔斯对平等价值的认可与遵循，并体现了如下三个方面的道德因素。其一，差别原则的分配是以平等的分配为前提和基准的，在罗尔斯看来除非有一种改善两个人状况的分配，否则平等的分配就更可取。所以差别原则首先展现了平等价值。其二，差别原则还表达了互惠和博爱的道德要求。其三，差别原则还表达了一种分配中的道德观念，要求分配不能受到在道德上看起来是任意因素的影响。在笔者看来，正当优先的要求先于罗尔斯对正义原则的论证，突出表现在罗尔斯对自由优先的先在价值判断和他对平等概念的道德直觉性认知中。罗尔斯正义原则的平等倾向除了表现在分配领域中的"相同"之外，实际上，罗尔斯还认为平等是具有相似能力和相似抱负的个体应该有相似的生活机会。然而关于平等的确切内涵、平等的主体（谁的平等）、平等与所获利益的关系（什么平等、如何平等）等问题一直存在众多争议，但罗尔斯并没有论述为什么平等应该按他的方式进行理解。在罗尔斯看来，"正义原则中包含着一种人格理想，它提供着判断社会基本结构的阿基米德支点"①。而这种人格实际上是一种基于道德能力的道德人格的展现。对比前后期罗尔斯关于正义原则的论述，我们能够发现罗尔斯前后期有一个明显的变化。这是因为罗尔斯在发表《正义论》后很多学者对第一个正义原则提出了疑问，即在《正义论》中对具体规定和调整自由的标准似乎表达了两种：第一种是"最大范围"标准，即追求最广泛的平等的自由；第二种是"合理利益"标准，即按照公民的合理利益来调整自由的体系。在《政治自由主义》中，罗尔斯基于公民的道德能力重新确立了自由的范围。罗

---

① John Rawls, *A Theory of Justice*, Cambridge, MA: Harvard University Press, 1971, p. 584.

尔斯在后期基于道德能力进一步论证了第一原则的优先性，并明确要基于公民的道德能力所界定的基本善来鉴别最不利者的地位。罗尔斯强调正当对善的优先性首先体现在与其他道德理论特别是功利主义的对比之中，同时正当的优先性还体现在罗尔斯的善理论是在正当视域下建立的。罗尔斯期望依据正当观念建立的善理论可以保持一种中立性，实际上，这种善理论仍然难以完全脱离完备式的道德前提。

在本书第四章中，笔者着重考察了罗尔斯政治哲学的制度安排与稳定性维系，并指明了道德心理在其理论中的地位和作用。如何安排制度构建是政治哲学中的重要内容，在政治正义观念确定以后，罗尔斯进一步论述了原则在现实制度中的应用构想。在前期，罗尔斯期望自己的正义原则可以应用于不同的社会，要求原则的一种普遍主义立场，区分了原则运用的四个阶段。在《政治自由主义》中，罗尔斯的普遍主义立场发生了转变，他的政治正义观念事实上是为立宪民主社会所适用，因为这一观念的建构基于公共的政治文化。之所以产生这样一种改变，笔者认为最为重要的原因在于罗尔斯的制度建构虽然力图在各种善观念之间保持公正，要求不鼓励任何一种形式的善观念；但实际上，罗尔斯的政治自由主义仍然达不到他所要求的公平，而是内在地从政治文化出发支持自由主义的价值理念，这就使其正义观念适用范围必须进行缩减。在《正义论》及《政治自由主义》中，罗尔斯对稳定性问题的探讨涉及两类不同的社会。所以笔者分别探讨了组织良好的一元社会中的稳定性与多元社会中的稳定性与其道德心理的内在关系。在《正义论》中，罗尔斯对道德心理的描绘实际上展现了一种对同一类型善的追求与认可，这种道德心理由亚里士多德主义原则协调道德动机，由道德发展的三个阶段来论述道德情感的产生，以上两者共同保证了社会成员对社会联合价值的珍视和对正当规范的主动遵循，从而使社会的稳定性得以实现。在多元民主社会中则不同，公民在动机上不再具备共同的协调原则，那么共同的正义观念何以建立呢？罗尔斯将这种社会的稳定性建立在重叠共识和公民公共理性的作用发挥上。他论述了公民的道德心理与制度的内在关系，并认为公民从制度中获得的收益将会激发他们对公正制度的遵循，历经几代从而可以建立起重叠共识，进而使公民认可公共的政治正义观念。但是笔者认为这种共识的建立是艰难的，特别是当公民的完备性学说如此不同且相互冲突的时候，这种仅在政治领域内的共识既难于建立又难以发挥作用。罗尔斯缺少足够的理由来保证公民面对政治论争时能够使用公共理性，他对公共理性与个人理性的区分，要求将政治道德与完备性道德分离，将会造成个人完整性的丧失。

罗尔斯对待道德的态度看起来是矛盾的。一方面，罗尔斯认为政治绝不仅仅只关乎"权力的分配"，强调政治本身应该关注政治正义与公共善的问题，期待依靠公民的德性能够支持并不断维系立宪民主社会的稳定繁荣。另一方面，罗尔斯又认为政治应该在各种道德之间保持中立性，不能鼓励任何一种特定的善观念，这是对公民个人权利的尊重。在笔者看来，罗尔斯的政治哲学充满了道德关切，他自始至终都强调道德在政治哲学中的关键地位。之所以在《政治自由主义》中将政治观念与完备性道德相区分，实际上是为了实现他的理论目的。罗尔斯曾言，自己的政治哲学其实要回答民主社会一直以来激烈交锋的两种传统，即作为"古代人的自由"与"现代人的自由"两者之间的关系；要协调平等与自由两个重大价值之间的关系。古代人的自由展现为自主与自治，那么现代人的自由则体现为一种不受限制。古代人的自由表明，"个人在公共事务中几乎是主权者"[①]。个人对公意的服从实际上也就是一种自我服从，因此政治可以进入个人生活的诸领域。而现代人的自由则追求"享受有保障的私人快乐，他们把对这些私人快乐的制度保障称作自由"[②]。这就意味着政治将远离个人的私人领域，而仅仅对人进行保护，同时人也将远离政治，越来越失去"自主"。除了对两种自由内在冲突的调和，罗尔斯的政治哲学实际上也是要解决道德与政治、个人与社会、私利与公益的对立，平衡公民实现自己的善观念与保持正义感之间的冲突。正如威斯曼所指出的，"罗尔斯理论的一大优势在于，它调和了自由主义传统上所信奉的明显冲突的政治价值观"[③]，比如"自由与平等、自由与公平、古人的自由与现代人的自由以及自利与公正"之间的冲突。

---

① ［法］邦雅曼·贡斯当：《古代人的自由与现代人的自由》，阎克文、刘满贵、李强译，上海人民出版社 2015 年版，第 35 页。

② ［法］邦雅曼·贡斯当：《古代人的自由与现代人的自由》，阎克文、刘满贵、李强译，上海人民出版社 2015 年版，第 38 页。

③ Paul Weithman, *Rawls*, *Political Liberalism And Reasonable Faith*, Cambridge：Cambridge University Press，2016，p. 42.

　　罗尔斯通过将政治道德与完备性道德相区分，既希望实现"古代人的自由"，增强公民的政治自主与政治参与，又要保证这种"古代人的自由"不会侵犯"现代人的自由"，使人可以自由地选择个人领域的善观念。所以，罗尔斯既要给予每一种合理的多元完备性学说以平等的道德地位，尊重保护持有不同道德观念的公民的自由；又希望能够通过在政治领域内道德共识的建立，使公民能够参与政治活动，实现政治自主。他既强调公民作为个体的独立自主性，又向往作为整体的社会团结统一的共同善，他通过正义原则的建构来实现这两种价值的统一，从而在民主社会中既保证公民的权利，又维护社会合作的内在价值。罗尔斯通过政治的"重叠共识"的建立和公民"公共理性"的发挥在最大程度上弥合个人与社会的对立，实现一种政治社会的内在稳定与持续繁荣。在笔者看来，狭义的政治道德是罗尔斯政治哲学的中心议题，但罗尔斯试图将政治的正义观念独立于完备性道德的尝试是失败的，完备性道德将持续为政治道德提供价值前提和心理动机。一方面从罗尔斯理论自身的论证来看，既强调公民道德多元的事实，认可公民各自完备性观念的地位和作用，又要求独立的政治正义观念可以获得公民的一致认可并不断发挥作用，这本身就存在着内在张力。另一方面，从现实出发，罗尔斯对个人领域和政治领域的分离策略或者将造成公民自身统一性的破裂，或者将加深个人与社会之间的鸿沟。我们也不可能要求公民能够将政治价值和其他价值截然区分开来，更不可能要求公民在公共领域只按照公共理性去思考和讨论问题。自卢梭以来，学者们不断寻求现代政治哲学造成的政治与道德二元对立的化解之方，罗尔斯的政治哲学既希望保证政治与道德各自相对独立领域的同时，又期待为道德在政治合法性与正当性的论证中留足空间。然而离开了个人完整性的政治正义观念犹如空中楼阁，政治造成的国家与个人之间的对立与分离，也必须由政治本身解决。诚如罗尔斯所言，如果合理而正义的社会是不可能的，人类缺少德性且无可救药地以自我为中心，那"我们可能会同康德一起追问，人类在这地球上生存下去，是否还有什么价值"？

参考文献

一 中文文献

［美］阿拉斯代尔·麦金太尔：《谁之正义？何种合理性?》，万俊人、吴海针、王今一译，当代中国出版社1996年版。

［英］奥诺拉·奥尼尔：《迈向正义与美德：实践推理的建构性解释》，应奇、陈丽微、郭立东译，东方出版社2009年版。

［古希腊］柏拉图：《理想国》，郭斌、张竹明译，商务印书馆2020年版。

［法］邦雅曼·贡斯当：《古代人的自由与现代人的自由》，阎克文、刘满贵、李强译，上海人民出版社2015年版。

［美］布莱恩·巴里：《正义诸理论》，孙晓春等译，吉林人民出版社2004年版。

曹瑞涛：《多元时代的"正义方舟"——罗尔斯后期政治哲学思想研究》，浙江大学出版社2008年版。

［美］查尔斯·拉莫尔：《现代性的教训》，刘擎、应奇译，东方出版社2010年版。

［加］查尔斯·泰勒：《自我的根源：现代认同的形成》，韩震等译，译林出版社2012年版。

陈肖生：《辩护的政治：罗尔斯公共辩护思想研究》，生活·读书·新知三联书店2018年版。

丛占修：《确证正义：罗尔斯政治哲学方法与基础研究》，人民出版社2011年版。

［英］戴维·米勒：《社会正义原则》，应奇译，江苏人民出版社2008年版。

董礼:《重新审视罗尔斯道德哲学与政治哲学的分野》,《哲学动态》2020
　　年第 10 期。

董礼:《道德与政治:罗尔斯政治自由主义批判》,中国社会科学出版社
　　2016 年版。

葛四友:《公共辩护的摇摆性——罗尔斯政治自由主义转向的内在困境》,
　　《学术月刊》2020 年第 7 期。

龚群:《当代西方道义论与功利主义研究》,中国人民大学出版社 2002
　　年版。

龚群:《罗尔斯政治哲学》,商务印书馆 2006 年版。

龚群:《追问正义:西方政治伦理思想研究》,北京大学出版社 2017
　　年版。

顾肃:《多元社会的重叠共识、正当与善——晚期罗尔斯政治哲学的核心
　　理念评述》,《复旦学报(社会科学版)》2011 年第 2 期。

顾肃:《罗尔斯正义理论的道德根基》,《道德与文明》2017 年第 4 期。

顾肃:《重叠共识如何可能?——后期罗尔斯的自由主义理念》,《南京大
　　学学报(哲学社会科学版)》1999 年第 3 期。

何怀宏:《寻求共识——从〈正义论〉到〈政治自由主义〉》,《政治学
　　(人大复印)》1996 年第 6 期。

何怀宏:《公平的正义——解读罗尔斯〈正义论〉》,山东人民出版社
　　2002 年版。

惠春寿:《至善论的自由主义如何回应公共理性的批评?》,《中国人民大
　　学学报》2020 年第 1 期。

惠春寿:《公共证成与美好生活:政治至善论的新路径》,江苏人民出版
　　社 2019 年版。

[德] 康德:《历史理性批判文集》,何兆武译,商务印书馆 2017 年版。

[德] 康德:《实践理性批判》,邓晓芒译,人民出版社 2003 年版。

李梅:《权利与正义:康德政治哲学研究》,社会科学文献出版社 2007
　　年版。

李佑新:《走出现代性道德困境》,人民出版社 2006 年版。

[美] 列奥·施特劳斯:《古今自由主义》,叶然等译,华东师范大学出版
　　社 2019 年版。

［美］列奥·施特劳斯：《什么是政治哲学》，李世祥等译，华夏出版社 2014 年版。

林火旺：《正义与公民》，吉林出版集团有限责任公司 2008 年版。

［法］卢梭：《论人类不平等的起源和基础》，李常山译，商务印书馆 1962 年版。

［法］卢梭：《社会契约论》，何兆武译，商务印书馆 1980 年版。

［美］罗伯特·诺奇克：《无政府、国家与乌托邦》，姚大志译，中国社会科学出版社 2008 年版。

［美］罗纳德·德沃金：《至上的美德：平等的理论与实践》，冯克利译，江苏人民出版社 2012 年版。

［英］洛克：《论宗教宽容》，吴云贵译，商务印书馆 2001 年版。

［英］洛克：《政府论》（下篇），叶启芳、翟菊农译，商务印书馆 2005 年版。

［美］迈克尔·J. 桑德尔：《自由主义与正义的局限》，万俊人等译，译林出版社 2001 年版。

［美］迈克尔·桑德尔：《公共哲学：政治中的道德问题》，朱东华等译，中国人民大学出版社 2013 年版。

［美］迈克尔·沃尔泽：《正义诸领域：为多元主义与平等一辩》，褚松燕译，译林出版社 2009 年版。

［美］麦金太尔：《德性之后》，龚群、戴扬毅等译，中国社会科学出版社 1995 年版。

欧阳英：《走进西方政治哲学——历史、模式与解构》，中央编译出版社 2006 年版。

［荷］佩西·莱宁：《罗尔斯政治哲学导论》，孟伟译，人民出版社 2012 年版。

钱永祥：《动情的理性：政治哲学作为道德实践》，南京大学出版社 2020 年版。

乔新娥：《罗尔斯正义理论的稳定性问题研究》，中国社会科学出版社 2020 年版。

石元康：《当代西方自由主义理论》，上海三联书店 2000 年版。

石元康：《罗尔斯》，广西师范大学出版社 2004 年版。

［美］斯蒂芬·马赛多：《自由主义美德：自由主义宪政中的公民身份、德性与社群》，马万利译，译林出版社 2010 年版。

谭安奎编：《公共理性》，浙江大学出版社 2011 年版。

谭安奎：《政治的回归：政治中立性及其限度》，中央编译出版社 2007 年版。

万俊人：《政治伦理及其两个基本向度》，《伦理学研究》2005 年第 1 期。

王涛：《罗尔斯的政治自由主义转向》，社会科学文献出版社 2018 年版。

［加］威尔·金里卡：《当代政治哲学》，刘莘译，上海三联书店 2004 年版。

［美］威廉·A. 盖尔斯敦：《自由多元主义》，佟德志、庞金友、苏宝俊译，江苏人民出版社 2005 年版。

［美］西蒙斯：《道德原则与政治义务》，郭为贵、李艳丽译，江苏人民出版社 2009 年版。

［英］休谟：《道德原则研究》，曾晓平译，商务印书馆 2001 年版。

［英］休谟：《人性论》（上、下册），关文运译，商务印书馆 1980 年版。

徐清飞：《求索正义：罗尔斯正义理论发展探究》，法律出版社 2010 年版。

徐向东：《道德哲学与实践理性》，商务印书馆 2006 年版。

徐向东：《自由主义、社会契约与政治辩护》，北京大学出版社 2005 年版。

［英］亚当·斯威夫特：《政治哲学导论》，萧韶译，江苏人民出版社 2006 年版。

［古希腊］亚里士多德：《尼各马可伦理学》，廖申白译注，商务印书馆 2003 年版。

［古希腊］亚里士多德：《政治学》，吴寿彭译，商务印书馆 1997 年版。

杨伟清：《正当与善：罗尔斯思想中的核心问题》，人民出版社 2011 年版。

姚大志：《何谓正义：罗尔斯与哈贝马斯》，《浙江学刊》2001 年第 4 期。

姚大志：《罗尔斯正义理论的道德基础》，《江海学刊（南京）》2002 年第 2 期。

姚大志：《当代西方政治哲学》，北京大学出版社 2011 年版。

姚大志:《何谓正义:当代西方政治哲学研究》,人民出版社 2007 年版。

姚大志:《自由主义、社群主义和其他》,《吉林大学社会科学学报》2008
年第 1 期。

[英] 以赛亚·伯林:《自由论》,胡传胜译,译林出版社 2003 年版。

应奇、刘训练编:《共和的黄昏:自由主义、社群主义和共和主义》,吉
林出版集团有限责任公司 2007 年版。

应奇:《从自由主义到后自由主义》,生活·读书·新知三联书店 2003
年版。

应奇:《自由主义中立性及其批评者》,江苏人民出版社 2007 年版。

[美] 约翰·罗尔斯:《道德哲学史讲义》,顾肃等译,中国社会科学出版
社 2012 年版。

[美] 约翰·罗尔斯:《罗尔斯论文全集》,陈肖生等译,吉林出版集团有
限责任公司 2013 年版。

[美] 约翰·罗尔斯:《万民法》,张晓辉等译,吉林人民出版社 2001
年版。

[美] 约翰·罗尔斯:《正义论》,何怀宏等译,中国社会科学出版社
1988 年版。

[美] 约翰·罗尔斯:《政治哲学史讲义》,杨通进等译,中国社会科学出
版社 2011 年版。

[美] 约翰·罗尔斯:《政治自由主义》,万俊人译,译林出版社 2000
年版。

[美] 约翰·罗尔斯:《作为公平的正义:正义新论》,姚大志译,中国社
会科学出版社 2011 年版。

[英] 约翰·密尔:《论自由》,许宝骙译,商务印书馆 1959 年版。

[英] 约瑟夫·拉兹:《自由的道德》,孙晓春等译,吉林人民出版社
2006 年版。

赵亚琼:《罗尔斯政治哲学中的理性观念研究》,中国社会科学出版社
2012 年版。

周濂:《现代政治的正当性基础》,生活·读书·新知三联书店 2008
年版。

周濂:《自尊与自重——罗尔斯正义理论的伦理学承诺》,《伦理学研究》

2021 年第 1 期。

二 外文文献

Adina Schwartz, "Moral Neutrality and Primary Goods", *Ethics*, 83 (4), 1973.

Albert Weale, *Democratic Justice and the Social Contract*, Oxford: Oxford University Press, 2013.

Allen Buchanan, "Revisability and Rational Choice", in Henry Richardson and Paul Weithman, eds. , *The Philosophy of Rawls: A Collection of Essays*, Vol. 1, New York: Garland, 1999.

Andrius Galisanka, *John Rawls: The Path to A Theory of Justice*, Cambridge, MA: Harvard University Press, 2019.

Bernard Williams, "Realism and Moralism in political argument", in Hawthorn, Geoffrey, eds. , *In the Beginning Was the Deed*, Princeton: Princeton universitypress, 2005.

Brian Barry, "John Rawls and the Priority of Liberty", in Henry Richardson and Paul Weithman, eds. , *The Philosophy of Rawls: A Collection of Essays*, Vol. 2, New York: Garland, 1999.

Catherine Audard, *John Rawls*, Montreal: McGill-Queen's University Press, 2007.

Catherine Zuckert, *Political Philosophy in the Twentieth Century: Authors and Arguments*, Cambridge: Cambridge University Press, 2011.

Chandran Kukathas, eds. , *John Rawls: Critical Assessments of Leading Political Philosophers*, London: Routledge, 2003.

Charles Larmore, "The Moral Basis of Political Liberalism", *The Journal of Philosophy*, Vol. 12, 1999.

Christine M. Korsgaard, *The Constitution of Agency: Essays on Practical Reason and Moral Psychology*, Oxford: Oxford University Press, 2008.

Edward Andrew Greetis, "The Priority of Liberty: Rawls Versus Pogge", *Philosophical Forum*, Vol. 46, No. 2, 2015.

Gerald Doppelt, "The Place of Self-Respect in A Theory of Justice", *Inquiry*,

Vol. 52, No. 2, 2009.

Ian Carter, "Respect and the Basis of Equality", *Ethics*, Vol. 121, 2011.

James Finlayson, Gordon, *The Habermas-Rawls Debate*, New York: Columbia University Press, 2019.

Jeanne S. Zaino, "Self-Respect and Rawlsian Justice", *The Journal of Politics*, Vol. 60, No. 3, 1998.

John Langan, "Rawls, Nozick, and the Search for Social Justice", *Theological Studies*, Vol. 38, 2014.

John Rawls, *A Theory of Justice*, Cambridge, MA: Harvard University Press, 1971.

John Rawls, *Political Liberalism*, New York: Columbia University Press, 1996.

John Rawls, *Collected Papers*, in Samuel Freeman, eds., Cambridge, MA: Harvard University Press, 1999.

John Rawls, *Lectures on the History of Moral Philosophy*, in Barbara Herman, eds., Cambridge, MA: Harvard University Press, 2000.

John Rawls, *Justice as Fairness A Restatement*, Cambridge, MA: The Belknap Press of Harvard University Press, 2001.

John Rawls, *The Law of Peoples*, Cambridge, MA: Harvard University Press, 2001.

John Rawls, *Lectures on the History of Political Philosophy*, in Samuel Freeman, eds., Cambridge, MA: Harvard University Press, 2007.

John Tomasi, "Individual Rights and Community Virtues", *Ethics*, Vol. 101, No. 3, 1991.

Jonathan Quong, "Contractualism, Reciprocity and Egalitarian Justice", *Politics, Philosophy and Economics*, Vol. 6, No. 1, 2007.

Jonathan Quong, *Liberalism Without Perfection*, Oxford: Oxford University Press, 2011.

Jon Mandle and David Reidy, eds., *The Cambridge Rawls Lexicon*, Cambridge: Cambridge University Press, 2014.

Joseph Raz, *The Authority of Law: Essays on Law and Morality*, Oxford: Oxford University Press, 1979.

Joseph Raz, *The Morality of Freedom*, Oxford: Clarendon Press, 1979.

Joshua Cohen, "Review of Spheres of Justice: A Defense of Pluralism and Equality", *The Journal of Philosophy*, Vol. 83, 1986.

Joshua Cohen, "Democratic Equality", *Ethics*, Vol. 99, 1989.

Joshua Cohen, "Moral Pluralism and Political Consensus", in Henry Richardsonand Paul Weithman, eds. , *The Philosophy of Rawls: A Collection of Essays*, Vol. 5, New York, Garland, 1999.

Leif Wenar, "Political Liberalism: An Internal Critique ", in Chandran Kukathas, eds. , *John Rawls: Critical Assessments of Leading Political Philosophers*, Vol. 4, London and New York: Routledge, 2003.

Martha Nussbaum, "Perfectionist Liberalism and Political Liberalism", *Philosophy & Public Affairs*, Vol. 39, 2011.

Michael Sandel, *Liberalism and the Limits of Justice*, Cambridge: Cambridge University Press, 1982.

Michael Sandel, *Public Philosophy: Essays on Morality in Politics*, Cambridge: MA: Harvard University Press, 2005.

Nir Eyal, "Perhaps the Most Important Primary Good: Self-respect and Rawls's Principles of Justice", *Politics, Philosophy & Economics*, Vol. 4, No. 2, 2005.

Normaned Daniels, eds. , *Reading Rawls: Critical Studies on Rawls' A Theory of Justice*, Stanford: Stanford University Press, 1989.

Onora O'Neill, *Bound of Justice*, Cambridge: Cambridge University Press, 1996.

Paul Voice, *Rawls Explained: From Fairness to Utopia*, Chicago: Open Court, 2011.

Paul Weithman, "Liberalism and the Political Character of Political Philosophy", in Henry Richardson and Paul Weithman, eds. , *The Philosophy of Rawls: A Collection of Essays*, Vol. 5, New York: Garland, 1999.

Paul Weithman, *Why Political Liberalism? On John Rawls' Political Turn*, New York: Oxford University Press, 2010.

Paul Weithman, *Rawls, Political Liberalism And Reasonable Faith*, Cambridge：Cambridge University Press，2016.

Percy B. Lehning，*John Rawls：An Introduction*，Cambridge：Cambridge University Press，2009.

Peri Roberts，*Political Constructivism*，Oxon：Routledge，2007.

Peter Steinberger，"The Impossibility of A 'Political' Conception"，*The Journalof Politics*，Vol. 62，2000.

Richard Arneson，"Primary Goods Revisited"，in Chandran Kukathas，eds.，*John Rawls：Critical Assessments of Leading Political Philosophers*，Vol. 2，London and New York，Routledge，2003.

Rex Martin and David A. Reidy，eds.，*Rawls's Law of Peoples：A Realistic Utopia?*，Oxford：Blackwell，2006.

Robert Nozick，*Anarchy，State，and Utopia*，New York：Basic Books，1974.

Roberto Luppi，*John Rawls and the Common Good*，New York：Routledge，2021.

Robert Pau Wolff，*Understanding Rawls：A Reconstructionand Critique of A Theory of Justice*，Wellington：Society for Philosophy & Culture，2013.

Robert Taylor，"Rawls's Defense of the Priority of Liberty：A Kantian Reconstruction"，*Philosophy & Public Affairs*，Vol. 31，No. 3，2003.

Robert Taylor，*Reconstructing Rawls：The Kantian Foundations of Justice as Fairness*，Pennsylvania：Penn State University Press，2011.

Ross Mittiga，"Pluralist Partially Comprehensive Doctrines，Moral Motivation，and the Problem of Stability"，*Res Publica*，Vol. 23，2017.

Russ Shafer-Landau，*Moral Realism：A Defense*，New York：Oxford University Press，2003.

Samuel Freeman，eds.，*The Cambridge Companion to Rawls*，Cambridge：Cambridge University Press，2003.

Samuel Freeman，*Rawls*，London：Routledge，2007.

Samuel Scheffler，*Boundaries and Allegiances：Problems of Justice and Responsibility in Liberal Thought*，Oxford：Oxford University Press，2001.

Shaun Young，*Beyond Rawls：An Analysis of the Concept of Political Liberalism*，Lanham：University Press of America，2002.

Shaun Young, eds. , *Reflections on Rawls: An Assessment of His Legacy*, London: Routledge, 2016.

Simone Chambers, "The Politics of Equality: Rawls on the Barricades", *Perspectives on Politics*, Vol. 4, No. 1, 2006.

Thomas Baldwin, "Rawls and Moral Psychology", in Russ Shafer-Landau, eds. , *Oxford Studies in Metaethics: Volume 3*, Oxford: Oxford University Press, 2008.

Thom Brooks and Martha Nussbaum, eds. , *Rawls's Political Liberalism*, New York: Columbia University Press, 2015.

Thomas Pogge, *Realizing Rawls*, Ithaca, NY: Cornell University Press, 1989.

Thomas Pogge, "Equal Liberty for All?", *The American Philosophers Midwest Studies in Philosophy*, Vol. 28, 2004.

Thomas Pogge, *John Rawls: His Life and Theory of Justice*, Oxford: Oxford University Press, 2007.

Thomas Scanlon, "The Aims and Authority of Moral Theory", *Oxford Journal of Legal Studies*, Vol. 12, No. 1, 1992.

Thomas Scanlon, "Rawls' Theory of Justice", in Henry Richardson and Paul Weithman, eds. , *The Philosophy of Rawls: A Collection of Essays*, Vol. 1, New York: Garland, 1999.

Timothy Hinton, eds. , *The Original Position*, Cambridge: Cambridge University Press, 2015.

William Edmundson, *John Rawls: Reticent Socialist*, Cambridge: Cambridge University Press, 2017.

William Galston, *Liberal Pluralism: The Implications of Value Pluralism for Political Theory and Practice*, Cambridge: Cambridge University Press, 2002.

William Galston, "Moral personality and Liberal Theory: John Rawls's 'DeweyLectures'", *Political Theory*, Vol. 10, No. 4, 1982.

后　记

　　本书是在笔者博士学位论文的基础上修缮而成的。从 2020 年初确认该选题，到 2023 年通过论文答辩，再到今朝正式出版，虽然已历五载有余之刻苦磨砺，但直至今日，仍未见到明珠烁目，只见顽石一枚。坐在熟悉的书桌前，顿觉百感交集，一时竟不知从何落笔，却有无数感恩、感激涌上心头。

　　早在我刚刚步入大学校门、对哲学一无所知之时，就有幸接触到龚群老师为哲学本科生写作的系列教材。老师的书为我打开了通往哲学的大门。在获得推荐免试资格后，我终于有机会来到中国人民大学跟随龚群老师攻读硕士学位。在硕士毕业前夕，父亲突然病逝，在老师的帮助与关怀下我顺利获得了硕士学位。陡逢人生变故，加之伦理学出身的我，开始不停地追问、反思生活的意义与价值，甚至一度深陷虚无主义的深渊。

　　2017 年的暑期，我又读到了老师的新作《追问正义》。在后记中，老师这样写道："生命是如此短暂，一个年轮又一个年轮在不停地向前飞驰，儿童在成长，年轻人在一年年地成熟，中年人在变成老年人，而老年人呢……随着岁月的增长，我们又做了什么呢？我奉献给世人什么了？"彼时的我大受震撼，再度生发了求学之愿。2018 年我再次回到中国人民大学跟随恩师攻读政治哲学博士学位，陌生与熟悉的感觉交织并存。读博期间幸得恩师教导，从研究方向的明确到提纲框架的确定，从学术规范到行文流畅……学生朽木，承蒙恩师不弃，多年来悉心指导，我才有可能完成本书的写作。师恩浩荡，龚老师不仅督促我学业上精进，更是我迷茫生活中的一盏明灯，帮助我走出虚无主义的泥沼，重拾对生命与人生的热情。

中国人民大学哲学院是一个人才济济而又温暖友爱的大家庭，感谢臧峰宇、段忠桥、田洁和宫志翀老师在博士学位论文开题和预答辩过程中给予我的无私的指导。感谢甘绍平教授、田海平教授、马俊峰教授、张文喜教授、王立教授在论文答辩中提出的宝贵意见。感谢刘玮教授和杨伟清教授为论文的写作提供了诸多有益的思路与借鉴。

本书的出版离不开家人对我的理解和支持。父亲在世时，时常吟诵两句诗词。一句是"生当作人杰，死亦为鬼雄"；另一句是"老牛亦解韶光贵，不待扬鞭自奋蹄"。感谢我的父母，他们不仅给予了我生命，而且培育了我力争上游、吃苦耐劳的个性与品格。感谢我的爱人，几年来家中的一切琐事几乎全部由他承担，使我能够专注于学业和本书的写作。特别感谢中国社会科学出版社的范晨星编辑为本书出版所做出的巨大努力，限于本人的理论水平和写作能力，书中难免有疏漏之处，敬请各位读者斧正！

靳娇娇
2024 年 2 月 10 日